AF326163

LETTRES
SUR L'AMÉRIQUE

PAR

XAVIER MARMIER
de l'Académie française.

CANADA — ÉTATS-UNIS — HAVANE — RIO DE LA PLATA

Nouvelle Édition

TOME SECOND

PARIS

E. PLON ET Cⁱᵉ, IMPRIMEURS-ÉDITEURS
RUE GARANCIÈRE, 10

1881

LETTRES

SUR L'AMÉRIQUE

PARIS. TYPOGRAPHIE DE E. PLON ET Cⁱᵉ, RUE GARANCIÈRE, 8.

LETTRES
SUR L'AMÉRIQUE

PAR

XAVIER MARMIER
de l'Académie française.

CANADA — ÉTATS-UNIS — HAVANE — RIO DE LA PLATA

Nouvelle Édition

TOME SECOND

PARIS
E. PLON et Cⁱᵉ, IMPRIMEURS-ÉDITEURS
RUE GARANCIÈRE, 10

1881
Tous droits réservés

LETTRES

SUR L'AMÉRIQUE

CANADA — ÉTATS-UNIS — HAVANE
RIO DE LA PLATA

I

LA HAVANE.

Le léviathan de la Bible. — L'Ohio. — L'embouchure du Missis-
sipi. — La moitié du siècle. — Arrivée à la Havane. — Le fisc.
— Ce qu'il en coûte pour entrer dans la capitale de Cuba. —
Douceurs de l'hiver. — La fièvre jaune. — Le brick *Jackson*. —
Aspect des rues. — La volante. — Philosophie des Havanais.
Administration. — Pouvoir du gouverneur. — Le général Tacon.
— Les cafés. — Les liqueurs politiques. — Intérieur du
théâtre. — Beauté des Havanaises. — Histoire de la Havane. —
Monuments. — La cathédrale. — Le buste de Colomb.

L'arrivée de l'*Ohio* m'a surpris dans l'heureuse existence
que des familles hospitalières m'avaient faite à la

Nouvelle-Orléans. Bien qu'il y ait de nombreux rapports entre cette ville et la Havane, je ne pouvais trouver pour me rendre à l'île de Cuba un meilleur bâtiment que ce puissant *Ohio*, léviathan des bateaux à vapeur américains. Léviathan! Quand je relis le livre de Job, et souvent je la relis, cette lamentable élégie de la misère de l'homme, la peinture du monstre aquatique m'apparaît comme la poétique description du colosse animé par la vapeur. Voyez vous-même, et jugez.

« Ses éternuments ont la splendeur du feu, ses yeux sont comme les paupières du jour.

« De sa bouche jaillissent des flammes comme des tisons embrasés.

« De ses narines s'échappe une fumée comme d'une chaudière ardente.

« La force est dans son col, et la terreur marche devant lui.

« Derrière lui brille son sentier, et la mer blanchit comme une tête de vieillard. »

L'*Ohio*, construit pour transporter à Chagres les chercheurs d'or de la Californie, a une capacité de trois cents tonneaux, deux machines de la force chacune de mille chevaux[1], et des cabines pour cinq cent cinquante voyageurs.

Heureux les armateurs de New-York qui ont eu la hardiesse de lancer sur les flots ce colossal navire! Son succès fait envie à plus d'un spéculateur, qui s'accuse de n'avoir pas eu la même pensée ni le même courage. Ce bateau a coûté deux millions; mais, en quatre voyages, il a déjà

---

[1] Ainsi le disent les réclames que ses armateurs publient dans les journeaux. Mais il y a tout lieu de croire que ces chiffres sont exagérés.

rapporté à ses propriétaires une somme nette de trois cent mille francs. Encore quelques trajets, et leur capital sera rentré dans leur caisse, et chaque année l'*Ohio* leur donnera gratuitement sa riche moisson.

Au lever du soleil, une voiture me conduit à la levée où les deux cheminées du bateau lancent déjà dans l'air des tourbillons de fumée. Tandis qu'on charge encore un amas de marchandises, mes regards errent tour à tour sur la ville que je quitte à regret, sur ce fleuve où déjà une quantité de barques et de navires balancent leurs ailes. Et de côté et d'autre, quel vaste tableau! quelle force vitale! A quelques pas de distance est le quartier La Fayette, où l'on ne voyait, il y a une dizaine d'années, que des cabanes éparses construites par des émigrants allemands, et qui forme aujourd'hui une ville de quarante mille âmes. En face, sur l'autre bord du fleuve, est la ville de Macdonough, où s'élève l'hôpital de la marine, l'un des plus beaux édifices de la Louisiane, et près de là une autre ville à laquelle, avec leur amour des nomenclatures étrangères, les Américains ont donné le nom d'Alger; c'est l'arsenal maritime, le chantier de la Nouvelle-Orléans qui, comme une grande dame, n'a point voulu avoir dans ses rues aristocratiques le bruit des marteaux, la vapeur des fournaises.

Pendant plusieurs heures le bateau circule entre des rives ombragées d'arbres verts, parsemées de plantations de sucre et de riantes habitations. Puis ces rives s'aplatissent et s'affaissent au niveau du fleuve. A la place du sol fécond où s'épanouissent les rameaux de fleurs, où brille l'oranger, on ne voit plus qu'une terre inculte, marécageuse, habitée seulement par quelques pilotes qui doivent chaque jour observer le mouvement du Mississipi, les bancs de sable qu'il soulève et déplace dans ses dernières convulsions.

'Hélas! il en est souvent de la grandeur des œuvres de la nature comme de celles de l'homme. Dieu, en leur donnant la puissance, s'en réserve la durée. Tel qui n'a vu que l'éclat du règne victorieux, ne sait pas que ce règne peut finir dans une morne langueur sous l'outrageante autorité d'un geôlier anglais. Tel qui a suivi la marche d'un fleuve dans sa plus grande largueur, n'imagine pas à quelle humble fin ce fleuve est réservé. Le Rhin, le beau Rhin, si impétueux à Schaffhouse, si riant au pied des coteaux de Rudesheim, se perd misérablement dans les sables de Hollande. Le Danube se divise dans les champs de la Moldavie en faibles rameaux, et le Mississipi qui, chemin faisant, absorbe tant de ruisseaux et de rivières, tombe dans le golfe du Mexique par quatre embouchures, dont trois ne sont guère praticables, et dont la quatrième est barrée par une balise qui en rend le passage difficile aux bâtiments d'un fort tonnage. Nous sommes restés là près de vingt-quatre heures à attendre un temps favorable, et ce n'est qu'en ralentissant le mouvement de la machine et en manœuvrant sous la direction d'un pilote, avec des précautions extrêmes, que nous sommes parvenus à franchir la balise, tandis que les bateaux remorqueurs qui viennent chercher là les navires se débattaient péniblement avec leurs fardeaux, plongeaient dans la vase, se relevaient et retombaient encore. Il en coûte cher à un navire pour se faire ainsi traîner, à cent lieues de distance, jusqu'à la Nouvelle-Orléans. Mais il faut à la capitale des États du Sud des vins de Bordeaux, des soieries de Lyon, de la quincaillerie de Paris; il faut à l'Europe des cargaisons de sucre, de coton, et, dans ce besoin réciproque

de produits agricoles et industriels, la balise n'arrête
personne.

Le lendemain, nous courons de toute la vitesse de nos
mille chevaux sur les vagues bleues du golfe du Mexique.
C'est le 1ᵉʳ janvier. Seul dans un cercle d'étrangers
auxquels le hasard me réunit, que je quitterai bientôt,
probablement pour ne jamais les revoir, je songe à tous
les vœux qui s'échangent en ce jour loin de moi, non
point aux vœux frivoles et menteurs dictés par un usage
auquel on doit galamment se soumettre, mais aux sincères
accents d'une maison amie et aux bénédictions de la
famille. Si de tous ceux qui, à pareille époque, daignaient
m'inscrire sur la liste d'envoi de leurs cartes il n'en est
pas un qui s'occupe de moi, je suis bien sûr pourtant que
d'ici ma pensée s'est croisée dans l'espace avec plus
d'une pensée fidèle, qu'une tendre voix a dit ce matin,
à cette heure : Où est-il? et qu'une mère et qu'une sœur
ont prié pour moi.

Puis, je songe à ce siècle dont l'année 1850 a marqué
la moitié, siècle orageux et terrible si jamais il en fut,
qui a ébranlé les trônes et donné la fièvre à tous les
peuples, siècle grotesque et bouffon, qui depuis cinquante
ans promène dans le monde sa marotte et ses grelots,
se raillant de l'empire des forts et des prévisions des
sages, étrange et douloureux spectacle plein de larmes et
d'arlequinades, où l'on a vu les diadèmes des souverains
sauter comme des toupies et les combinaisons des esprits
les plus habiles s'évanouir comme des bulles de savon; où
les géants ont été découronnés par les nains, et les
docteurs de la loi chassés par les écoliers; où Steiger est
presque devenu un grand homme, et Garibaldi un grand
général; où les poëtes se sont dépouillés de leurs ailes

séraphiques pour descendre dans le Forum avec a oge
du tribun, tandis que du cénacle des estaminets sortaient
les apôtres chargés d'enseigner à l'univers les vertus de
la république. « Je ne sais pas, dit Byron, si les anges
pleurent, mais les hommes ont assez pleuré, et pourquoi?
pour pleurer encore[1]. »

La génération à laquelle j'appartiens ne verra pas la
fin de ce siècle. Mais avant qu'elle s'éteigne, qui sait ce
qu'il lui réserve encore de drames et de mascarades?
Il est en bon chemin, et ne paraît pas disposé à lâcher si
vite ce qu'il tient avec un rire diabolique entre ses deux
mains, d'un côté la torche incendiaire, de l'autre un
cordon de marionnettes.

Loin de moi pourtant ces tristes réflexions, labyrinthe
moderne où nulle Ariane n'apporte son fil protecteur.
Valanos Dios! que Dieu nous protége, disent les Espagnols.
C'est le cri qui s'échappe de l'âme dans sa perplexité, et
je suis près de ceux qui souvent le répètent dans leur joie
comme dans leurs souffrances.

Le quatrième jour après notre départ de la Nouvelle-
Orléans, de bonne heure tous les passagers se sont réunis
sur le pont. Aux premières lueurs de l'aube, nous voyons
s'élever devant nous les remparts qui gardent l'entrée du
port de la Havane, citadelle à droite, citadelle à gauche,
canons braqués au haut des murs, et après cet appareil
de guerre un vaste édifice qui est une prison. Il y a de
quoi effrayer ceux qui arriveraient là avec une mauvaise
conscience. Mais à peine a-t-on dépassé les murs de la
Punta et du Moro, que le regard plane sur un délicieux

---

[1] « I know not if the angels weep, but men
Have wept enough. — Fort what? — To weep again. »

panorama. C'est la rade, vaste bassin de nacre et d'azur, bordé de chaque côté par un cercle de collines. C'est une masse de navires qui viennent de tous les points du globe, c'est la ville avec ses clochers, ses palais du gouverneur et de l'amirauté, ses maisons peintes en vives couleurs; c'est le quai inondé d'une foule de curieux et d'une foule de nègres employés au service du port. Il y a là un tel mouvement, une telle apparence de bien-être et de gaieté, qu'on aspire à courir au plus vite dans cette ville si coquette et si riante. Déjà l'on a sa canne à la main, sa valise sur le pont. On demande une chaloupe, on veut partir. Patience! Si la Havane, avec son beau ciel, ses verts coteaux, ses fleurs et ses parfums, apparaît à l'étranger comme une demeure féerique, il faut se rappeler que l'on n'aborde pas sur cette plage comme dans la république des États-Unis, où personne ne s'inquiète de savoir si vous avez un passe-port, où vous n'êtes tenu, en voyageant, que de livrer votre nom au maître d'hôtel qui vous ouvre sa porte.

A la Havane, l'autorité administrative ne se soucie nullement d'une telle liberté. Le fisc et la police gardent les avenues de ce paradis terrestre avec une plume de fer. Le fisc a une quantité de comptes à régler avec chaque navire. J'ai plus d'une fois admiré en d'autres pays ce qu'il y a d'ingénieux dans l'art avec lequel le fisc frappe coup sur coup le contribuable, de l'air du monde le plus innocent, et multiplie les mêmes impôts en en changeant seulement la dénomination. Sous ce rapport, je crois que celui de la Havane peut être étudié comme un modèle, et comme vous vous intéressez à tous les genres de distinction, vous ne pouvez faire moins que de vous arrêter au moins un instant à celle-ci.

Je ne vous montrerai pas le fisc havanais étendant sa main sur un bâtiment espagnol, car il a des égards pour la mère patrie, il ne lui demande qu'un modeste tribut de quelques centaines de pesos. Pour juger de l'étendue de ses conceptions, il faut le voir aux prises avec un bâtiment étranger apportant des denrées étrangères. D'abord il lui fait payer un droit de douze réaux par tonneau, ensuite un droit de drague, un droit de quai, droit de visite de la douane, droit de déchargement, second droit de la visite de la douane, droit d'acquit de cette même douane et de timbre de ce même acquit. Vous croyez que c'est tout. Non pas, nous ne sommes guère qu'à la moitié de cet habile tissu. Vient ensuite un impôt de douze à quinze pesos (soixante à soixante-quinze francs), pour la traduction du manifeste, puis les honoraires des employés de la douane et ceux du capitaine du port, et ceux du gouvernement, qui jusqu'à présent n'a encore rien pris pour lui, ensuite le droit du phare, la patente de santé et la visite de l'officier de santé. Ces divers tributs réunis forment, pour un bâtiment de trois cents tonneaux, un total de quatre mille cinq cents à cinq mille francs.

A présent, dites-vous, ce bâtiment, qui a si bien ouvert sa bourse, peut au moins charger librement son fret, et peut-être même recevoir un droit d'exportation pour les denrées indigènes. Dans plus d'une contrée, il en est ainsi. Mais tel n'est pas l'usage du fisc havanais. Du moment où un navire étranger entre dans la rade jusqu'à celui où les matelots lèvent l'ancre, il le tient sous sa griffe. Il lui impose un droit de six et quart pour cent sur plusieurs des produits qu'il vient chercher à la Havane, et de douze et demi pour cent sur les tabacs.

La police a aussi sa taxe. D'abord elle oblige le voyageur

à faire viser son passe-port par le consul espagnol de la
ville où il s'embarque pour l'île de Cuba, ce qui constitue
un premier impôt de deux pesos (dix francs cinquante
centimes). Ensuite elle prend ce même passe-port et le
remplace par un carré de papier que l'on paye huit piastres (quarante-deux francs). De plus, il n'est pas permis
de poser le pied sur le sol de l'île sans l'entremise d'un
habitant du pays qui se porte garant de votre moralité et
de votre catholicisme. Comment obtenir caution en restant
aux arrêts sur le pont d'un bâtiment? Voilà un problème
d'une solution difficile. Heureusement vous n'avez pas besoin de la chercher. Il y a dans tous les ports de l'île un
certain nombre de braves gens qui viennent eux-mêmes,
de l'air du monde le plus obligeant, vous demander s'il
ne vous serait pas agréable qu'ils répondissent de votre
vertu; bien entendu que vous acceptez avec empressement
cette aimable proposition, et bien entendu aussi que vous
devez une honnête récompense à un tel acte de dévouement : trois à quatre pesos, c'est le moins; en sorte qu'avec
le prix de la chaloupe qui conduit votre malle à terre, de
la charrette qui la transporte à l'hôtel, il en coûte au plus
modeste voyageur une centaine de francs pour traverser
le quai de la Havane.

Qu'est-ce que cent francs dans ce pays dont le sol se
couvre si aisément d'une moisson d'or? On n'emploie pas
ici notre mesquine façon de compter. Fi des chiffons de
papier par lesquels les banquiers des États-Unis représentent le numéraire absent! Un nègre en verrait une liasse
par terre qu'il ne se baisserait pas pour la ramasser. Fi de
nos grossières pièces de cuivre! On ne les connaît pas
même de vue. La plus petite monnaie est le medio d'argent, qui vaut trente centimes. Le peso se dépense comme

le franc, et le Havanais jette sur un comptoir l'once d'or
(quatre-vingt-cinq francs) avec la même aisance qu'un
de nos élégants de Paris tire de sa bourse un napoléon.

J'ai connu il y a quelques années, en France, un jeune
beau affligé d'un grand chagrin, celui de ne pouvoir gas-
piller dans les splendeurs de Paris plus de cent francs par
jour. Si la révolution de 1848 ne l'a pas guéri de cette
maladie, qu'il vienne à la Havane, il y trouvera un prompt
remède. Heureux ceux qui séjournent ici avec une traite
qui leur permet de se laisser aller à toutes les séductions
du luxe et de la mode. Plus heureux encore, cependant,
ceux qui n'y apportant qu'une humble fortune, mettent
leur joie dans la contemplation d'une belle nature, qui leur
donne gratuitement l'éclat de ses rayons célestes et les
caresses de ses brises embaumées.

C'est là le facile bonheur dont j'ai joui à la Havane. Il
est vrai que j'y suis arrivé dans la meilleure saison, c'est-
à-dire en hiver. Ma maîtresse d'hôtel me disait : « Voyez,
monsieur, comme cette chambre est fraîche et aérée ! »
Être au frais dans ce même mois de janvier, qui à Paris
vous oblige à calfeutrer votre appartement et à attiser le
feu de votre cheminée, c'est ici le grand point. Dans le
jour, portes et fenêtres sont ouvertes, et les vitres remplacées par un rideau flottant. Le soir, vous ne trouverez
sous votre moustiquaire ni sommier ni matelas. Le lit se
compose d'une toile étendue sur un châssis, et de deux
draps. C'est dur, mais frais. On ne doit rien désirer de
plus.

Comment vit-on en été? Ceux-là le savent, qui dans
les régions des tropiques ont subi les ardeurs de la cani-
cule. Nulle terre au monde n'offre à l'homme un asile où
il puisse oublier l'amère sentence de la Bible : *Homo natus*

a muliere brevi vivens et multis repletur miseriis. Le Nord a ses longues nuits noires, ses tourbillons de neige, ses vents qui glacent l'haleine sur les lèvres. Les contrées de l'Orient et du Sud, perles des océans, corbeilles de fleurs du globe, ont leurs plantes vénéneuses, leur ciel embrasé et la peste et la fièvre jaune, qui les surprennent dans leur voluptueuse mollesse comme le glaive de l'ange exterminateur.

Il y a des années où le sombre fantôme de la fièvre jaune semble s'assoupir sur les rives de la Havane, où à sa faible apparence on pourrait le croire épuisé et prêt à s'éteindre. Puis soudain, comme si dans ce repos trompeur il n'avait fait que recueillir ses forces et rassembler ses dards empoisonnés, il reparaît plus terrible que jamais, sillonnant toutes les rues, marquant d'un signe fatal toutes les portes, frappant de sa main décharnée les fils du pays et les étrangers.

L'an dernier, au mois d'août, les navires réunis dans la rade ressemblaient à ceux que les matelots désertent dans le port de San-Francisco. Seulement, ce n'était pas pour courir à l'éblouissant *placer* que les matelots et les officiers abandonnaient le pavillon national. C'était pour s'en aller à l'hôpital chercher un remède à leurs tortures, pour être ensevelis dans un cimetière étranger, en se souvenant à leur dernier moment de leur frais Escaut, de leur belle Gironde.

A ce deuil de la Havane se joignait celui d'une autre plage plus redoutable encore, de la plage mortelle de Vera-Cruz et de Tampico. Un jour, la vigie du Moro vit passer au pied des remparts un brick anglais gouverné par une femme qu'un homme pâle comme un squelette essayait de seconder dans son labeur. Le capitaine Jackson, qui com-

mandait ce brick, avait quitté Tampico avec sa femme, ses
deux enfants en bas âge et sept matelots. Quelques jours
après son départ, les sept matelots sont saisis par le
venin du *vomito* et meurent l'un après l'autre; le capitaine
et ses enfants, atteints du même mal, restent dans leur
lit hors d'état de se mouvoir. La femme, avec le courage
surhumain que lui donne sa foi en Dieu, jette les cadavres
à la mer, cargue une partie des voiles, prend la barre du
gouvernail, soigne son mari et ses enfants, et grâce à un
vent favorable qui seconde sa résolution, dirige vers l'île
de Cuba le navire, jusqu'au moment où son mari, se levant de sa couche, peut lui venir en aide. Elle arrivait
ainsi, après quarante jours de navigation, timide et modeste, baissant les yeux sous sa cape noire, quand on lui
parlait de son énergique vertu, et n'ayant pas l'air de se
douter qu'elle venait d'accomplir une œuvre devant laquelle
la pensée de l'homme le plus déterminé eût reculé avec
effroi. Si l'armateur de ce brick a du cœur, il donnera
une belle récompense à celle qui dans un tel désastre a
sauvé son navire et sa cargaison.

En hiver, la fièvre jaune s'assoupit sur ses sombres
trophées, et la Havane rit et chante, et travaille ou se
berce dans son heureuse nonchalance, sur son sol fertile,
sous son ciel étincelant, comme si nul fléau ne l'avait atteinte et ne devait jamais l'atteindre; dès le matin, sa
population s'éveille comme une couvée d'alouettes au
vent frais qui lui vient de la mer, aux brillantes clartés
qui dorent ses collines. L'animation de l'intérieur des habitations se joint à celle du dehors. Je ne sais quel philosophe antique disait qu'il voudrait que sa maison fût
de verre pour y livrer son existence à tous les regards.
Ici, son rêve est presque réalisé. Au delà du seuil de

chaque demeure est le *patio* avec ses galeries circulaires
où la famille passe une partie de la journée, et chaque
façade a ses larges fenêtres, ses balcons et ses magasins
voilés par des persiennes, défendus par des grilles de fer,
mais si souvent ouverts qu'on peut dire que chacun vit
en plein air et que la population entière ressemble à une
ruche d'abeilles bourdonnant autour de ses alvéoles. A
l'heure où le bourgeois anglais se tient enfermé au haut
de son palier, derrière une triple barrière de portes; à
l'heure où nos belles dames de Paris n'ont point encore
tiré les rideaux de leur alcôve, le bourgeois de la Havane
a déjà de sa fenêtre salué son voisin, le marchand a
enlevé les panneaux de sa boutique, et la jeune fille est
sur son balcon, comme si elle attendait son Roméo.

Si les biens de la terre sont inégalement répartis, Dieu
a du moins gardé aux hommes la communauté de l'espace
atmosphérique, de la lumière, et les Havanais jouissent
de cette communauté fraternellement.

Pour un étranger avide de tout voir, il y a là deux
spectacles : spectacle des maisons, dont il n'est pas besoin
qu'un Asmodée enlève les toits pour qu'on en voie au
moins les silhouettes, et spectacle des rues, bruyant et
curieux; à droite et à gauche, les trottoirs sillonnés par
une grande quantité de passants blancs et noirs, Indiens
au teint d'olive, créoles au léger costume, Mexicains et
Européens; au milieu, des troupeaux de mules qui
s'avancent à pas lents comme la forêt de Birnam, la tête
et le corps ensevelis sous des amas de tiges de maïs vert;
de lourdes charrettes chargées de denrées agricoles et
attelées de deux bœufs monstrueux, et la volante, la
légère, la coquette volante. Je ne sais comment, d'après
les descriptions que j'en avais lues, je m'étais figuré cet

équipage havanais comme un grotesque véhicule; c'est la flexible *karra* du Nord, avec laquelle on voyage si vite en Suède et en Norvége, mais une karra considérablement perfectionnée et embellie; c'est un long timon qui lui donne un agréable balancement, deux roues hautes et larges qui, à moins que l'essieu ne se rompe, rendent toute chute impossible. Au milieu de ces deux roues, une caisse comme celle de nos cabriolets, élégamment tapissée à l'intérieur, ombragée à demi sur le devant par un triangle d'étoffe qui suffit pour préserver le visage des rayons du soleil sans obstruer la vue de côté et d'autre. La volante est conduite par un nègre qui s'élance d'un pied agile sur la selle de sa mule, avec sa veste ronde ornée de galons de diverses couleurs, son *sombrero*, ses bottes à l'écuyère descendant jusqu'à la cheville et laissant de là à son soulier briller l'ébène de sa peau noire. Telle est la volante banale qui, dans chaque quartier, offre pour quelques réaux ses services aux passants, et lorsqu'une fois on en a usé, et lorsqu'on a connu la rapidité de sa marche et l'humble soumission de son cocher, on ne peut que prendre en grande pitié nos lourdes citadines et nos misérables fiacres.

La volante est du reste à peu près le seul équipage que l'on trouve à la Havane. Chaque riche marchand, chaque bon bourgeois veut avoir la sienne; celle-ci est couverte d'ornements en argent, tapissée de satin. En beaucoup de maisons, on la remise comme un meuble précieux dans la salle même où la famille se rassemble et reçoit ses visites. Une de ces volantes, attelée de deux mules, avec son postillon noir, portant le chapeau et la veste à galons, est certainement l'une des voitures les plus jolies et les plus aristocratiques qui existent dans le monde civilisé.

Entre cette ville et celles des États-Unis, il y a un tel contraste, que je ne sais où je pourrais en voir un plus complet. L'Américain est..... Mais je crois vous avoir assez dit comment m'étaient apparus les Américains. Le Havanais a l'exquise courtoisie de l'Espagnol, et emploie souvent ses galantes formules : *Mi casa es a la disposicion de usted. — Soy al servicio de usted.* Si l'on ne peut prendre à la lettre ces protestations, pas plus que notre *très-humble serviteur*, on aurait tort cependant de les considérer comme de vaines paroles. Le Havanais accueille l'étranger avec urbanité, lui ouvre sa demeure avec confiance, et parvient sans effort à la lui rendre agréable, par le seul fait de son caractère ouvert et généreux. Il aime le luxe et les fêtes, les fantaisies brillantes, et, à son grand *dam*, aussi les jeux hasardeux.

Les mœurs naissent du climat comme de la terre les fruits. La greffe et la culture peuvent modifier ces fruits; mais on n'en fait point disparaître l'essence primitive.

Enfant heureux d'une nature qui de tout côté sourit à ses regards, fascine ses sens, le planteur havanais, dans le plein essor de sa vie, ne comprend guère le plaisir que le docte Allemand peut éprouver à se tenir pendant de longues heures enfermé dans une retraite austère, scrutant à la lueur d'une lampe les hiéroglyphes philosophiques de Hegel. Il ne peut, entre son horizon vermeil, sous son ciel d'azur, s'envelopper, comme l'Anglais, d'un nuage ossianique, jusqu'à ce qu'il y perde, comme dans une machine pneumatique, son dernier souffle. En voyant à chaque saison verdoyer ses champs, fleurir ses orangers, il ne peut, comme une araignée de comptoir, filer sans cesse sa toile pour y attendre après la proie du jour, celle du lendemain. Si de ses études de collége il lui reste

quelque goût classique, s'il lit Horace, je pense qu'il goû-
tera surtout le *Carpe diem* de l'aimable Romain. S'il lit
Lamartine, il préférera à ses plaintives élégies les stances
où le mélodieux poëte chante l'hymne anacréontique :

Cueillons, cueillons la rose au matin de la vie.

Dans les joies du présent, si fugitives qu'elles puissent
être, il ne se laissera point troubler par la préoccupation
de l'avenir. Si l'année est bonne, il en dépense gaiement
les revenus ; si plus tard la récolte est moins abondante et
ne se vend plus au même prix, il se trouvera, il est vrai,
comme l'insouciante cigale, forcé de recourir à une ju-
daïque fourmi qui lui fera payer cher son assistance. Le fait
est qu'un grand nombre de plantations superbes sont
grevées d'hypothèques, et par le cumul des prêts successifs et des intérêts tombent peu à peu entre les mains des
économes Catalans. Le taux légal de l'intérêt est ici de
douze pour cent ; il est toléré à vingt, et monte très-
souvent, par des transactions particulières, à trente-six ;
sous le poids de ces terribles engagements, le planteur
n'en continue pas moins à tenir un riche état de maison,
à courir aux combats de coqs, et à se livrer à tous ses
fastueux caprices. Quoi qu'il arrive, il aura du moins
savouré sans crainte la coupe de sa destinée, et quand il
en aspire la dernière goutte, il peut dire avec Thécla :
« *Ich habe gelebt und geliebt*, j'ai vécu, j'ai aimé. »

De cette sphère aristocratique, les habitudes de déco-
rum extérieur et d'urbanité descendent jusqu'au dernier
degré de l'échelle sociale. Le *mob*, pas même le *mob* qui
signifie canaille, mais le bas peuple américain, est certainement ce qu'il y a de plus grossier, de plus brutal dans
le monde civilisé. Pour mon compte, j'aimerais mieux

vivre avec les pauvres ignorants Esquimaux qu'avec ce ramassis d'insolents faquins qui forment la base de la plus vaste des républiques. A la Havane, je n'ai rien vu qui ressemblât à une populace. Je n'ai rien trouvé que des corporations de manœuvres et d'artisans à l'œil vif, à la physionomie animée, complaisants et sociables.

Il y a entre l'île de Cuba et les États-Unis une autre différence plus notable, celle des institutions politiques. La Confédération des États-Unis possède dans toute sa plénitude ce trésor, cette pierre philosophale des temps modernes, la liberté. Et au milieu de toutes les révolutions qui, du Rio de la Plata jusqu'au Saint-Laurent, sur l'océan Atlantique et sur l'océan Pacifique, ont bouleversé le continent américain, l'île de Cuba est restée soumise à un régime gouvernemental aussi absolu que celui de Philippe II ou de l'empereur Nicolas.

Oui, tandis que l'Espagne joue au système représentatif, et y joue parfois d'une façon si gaillarde, tandis que les journaux de Madrid peuvent chaque matin lancer fort librement leurs brûlots contre le ministère, la censure inquiète et sévère, la censure des anciens temps, tient la presse de Cuba sous le fer de ses ciseaux, et le *Diaro* de la Havane et l'*Aurora* de Matanzas ne peuvent se mouvoir, comme le génie captivé par le pouvoir de Faust, que dans le cercle restreint où elle les enferme.

Le gouverneur de Cuba est investi d'une sorte de souveraineté absolue. Nul autre fonctionnaire ne peut ici rivaliser avec lui, nul conseil local ne peut s'opposer à l'exercice de sa volonté. Il est le chef de la force armée, le chef de la justice et de tous les fonctionnaires[1]. Que

---

[1] Le gouverneur de Santiago de Cuba exerce seulement une autorité

dis-je? il a tant de titres que leur énumération occupe la moitié de mon passe-port, et pour vous donner une idée de son importance, je le traduis textuellement.

« Léon Federigo de Roncali, comte de Alcoy, chevalier grand-croix de l'ordre royal et distingué de Charles III, de l'ordre américain d'Isabelle la Catholique, de l'ordre militaire de Saint-Ferdinand, chevalier de première, de deuxième, troisième et deux fois de quatrième classe du même ordre de Saint-Ferdinand et de celui de Saint-Hermengilde, membre honoraire de l'Académie des beaux-arts de Saint-Charles de Valence, gentilhomme de la chambre de Sa Majesté, sénateur du royaume, lieutenant général des armées royales, gouverneur et capitaine général de l'île de Cuba, président de ses cours royales, gouverneur politique et militaire de cette province, chef civil suprême de toute l'île, président de la Société royale du progrès, de l'inspection des études, de l'assemblée provinciale, de l'ordre royal américain d'Isabelle la Catholique, juge délégué de la maison royale et de ses domaines, de l'intendance générale des courriers, postes, estafettes, etc. »

Suivent plusieurs et cætera dont il me serait difficile après une telle nomenclature d'indiquer la signification.

En deux mots, ce gouverneur tient entre les mains tous les rouages de l'administration et peut de son plein gré faire saisir, exiler ou incarcérer un citoyen sans qu'on ait à lui opposer la plus petite loi de *habeas corpus.*

Que dans le temps où nous vivons, un tel état de

---

indépendante, en ce qui tient aux affaires civiles de la province. Pour le reste, il est soumis comme les autres à la supériorité du gouverneur général.

choses semble monstrueux aux missionnaires des principes démagogiques, je le crois sans peine. Cependant les
Havanais n'ont nullement l'air de s'en affliger, et je n'en
suis point surpris. Les gens qui prétendent régler la
marche de l'humanité sur une même mesure, et du nord
au sud lui tailler son bonheur comme un habit d'uniforme, m'ont toujours paru être possédés d'une étonnante
confiance dans leur sagesse. S'il est des peuples qui
réclament ce que l'on est convenu d'appeler les institutions
libérales, il en est d'autres qui se trouvent fort à l'aise
sous un régime autocratique. Vouloir leur persuader qu'ils
souffrent et qu'ils doivent, pour améliorer leur condition,
renverser tout leur édifice social, c'est une étrange prétention. J'aimerais autant celle du médecin qui viendrait
dire à un homme en bonne santé : « Vous êtes malade,
mon ami. — Moi? pas le moins du monde. Jamais je ne
me suis senti plus alerte et plus dispos. — C'est possible.
Mais vous ne vous connaissez pas. Moi qui suis éclairé par
l'art et l'expérience, je vois que vous êtes malade, et
pour vous guérir, je vais vous donner la fièvre. »

Si ces conseils philanthropiques ont été jetés çà et là
dans l'île de Cuba par l'Europe et par l'Amérique, comme
les graines que les vents emportent sur leurs ailes et vont
semer en de lointaines contrées, rien n'indique encore
qu'ils aient pris racine au sein de la population. Et vraiment, quand elle observe ce qui se passe autour d'elle,
quand elle voit à quel degré de démoralisation et de
misère le Mexique en est venu avec sa constitution calquée
sur celle des États-Unis, dans quelle débilité sont tombées
es régions de l'Amérique du Sud scindées en républiques
et proclamant si fièrement avec une centaine de soldats
en haillons leur indépendance, je comprends très-bien que

l'île de Cuba ne soit pas tentée d'exposer à un tel enjeu sa propérité.

On serait, du reste, dans une singulière erreur, si l'on pensait que son gouverneur va faire le mal, par la raison qu'il en est son pouvoir de le faire. A supposer qu'il y fût porté par une méchante nature, il serait arrêté sur cette pente funeste par son propre intérêt. Quoiqu'il puisse n'admettre aucune résistance à ses ordres, il ne peut fermer ses oreilles à de sages avertissements, et il a au-dessus de lui la cour de Madrid et le ministère.

La durée de ses pouvoirs est d'ailleurs limitée à cinq ans. Si dans cet espace de temps il a commis des fautes, avant qu'elles aient acquis trop de consistance, elles peuvent être réparées par son successeur. Le changement de chaque gouverneur est comme le commencement d'un nouveau régime qui éveille de nouvelles espérances.

Il y en eut un dont la main n'était pas gantée de velours, dont le souvenir est resté gravé dans les esprits, pour beaucoup avec un sentiment de crainte, pour d'autres avec une vive reconnaissance. C'est le général Tacon, qui prit possession du pouvoir en 1834, et le garda jusqu'en 1838. Avant son arrivée, le pays était en proie aux plus déplorables désordres. Des bandes de malfaiteurs effrayaient les campagnes et les cités; des vols et des meurtres se commettaient en plein jour jusque dans les rues de la Havane. La première pensée du général fut de mettre fin à une telle calamité. Il y appliqua une volonté énergique, rigoureuse, parfois violente, dit-on; mais sans cette violence qu'on lui a reprochée, peut-être n'eût-il pas atteint son but. Il fit construire la vaste prison qui frappe les regards quand on entre dans le port de la

Havane. En même temps qu'il marquait de sa sévère empreinte ce sinistre édifice, il attachait son nom à deux autres œuvres d'une nature toute différente : au magnifique théâtre qui s'élève hors de la porte de la ville, et à la riante promenade qui s'étend vers le Cerro.

A la fin de la première année de son administration, l'inflexible général disait, dans un de ses manifestes : « La tranquillité publique, le bon ordre, la sécurité individuelle ont été raffermis d'une façon merveilleuse. La police, en parcourant les villes et les villages, ne rencontre plus de voleurs. La contrée, désolée naguère par des crimes nombreux, est maintenant tranquille, etc. »

Si l'assurance exprimée par ce manifeste était alors un peu prématurée, plus tard elle était parfaitement exacte. Le général Tacon fut le Thésée de l'île de Cuba. Il la purgea de ses brigands.

A présent, on peut sans crainte errer de nuit dans les quartiers les plus reculés de la Havane. En cas d'alarme, on serait sûr d'y trouver le sereno vigilant, et c'est alors que la gracieuse reine de Cuba, comme ces fleurs qui ne s'entr'ouvrent qu'au coucher du soleil, apparaît dans sa plus grande séduction.

Le travail de la journée étant fini, chacun ne pense plus qu'à jouir de ses heures de loisir dans la tiède fraîcheur du soir. L'ouvrier, secouant la poussière du tablier, revêt le pantalon blanc, pose sur le coin de l'oreille le sombrero en paille de Panama, et va rejoindre sa jolie *moza*. Le marchand reçoit ses voisins et ses amis dans son magasin ouvert au grand large sur le trottoir. Une foule de promeneurs circule le long du *Paseo*, puis revient sur la place d'armes où un orchestre militaire donne à tout venant un concert gratuit. Sous les rameaux de palmiers, autour de la fontaine de marbre qui décore cette place, on voit passer, comme dans les alamédas d'Espagne, l'uniforme doré de l'officier avec le simple habit bourgeois, la coquette mantille avec la toilette dictée par la récente loi de la mode parisienne, et je pense que, comme au sein de l'alaméda de Cadix, plus d'un doux propos tombe mystérieusement dans une oreille attentive qui ne paraît écouter que les mélodies de Mozart ou de Rossini.

Près de là sont de vastes cafés, où les fruits délicieux de l'île, l'orange, la *pina*, la *mamei*, la *juanavana*, la *juiava*, sont transformés en conserves, en glaces, en sorbets. L'ingénieux *confitero* de la Dominique a déjà tellement appliqué les termes de son vocabulaire espagnol à ses savoureuses productions, que pour en désigner deux nouvelles il a dû entrer dans les domaines de la politique étrangère : « *Muchacho,* s'écrie un habitué, *traeja me uno presidente Taylor !* (Garçon, apportez-moi un président Taylor !) — *V a me,* dit un autre, *uno presidente Jackson !* (Et à moi un président Jackson !) » Et les deux vénérables présidents font leur apparition sous la forme de deux verres remplis d'une liqueur odorante, comme si leur âme était renfermée dans ce fragile cristal, ainsi que celle dont l'Arioste raconte la captivité dans son magique poëme.

En donnant à deux de ses compositions ces deux noms importants, le judicieux glacier a prouvé que, du fond de son laboratoire, il étudiait le caractère des chefs du gouvernement américain, et qu'il pouvait le peindre à sa façon. La coupe qui se présente sous le nom du général Taylor contient une boisson doucereuse et réfrigérante ; l'autre, un punch énergique.

A quelque distance de là, à l'entrée d'un populeux faubourg, scintillent les lumières du théâtre où, depuis le commencement de l'hiver, une troupe d'acteurs excellents joue pour la vingtième fois la *Lucia*, aux applaudissements d'un public enthousiaste. S'il est dans les capitales de l'Europe des théâtres plus grands, où résonne un orchestre plus nombreux, je n'en connais pas un d'un aspect plus aristocratique. On ne voit au parterre que des hommes en pantalon blanc et en gilet blanc.

Ses trois balcons ne sont point, comme les nôtres, fermés d'un côté par un rempart de lambris, voilés de l'autre à moitié par une lourde balustrade. Au fond, il n'y a que de légères persiennes à travers lesquelles pénètrent l'air et la lumière de la galerie; sur le devant, un treillage qui permet de voir les belles Havanaises dans toute leur grâce, depuis les bandeaux de leur ondulante chevelure jusqu'à leurs petits pieds. Au-dessus de ces trois étages est la place des nègres, qui semblent rangés là comme pour faire mieux ressortir par leur épaisse stature et leur noir visage les blanches colombes nonchalamment posées dans les autres loges. Ici, la toilette d'une femme comme il faut ne ressemble en rien à celle qui brille en tant de couleurs diverses d'une des extrémités à l'autre de notre Opéra en un jour de grande représentation. De velours, il n'en est pas question; le satin même est trop lourd et trop peu flexible pour ces formes délicates, et la pantoufle en verre de Cendrillon serait une charge trop pesante pour ces pieds d'oiseau. Une fleur dans les cheveux, des flots de gaze et de dentelles sur le corps, un ruban de soie pour soulier avec une semelle imperceptible, et un autre ruban de même couleur qui enlace le talon. Voilà tout ce que peuvent porter ces filles des tropiques. On dirait les elfes du Nord qui jadis, dans les clairières, se filaient des vêtements avec les rayons de la lune; et quand une de ces fées havanaises se retire dans la molle pénombre de sa loge, à voir le vaporeux tissu qui l'enveloppe, on dirait la beauté du Cantique des cantiques, que le poëte compare à un nuage d'encens.

Il faut que le drame qui se passe sur la scène soit bien émouvant, que Salvi soit ce qu'il est, un puissant ténor, et que madame Bosio chante avec toute sa verve, pour détourner les regards des spectateurs de ce pourtour des balcons où se penchent comme des lianes les jeunes filles de la Havane, où sous de longs cils étincellent de grands yeux noirs, profonds comme le puits près duquel Isaac attendait Rébecca, le puits du vivant et du voyant : *Puteum viventis et videntis.*

Ce sont ces apparitions poétiques, c'est ce ciel dont le tendre azur se joint à l'azur plus foncé de la mer, c'est ce vaste horizon, cette perpétuelle verdure des arbres et des fleurs, qui donnent à la Havane un prestige dont l'esprit de l'Européen est vivement saisi et qu'on ne peut oublier. La ville par elle-même, c'est-à-dire l'assemblage de maisons dont se composent ses divers quartiers, n'a rien d'extraordinaire. Ailleurs, les monuments décorent le paysage et sont l'orgueil des habitants. Ici, c'est le paysage, ce sont les habitants qui font la parure de la ville.

La Havane n'est du reste pas la plus ancienne cité de la colonie. L'île de Cuba, découverte le 28 octobre 1492, par Christophe Colomb, visitée de nouveau par lui en 1494, resta pendant quatorze années encore abandonnée à ses caciques. L'Espagne avec toute son avidité ne pouvait d'une seule fois prendre possession des vastes régions que son infatigable amiral semblait à chaque pas faire jaillir du sein des ondes. Comme un héritier doté tout à coup d'une fortune qu'il peut à peine compter, elle négligeait une partie de ses nouveaux domaines.

Après s'être établie à Saint-Domingue, elle se souvint pourtant de cette autre île à laquelle Colomb avait donné le nom de Juana, à laquelle plus tard on donna celui de Fernandine, puis celui d'Ave Maria, et qui malgré ces différents baptêmes a gardé sa dénomination indienne de Cuba.

En 1508, Nicolas Obando, gouverneur de Saint-Domingue, reçut l'ordre de l'explorer. Il confia cette mission à Sébastien Ocampo, qui le premier reconnut que c'était une île et qui, en constatant la fertilité de son sol, la situation avantageuse de quelques-uns de ses ports, notamment de celui de la Havane, qu'il appela *Puerto de Carenas*, la recommanda à l'attention spéciale du gouvernement.

En 1511, Diego Colomb, qui avait fini par obtenir au moins une partie des récompenses promises à son père, envoya à Cuba Velasquez, avec une troupe de huit cents hommes. Le cacique Hatuci essaya de s'opposer au débarquement de ces soldats, mais il fut vaincu et enchaîné.

Comme les Espagnols ignoraient encore l'existence de la Floride et du côté du continent américcin dont elle fait partie, ils ne songèrent d'abord qu'à occuper le revers méridional de l'île qui se trouvait le plus rapproché de la Jamaïque, de Saint-Domingue et de la côte ferme. Ils fondèrent la ville de Santiago, de la Trinité, celle de Baracoa, qui fut la première capitale de l'île, et quelques années après, celles de *Puerto Principe, Bayamo, Santo-Espiritu*.

La Havane ne date que de 1519, et ce n'était encore qu'un établissement peu considérable, lorsqu'en 1538, il fut réduit en cendres par des marins français. Ferdinand de Soto le releva de ses ruines, et y bâtit un fort. Grâce à ce moyen de défense, et surtout à sa position maritime, la nouvelle cité se développa si rapidement, qu'en 1549 le gouverneur Gonzales Pereo de Angulo y établit sa résidence. Ses successeurs suivirent son exemple. Ce ne fut pourtant qu'en 1589 qu'elle devint en réalité la capitale de l'île. Don Juan de Tejada ajouta à ses premières forteresses celle du Moro. Philippe II lui donna ses armoiries : trois tours d'argent sur un champ d'azur avec une clef qui représente la clef des Indes. Les actes officiels lui donnent un long titre qui rappelle à la fois la mémoire de Christophe Colomb et la constance avec laquelle elle est restée attachée à la bannière espagnole. Ils la nomment la *siempre fidelissima ciudad de San Christobal de la Habana*.

Les colons qui sont venus successivement s'y établir, soldats ou marchands, n'ont point apporté les richesses architecturales de Grenade ou de Séville. A part le palais du gouverneur, celui de l'amirauté, et quelques maisons appartenant à de riches propriétaires, dont plusieurs sont des grands d'Espagne, on ne voit à la Havane que des habitations d'une dimension fort ordinaire, curieuses seulement par leur genre de structure, égayées par leurs balcons, et par les couleurs dont elles sont extérieurement revêtues.

La cathédrale, construite en 1724 par les Jésuites, n'a ni la solennité d'une église gothique, ni l'éclat d'un style plus récent, mais elle renferme les restes de Christophe Colomb. Après avoir dans le cours de sa vie passé par tant d'orages, orages de la mer et orages plus cruels de l'envie, de la méchanceté des hommes, il était dans la

destinée de ce martyr de la gloire de ne pas même reposer sur le sol où il rendait à Dieu sa grande âme abreuvée
d'amertume. De Valladolid, ses ossements furent trans-
portés à Séville, puis à Saint-Domingue, puis à la Havane.

A gauche du maître-autel de la Havane, on voit dans
la muraille une pierre sur laquelle est sculpté en relief
un buste d'homme avec le costume des chevaliers du
seizième siècle. Le ciseleur l'a décoré de cette naïve inscription :

> O restas e imagen del gran Colon
> Mil siglos durad, guardados en la urna
> Y en la remembranza de nuestra nacion [1].

C'est là sans doute une pauvre commémoration. Mais
que dire de celle qui existe dans la cathédrale de Séville?

> A Castilla y à Leon
> Mundo nuevo dio Colon [2].

Le pédantisme des savants, la vanité des faiseurs d'épi-
taphes ne servent souvent qu'à outrager le souvenir des
morts.

A Aix-la-Chapelle, au pied du chœur, le voyageur s'arrête devant une grande dalle entourée d'un cercle de
cuivre et y lit, en courbant la tête, deux mots qui sont
toute une histoire :

« CAROLO MAGNO. »

Il est des noms auxquels dans un monument de deuil

---

[1] « O restes et image du grand Colomb conservés pendant mille
siècles dans l'urne et dans la mémoire de notre nation. »

[2] « A la Castille et au Léon, Colomb donna un monde nouveau. »

il est défendu de rien ajouter : Charlemagne, Napoléon, Christophe Colomb. Et ceux des grands artistes, et ceux des grands poëtes. Loin d'eux les profanes qui croient les honorer en les couronnant d'un emphatique quatrain. Pitié pour ceux qui pour les connaître ont besoin d'une inscription !

II

LE JOUR DES ROIS A LA HAVANE.

Un souvenir de Shakespeare. — Diverses tribus de nègres. — Danses et mascarades. — Aristocratie des nègres créoles. — Situation des nègres dans les maisons particulières et dans les plantations. — Comment se fait la traite. — Condition des hommes de couleur.

QUINCE. Vous, Robert Starveling, vous jouerez le rôle de la mère de Thisbé; Thomas Snout, le chaudronnier?

SNOUT. Présent, Pierre Quince.

QUINCE. Vous, celui du père de Pyrame. Moi, celui du père de Thisbé. Snug le menuisier, vous prendrez celui du lion. Maintenant, voilà l'ordre du spectacle réglé.

SNUG. Le rôle du lion est-il écrit? Je vous en prie, donnez-le-moi. J'étudie lentement.

QUINCE Il est aisé de l'improviser. Vous n'avez qu'à rugir.

BOTTOM. Laissez-moi jouer le rôle du lion. Je rugirai de façon à troubler tous les cœurs. Je rugirai de telle sorte que le duc dira : Laissez-le rugir encore.

QUINCE. Vous serez si terrible que vous épouvanterez

la duchesse, les femmes, qu'elles pousseront des cris d'effroi, et il n'en faut pas davantage pour nous faire tous pendre.

Bottom. Je conviens que si j'effrayais les femmes, elles pourraient bien nous faire pendre. Mais je modérerai ma voix, mon rugissement sera doux comme le soupir d'une colombe, comme le chant d'un rossignol.

Quince. Non. Vous ne pouvez remplir que le rôle de Pyrame. Car Pyrame est un homme à la figure avenante, un joli homme fait pour une nuit d'été, un très-aimable gentleman. A vous donc le rôle de Pyrame.

Bottom. Bien. Je m'en charge. Quelle barbe porterai-je?

Quince. Celle qu'il vous plaira.

Bottom. C'est que je puis avoir la barbe couleur de paille, la barbe orange foncé, la barbe pourpre, la barbe du teint de la couleur de la France, la barbe parfaitement jaune.

Cette scène de Shakespeare m'est revenue aujourd'hui à l'esprit en voyant à la Havane les nègres qui semblaient avoir hérité de la puissance de Bottom, pour donner à leur voix toutes sortes d'intonations, et se façonner des masques de toute couleur.

Le jour des Rois est ici la fête des nègres. Soit par un reste des anciennes saturnales, soit en mémoire du noir mage d'Éthiopie, qui apporta ses présents à la crèche de Bethléem, ce jour-là ils sont affranchis de tout service. Leurs maîtres leur donnent des étrennes, et ils vont en quêter encore à la porte des principales maisons. D'une des extrémités à l'autre de la ville, artisans, manœuvres, domestiques, se réunissent en différentes cohortes, autour de celui qui représente le chef de leur tribu. Car la population africaine de l'île de Cuba provient de plusieurs races qui, tout en vivant sous le même joug, conservent une physionomie et des mœurs distinctes. Là sont les nègres du Congo, généralement paresseux, méchants, enclins au vol, et passionnés pour la danse et la musique;

Les Lucumis, hautains et fiers;

Les Macuas de la côte de Mozambique, qui ont le caractère indolent, mais doux et paisible;

Les Caravalis de la côte occidentale d'Afrique, avares, industrieux et souvent emportés;

Les Minas, à la figure stupide;

Les Avaras, sans énergie et sans caractère;

Les Mandingas, dociles, soumis et honnêtes.

Le jour des Rois, chaque peuplade apparaît à la Havane avec son costume national et ses instruments de musique. J'ai sincèrement remercié ma bonne fortune de voyageur, qui m'a fait assister à un tel spectacle. Dans l'enceinte d'une même ville, j'avais tout un échantillon des sauvages coutumes de l'Afrique, et il n'est pas possible d'imaginer un assemblage de scènes plus bouffonnes et plus grotesques. Les chefs surtout sont superbes. Les uns s'avancent montés sur de hautes échasses, comme des Basques, et lorsqu'ils sont fatigués de leur marche aérienne, tombent entre les bras de deux de leurs suivants, qui les portent complaisamment, tandis qu'un troisième prend dans ses mains leurs lourdes jambes de bois et les tient par derrière avec autant de respect que les demoiselles d'honneur tenaient jadis la queue de la robe des grandes dames. Les autres sont de la tête aux pieds ensevelis sous un manteau de filasse, imitant une peau d'ours. Il en est qui portent sur la tête un château de plumes, une forêt de bouquets artificiels. Il en est dont le visage et le cou sont couverts d'un masque épais à travers lequel on voit rouler des yeux étincelants. Il en est qui se sont appliqués à donner à leur visage l'apparence d'un oiseau de proie ou d'une bête fauve. Un grand nombre sont nus jusqu'à la ceinture, tatoués ou peints sur les joues, sur les épaules, sur la poitrine; ceux-ci zébrés avec de l'ocre, ceux-là avec de la craie blanche, et quelques-uns, qui ne se trouvent pas encore assez noirs, se font sur le corps de longues raies avec un pinceau à cirage.

Les femmes sont pour la plupart couvertes de robes de toile d'une couleur éclatante; une fleur dans les cheveux, un cigare entre les lèvres, une couche de peinture, rouge, verte ou blanche, sur les joues; elles suivent d'un pas alerte le cortége, dont elles font partie jusqu'au lieu où il s'arrête pour danser.

Sous les fenêtres du gouverneur ou de l'amiral, sur les places publiques, au coin des rues les plus fréquentées, le chef donne le signal. Aussitôt les musiciens se rangent de côté avec leurs instruments. Et quels instruments! Tout ce qui siffle, tout ce qui bruit, tout ce qui tinte sur les tons les plus aigus et les plus discordants, suffit à ce diabolique orchestre. Voici un des virtuoses qui enfourche un tronc d'arbre, creux du haut en bas, couvert à l'une des extrémités d'une peau épaisse, sur laquelle il frappe de ses deux mains nerveuses à coups redoublés. Près de lui un autre agite en guise de grelots une corbeille d'osier remplie de cailloux; on en voit qui ont des espèces de flûtes de roseau, dont le dieu Pan n'a certainement pas donné le modèle; d'autres possèdent une sorte de harpe garnie d'une demi-douzaine de crins, qui pourrait bien aussi faire verser des larmes au dieu de la musique finlandaise, le tendre Woeinemoïnen, non pas des larmes de ravissement, mais d'indignation et de douleur.

A ce tintamarre sans nom, à ce charivari, qui humilierait la plus ingénieuse bande de gamins de Paris, se mêlent les rauques accents des gosiers emprisonnés dans les masques; des cris de hibou, des sifflements de vipère, des hurlements de chien. C'est le signal du bal. Le chef, monté sur ses échasses, saute et cabriole comme un singe. Le chef à la peau d'ours secoue sa lourde crinière, se penche vers le sol, se relève tout à coup comme s'il allait se jeter sur sa proie; le chef au panache de plumes se balance et tournoie; puis toute la cohorte se met en mouvement. Hommes et femmes se rangent l'un en face de l'autre, et dansent. Non; le mot de danser ne peut donner aucune idée d'une telle scène. C'est un frémissement nerveux, un tressaillement de tous les membres; des corps qui s'agitent, se tordent, se replient, se relèvent, et sautent comme des salamandres dans le feu. Les pieds, les bras, les hanches, la poitrine, tout est en action, dans des attitudes que je ne puis décrire et dont la moindre ferait rougir la vertu de nos sergents de ville. Un cercle de curieux des deux sexes assiste pourtant, en plein jour, à cette étonnante chorégraphie, et n'en paraît nullement choqué.

Une seule de ces danses, puisque je ne trouve pas d'autre mot pour m'exprimer, a un caractère intéressant, c'est celle du sabre : un nègre qui n'a pour tout vêtement qu'un caleçon, entre dans l'arène, un glaive de bois à la main. En face de lui, une femme s'avance, en baissant la tête d'un air timide. Le noir brandit son épée, la femme fait un bond de côté comme pour échapper à ses coups, puis revient et se courbe comme une esclave soumise, et par ses mains jointes, par ses regards craintifs, semble invoquer sa pitié. Le nègre, attendri, s'élance pour la saisir dans ses bras, la femme fuit encore, comme une biche effarouchée, et pas à pas se rapproche de nouveau jusqu'à ce qu'enfin elle reste comme fascinée par l'éclair de l'œil ardent qui la suit sans cesse ou subjuguée par la terreur. Il y a dans cette vive pantomime tout un roman d'amour, tout un drame de passion impétueuse, d'autant plus saisissant qu'il est sans doute le fidèle simulacre des drames réels qui doivent souvent s'accomplir sous le brûlant soleil d'Afrique.

Quand cet exercice d'acrobates, de guerriers, de sauteurs lascifs est fini, l'un d'eux s'avance sous la fenêtre de la maison à laquelle la troupe ambulante a voulu donner cette représentation pour recevoir son tribut, puis s'en va un peu plus loin, recommencer ses danses et ses quadrilles.

Quoi qu'il en soit de la grossièreté de ces jeux, il y a là pourtant une naïveté qu'il serait difficile de ne pas remarquer. Les nègres jouissent de leur jour de liberté, de leurs chants et de leurs danses, avec une gaieté d'enfants. En les suivant moi-même, comme un enfant, de place en place, de rue en rue, sur le pavé et dans la boue où ils sautaient comme sur un parquet, je me disais que plus d'un peut-être, en revêtant son bizarre costume, pensait aux fêtes de son village natal, et alors je les observais avec un sentiment de pitié.

C'est d'ailleurs un fait remarquable que cette saturnale des nègres, si bruyante et parfois si sauvage, se termine à temps fixe, sans querelle, sans désordre. Le soir, au coucher du soleil, le tambour cesse de battre, l'ours se dépouille de sa fourrure, le guerrier abandonne son sabre, le chef dépose son diadème de plumes : chacun rentre paisiblement dans sa demeure, et l'argent que l'on a recueilli dans la journée est mis en réserve pour subvenir aux frais de la même fête l'année prochaine.

Mais tout ce qu'il y a de plaisant en ce monde s'en est allé ou s'en va : tournois chevaleresques, assemblées pompeuses des corporations, théâtre de la basoche, carnaval de Venise. Une légion de gens graves, dans leur sagesse plus sévère que celle de l'Église, nous condamne, l'année durant, au carême de la raison. Dans ce spleenifique ramazan des sens et de l'imagination, il ne nous reste, pour nous distraire, quand elle ne nous désole pas, que la grande panhypocrisiade des prétendus régénérateurs de l'humanité.

Le jour des Rois n'est plus, à la Havane, ce qu'il a été jadis. Un grand nombre de domestiques nègres regardent du haut d'un balcon passer la procession africaine, comme des gens de bonne maison regardent une troupe de baladins; d'autres affectent un profond mépris pour ces parades nationales. Les nègres ont aussi leur aristocratie; car en quel lieu cette maudite aristocratie ne va-t-elle pas se nicher? Ceux qui ont eu le bonheur de naître sur le sol de Cuba, et qui portent le titre glorieux de *criollos* (*créoles*), considèrent comme des gens de bas étage les malheureux enfantés sur le sol d'Afrique. Puis il y a les re-criollos et ceux d'une troisième et quatrième génération de créoles, qui ont l'air de tenir entre leurs mains un brevet de grands d'Espagne.

Ici comme à la Nouvelle-Orléans, et plus encore qu'à la Nouvelle-Orléans, les nègres attachés au service de la riche bourgeoisie jouissent d'une situation matérielle près de laquelle l'existence de nos ouvriers apparaît on ne peut plus misérable. Élevés, dès leur bas âge, au sein de la famille à laquelle ils appartiennent, ils semblent en quelque sorte en faire partie : ils participent à toutes ses joies, et s'enrichissent de ses bienfaits. La belle dame havanaise ne garde pas longtemps la même robe ni le même châle, et tout ce luxe de toilette qui lui a coûté si cher, qu'elle rejette si vite, est libéralement livré à la négresse qui lui sert de femme de chambre. Il faut les voir le dimanche, quand elles vont à l'église, ces princesses du sang africain. Il n'en est pas une qui ne porte les souliers de satin, la robe de mousseline, la mantille de dentelle sur la tête, le bracelet en or au poignet, et parfois une quantité de bijoux. Je suis sûr que la glorieuse épouse de l'empereur Faustin Ier n'est pas mieux vêtue quand elle donne ses audiences, entourée des ducs, des grand-croix, des altesses d'Haïti.

Beaucoup de nègres économes, notamment ceux de la tribu Caravalis, amassent dans cet état de domesticité un pécule qu'ils savent très-bien faire fructifier. La loi de Cuba oblige le propriétaire à affranchir son esclave, non-seulement quand celui-ci rembourse la somme qu'il a coûté, mais même lorsqu'il ne la rembourse qu'en différentes fois, par à-compte successifs.

Il existe à la Havane une loterie semblable à celle d'Allemagne, qui a déjà contribué à l'affranchissement de beaucoup de nègres. Chaque mois, des colporteurs s'en vont dans toutes les rues vendre des billets de vingt francs et de cinq francs, au moyen desquels on peut gagner des lots de quarante mille, quatre-vingt mille et cent cinquante mille francs. Une fois, il y en a un de cinq cent mille francs, qui fut gagné par un nègre; mais mal lui en arriva, car en voyant cet amas d'or étalé sur sa table, il en éprouva un tel saisissement qu'il en mourut. Quand il est affranchi, le nègre ouvre un atelier ou une maison de commerce, et achète d'autres nègres. Malheur à ceux qui tombent sous sa verge! Il est plus dur envers eux que les blancs les plus impitoyables.

La maison du colon havanais est l'eldorado des esclaves. Les plantations en sont le purgatoire, surtout celles
qui sont confiées à la gestion d'un intendant dont le maître réside en ville. Là, les esclaves, astreints à un rude
labeur, sont souvent exposés à de cruels châtiments. C'est
là que pour se venger du traitement qui les révolte, il est
de ces infortunés qui se suicident, et c'est de là que d'autres s'enfuient dans les bois, où ils sont poursuivis par
des chiens qui flairent leur piste mieux qu'aucun lévrier
celle du gibier. Devant ces animaux, le nègre le plus
hardi perd toute résolution; s'il essaye un instant de se
défendre, il est bientôt terrifié : le chien lui saute aux
oreilles et le ramène au bercail, la tête ensanglantée.

Je dois ajouter que ces cas de désespoir sont rares, et je
suis convaincu que les nègres, qui forment plus de la
moitié de la population de Cuba, sont en général, pour
ne pas dire tous, beaucoup plus heureux et plus satisfaits
de leur sort que ceux qui, ayant été affranchis par la philanthropique Angleterre, ont l'honneur de vivre dans ses
colonies.

Les Anglais jettent cependant les hauts cris chaque fois
qu'on prononce devant eux le nom de Cuba. Les Anglais
disent qu'ils ont donné à cette île perfide soixante-dix
mille livres sterling pour qu'elle s'engageât à ne plus
faire la traite. Hélas! et les soixante-dix mille livres se
sont évaporées au soleil de l'administration, et la traite
va tranquillement son bonhomme de chemin.

La chose est très-simple. Un navire part pour la côte
d'Afrique avec une cargaison de diverses denrées, qu'il
abandonne pour un certain nombre de nègres à un paternel souverain, qui préfère une paire de pistolets ou un
habit galonné au plus beau de ses sujets. Dans ce facile

trafic, le prix de chaque nègre ne revient pas, terme moyen, à plus d'une once d'or (quatre-vingt-cinq francs). A son retour, le navire jette l'ancre dans un port, dont l'aimable commandant, moyennant un petit tribut d'une once par tête de noir, reste persuadé que le susdit bâtiment n'apporte dans l'île que la plus honnête marchandise. Cependant, comme il pourrait y avoir autour de lui des gens malintentionnés qui ne verraient pas l'affaire du même œil, on se hâte de disperser les nègres dans diverses habitations. Chacun d'eux se vend ensuite de quarante à quarante-cinq onces. Si sur trois bâtiments employés à cette spéculation, il en est un qui se perde, ou qui soit pris, tous frais payés, il n'en reste pas moins à leurs armateurs un très-beau bénéfice. Et si c'est le gouvernement de Cuba lui-même qui, pour faire preuve, en certaine occasion, de vigilance ou de bon vouloir, juge à propos de confisquer un de ces navires, le sort des nègres dont il s'empare n'en reste pas moins à peu près le même. On les déclare officiellement, il es vrai, émancipés, *emancipados*. En cette qualité, on ne les vend pas; mais pour quelques onces, on les livre pendant cinq ans à un planteur qui les fait travailler comme les autres, et plus durement que les autres, car il n'a pas le même intérêt à les ménager. Au bout de cinq ans, le bail se renouvelle; de sorte que, de lustre en lustre, l'émancipé subit le joug des esclaves, avec cette différence qu'il mange problablement le plus mauvais *tasajo*[1] et reçoit un plus grand nombre de coups de fouet.

Ce qu'il y a pourtant, selon moi, de plus triste dans ces

---

[1] Bande de bœuf séché qu'on importe de Buenos-Aires, pour les rations journalières des nègres des plantations.

régions où subsiste l'esclavage, c'est la condition des mulâtres Le nègre qui vient d'Afrique, où il a vécu d'une
vie animale, sous le libre arbitre d'un farouche despote,
peut certainement, quoi qu'en disent les Anglais, trouver
une meilleure existence matérielle dans les colonies. Le
nègre né sur une plantation reste sans effort soumis à sa
destinée d'esclave. Le nègre attaché au service particulier
d'une famille n'imagine pas un meilleur sort.

L'homme de couleur, au contraire, subit en frémissant
ces préjugés qui pèsent sur lui. S'il est riche, il a voyagé
hors de son pays, il a étudié en France, il a lu tout ce
qu'on a écrit sur l'universelle fraternité des hommes, à
quelque race qu'ils appartiennent. Il a passé dans sa verte
et impressionnable jeunesse des années entières au milieu
d'une société qui, pourvu qu'on se présente à elle avec des
formes convenables, quelque distinction d'esprit ou de
fortune, ne s'inquiète nullement de ce qu'il peut y avoir
de gouttes de sang noir sous un gant glacé. Sa grâce naturelle, sa beauté particulière, son intelligence embrasée
par le feu des tropiques, lui ont peut-être fait obtenir plus
d'un doux succès.

Quand il rentre dans sa patrie, avec l'élan et la confiance
que cette heureuse période de temps a dû lui donner, il
s'y trouve soudain saisi par une main de fer, relégué
dans une caste à part. Quel que soit son mérite, il ne sera
point reçu dans un salon, il n'entrera point librement dans
un lieu public. N'eût-il qu'une tache imperceptible, cette
tache lui reste comme un signe de proscription. Eût-il
le teint plus clair que celui d'un homme du Nord, les lèvres
plus minces que celles d'un maigre gentleman anglais,
n'importe. A défaut de tout signe extérieur, la tradition
de son origine pèse sur lui, comme un manteau de plomb.

Les blancs le repoussent loin d'eux, et les nègres l'abhorrent. Nous avons le sang pur, disent-ils avec orgueil, les blancs ont le sang pur, le mulâtre a le sang mêlé.

Ainsi placé entre ces deux races hostiles, hors d'état de se rejoindre à l'une, ni de s'immiscer à l'autre, comme il doit souffrir, et que de sentiments de révolte doivent s'amasser dans son cœur ulcéré!

C'est dans ces lieux qu'il faut relire le livre de M. de Beaumont, qui peut paraître exagéré en France, et qui est cependant d'une exacte vérité.

Les colons, en voyant s'accroître le nombre des nègres, s'effrayent, à juste titre, du péril auquel ils seraient exposés si cette population d'ilotes échappait tout à coup à la loi qui la domine. Ils pourraient aussi s'effrayer de l'action des hommes de couleur. Et en mettant de côté toute question d'intérêt social, quel homme de cœur ne souhaiterait de voir tomber ces barrières d'un cruel préjugé? Mais la généreuse Amérique du Nord, qui prêche si hautement son dogme de liberté, est, à l'égard des nègres et des mulâtres, plus sévère que les colonies. J'ai retrouvé à New-York un Américain que j'avais connu en France; je lui demandais un jour des nouvelles d'un jeune mulâtre qui suivait les cours de droit à Paris, et que nous aimions à rencontrer, car il joignait à une sérieuse instruction un esprit très-séduisant. « Il est revenu ici, me dit-il, et il a cru devoir me faire une visite, ce qui a mis toute ma maison en émoi. J'ai été obligé de le prévenir que je ne pouvais le recevoir. »

III

UNE CAFÉIÈRE.

Tableau champêtre. — La plantation. — Une famille française. — Culture du café. — Les plantes des tropiques. — Une sucrerie. — Les fléaux de la terre.

Je viens de passer deux jours pendant lesquels, en pensant à vous, j'ai plus d'une fois éprouvé un sentiment de pitié. Que ce mot de pitié n'effarouche pas votre fière nature. J'errais au milieu d'une magnifique campagne, sous un ciel resplendissant. Plus heureux que la pauvre Mignon, j'étais en plein hiver dans la contrée où les citrons fleurissent, et tant d'autres fruits qu'il me faudrait la science de Linné pour les énumérer, la palette de Bernardin de Saint-Pierre pour les dépeindre. Pendant ce temps, je songeais que vous ne voyez à Paris que les noirs brouillards de janvier, la neige ou la pluie, les piétons enveloppés jusqu'aux yeux dans leur manteau, les voitures glissant dans la boue, ou patinant sur le verglas. Quelle différence, et comment du milieu de la magique île de Cuba ne pas plaindre ceux que la Providence tient enfermés dans la sombre atmosphère de la grande ville avec les flots d'un *premier Paris* pour les égayer le matin, l'éloquence de la Montagne pour les occuper dans l'après-midi, et un whist sépulcral pour clore heureusement leur journée?

Un négociant français de la Havane, M. Segrestan, dont j'inscris le nom avec un affectueux sentiment de reconnaissance, est venu le matin me prendre à mon hôtel, pour me conduire à une caféière plantée par un de nos compatriotes, M. Beguerie. Le soleil n'était pas encore levé, et l'aurore qui le précédait, l'aurore qui a vraiment ici des doigts de rose, colorait déjà les façades des maisons et irradiait l'azur de la rade. Les portes des maisons commençaient à s'ouvrir, et dans le champ de manœuvre résonnaient les clairons militaires. On eût dit la musique des Aztèques saluant les premiers rayons de l'astre du jour adoré des Incas.

Nous montons dans une berline du chemin de fer, car Cuba possède aussi un chemin de fer, et, Dieu soit loué, il ne ressemble pas plus à ceux d'Amérique qu'un salon de bonne compagnie ne ressemble à une taverne de carrefour. On n'y subit point la rude omnipotence d'un grossier contrôleur. On n'y trouve point cette vertueuse nation républicaine, qui, en signe de vertu, foule aux pieds tout ce que nous appelons principe de civilité. On n'y voit que des hommes portant un linge sans tache, des pantalons d'une blancheur irréprochable, de légères redingotes de toile rayée ou de mérinos, et des femmes qui, avec leur bouquet à la main, leur bouquet sur la tête, leur robe de mousseline, ressemblent elles-mêmes à des fleurs animées.

Nous courons rapidement à travers une terre riante qui de loin, avec ses fraîches ondulations, m'apparaît quelquefois comme la terre de France, au temps où tout a reverdi, et où les blés se balancent sous les rameaux d'arbres. Seulement, ce ne sont ici ni les mêmes rameaux, ni les mêmes arbres. Ce sont des champs de maïs et d'énormes ananas, des haies de tamarins dont les fruits confits ont une douce saveur, des enclos d'orangers au bord desquels éclate le calice des cactus. C'est la ceiba, dont le tronc gigantesque, évasé à sa base, présente quelquefois trois ou quatre compartiments, pareils à des niches de chapelle ogivale. C'est le cocotier, qui s'élance comme une flèche, portant à sa sommité, ainsi qu'une fontaine aérienne, ses calebasses pleines d'un suc rafraîchissant.

De temps à autre, nous nous arrêtons devant des habitations à demi voilées par les plantes de leurs jardins. Dans l'une de ces habitations est établi un restaurant. Il n'offre au voyageur ni le coriace beefsteak, ni le lourd roastbeef, mais le chocolat écumant, le gâteau feuilleté, le verre d'orangeade à la glace. Tant pis pour l'Anglo-Saxon qui regretterait là ses repas d'alderman. Le Havanais n'a pas de tels besoins, et la Havanaise vit comme un oiseau.

En trois heures de marche, nous avions fait dix-huit lieues. La volante de M. Beguerie, prévenue de notre arrivée, nous attendait à la station. Trois mules attelées de front nous emportent au galop sur une assez belle route, chose rare, il faut le dire, dans ce bienheureux pays. Une barrière s'ouvre. « Voici la plantation », me dit mon compagnon de voyage. La plantation ! Je l'aurais prise pour la résidence d'un prince. Figurez-vous une avenue d'un quart de lieue de longueur, large comme celle du parc de Saint-Cloud, bordée à droite et à gauche d'une ligne de palmiers royaux (*palmas reales*) pareils à

des colonnes de marbre. C'est ainsi qu'on arrive à l'habi-
tatio du planteur. Sa maison est, il est vrai, d'une construction modeste, mais très-gracieuse et très-commode.
C'est un pavillon carré, posé sur une terrasse, à quelques
pieds au-dessus du sol, entouré d'une large galerie en
bois, sur laquelle un couvert de lambris descend comme
la toile d'une tente. D'un côté elle s'ouvre sur l'avenue que
nous venons de parcourir, de l'autre sur la cour et les
cases des nègres. On en fait le salon habituel. A différentes
heures, on s'installe dans celle de l'ouest ou dans celle de
l'est : ici, en aspirant les brises odorantes du matin, on
assiste au mouvement de la vie agreste, des ouvriers qui
commencent leur labeur, des mules que l'on conduit à
l'abreuvoir, des poules et des poulets qui courent en ca-
quetant après les grains de maïs. Là c'est le silence
imposant qui succède aux travaux du jour, c'est le spectacle solennel du soleil qui s'incline sur son lit de pourpre, et longtemps encore après qu'il a quitté l'horizon,
projette dans le vert réseau des bois ses filets d'or et
d'argent.

J'ai trouvé là une de ces franches, honnêtes familles,
au milieu desquelles le cœur se dilate, comme les germes
de la terre au souffle du printemps. Au bout de quelques
heures, nous nous sentions tout aussi à l'aise l'un avec
l'autre que si nous nous étions connus depuis longtemps.
Madame Beguerie me parlait du bonheur qu'elle aurait de
voir la France; ses enfants m'apportaient l'oiseau au plumage rare qu'ils venaient de prendre; une jeune nièce,
avec laquelle il fallait me hasarder dans la terrible irrégu-
larité des verbes espagnols, souriait doucement des erreurs
que parfois je commettais, et m'aidait avec une grâce
complaisante à trouver le mot que je cherchais, ou à

reconstruire selon les règles de la grammaire mon
futur mutilé, mon plus-que-parfait fautif.

Aussitôt après notre arrivée, le déjeuner fut servi.
Par son caractère local, il intéressait bien plus ma curiosité que mon appétit. Ici le sol est si fertile, qu'on use
de ses productions sans ménagement. La banane apparaît
sur la table sous toutes les formes, crue, cuite, rôtie.
L'igname est à quelques pas de distance, au pied d'un
arbuste; il suffit de gratter la couche de terre qui le revêt
pour trouver cette savoureuse racine. Près de là est
l'aguakate, qui donne le beurre végétal, l'abricotier de
Saint-Domingue, l'arbre à pain des îles du Sud. On coupe
une demi-douzaine d'ananas pour y trouver une tranche
de choix, on taille avec une hache cinq ou six noix de
coco pour remplir quelques verres de son lait onctueux,
et pour peu qu'un étranger ignorant ou indiscret voulût
goûter le chou palmiste, on abattrait pour lui la majes-
tueuse tige qui le porte, car on ne peut l'avoir qu'à ce
prix. M. Beguerie, qui est un agronome très-actif et très-
intelligent, a de plus fait croître dans son jardin les
légumes d'Europe, l'épinard, la laitue, les haricots, productions aussi rares dans cette contrée que les plantes
des tropiques dans une riche demeure de notre pays.

Après cette séance gastronomique, qui était pour moi
comme un cours d'histoire naturelle, nous avons été
visiter la plantation. Elle se divise en deux parties : l'une
couverte d'orangers, de bananiers, et de diverses autres
plantes; l'autre réservée spécialement à la culture du café,
mais parsemée encore de bananiers, car le caféier doit
être abrité à l'ombre de leurs larges feuilles. La fève, dont
l'essence aromatique entretient dans une molle rêverie
l'imagination des peuples d'Orient et réveille la verve des

poëtes, vient sur un modeste arbuste de quatre à cinq pieds de hauteur. Elle est renfermée en double partie dans un fruit rond, pareil à une petite cerise, qui pousse sur une même ligne tout le long des branches, de telle sorte que quand il est mûr, on n'a qu'à passer la main sur chaque rameau pour l'égrener.

Cette culture est beaucoup moins pénible pour le nègre que celle de la canne à sucre; elle n'exige un long et assidu travail qu'à l'époque de la récolte, qui se fait au mois de novembre ou de décembre. Le reste de l'année, il suffit de sarcler légèrement le sol, au pied du caféier, et d'élaguer ses branches parasites. Au temps de la moisson, les nègres doivent quelquefois rester à la tâche seize heures par jour. Aux premiers rayons de l'aube, ils partent pour la caféière avec deux paniers, l'un qu'ils gardent au bras, l'autre, plus grand, qu'ils déposent à terre, et dans lequel ils vont verser leur corbeille portative, à mesure qu'elle est remplie.

La fève est ensuite dégagée de sa pulpe par un procédé mécanique, puis séchée au soleil sur les tendales et enfermée dans des sacs. Trois des grands paniers donnent ordinairement trente livres de café sec. Cent mille arbustes en produisent, terme moyen, environ neuf cents quintaux. Si ce produit n'est pas aussi avantageux que celui de la canne à sucre, il exige en revanche un capital beaucoup moins considérable. Deux fèves, enfoncées dans le sol, enfantent un arbuste. On les sème sur des lignes parallèles, à une distance égale l'une de l'autre. Un espace carré de cent yards (cent mètres carrés) peut contenir soixante mille tiges de café, et cinquante nègres suffisent à leur culture.

Mais une caféière est parsemée et entourée d'une quantité d'autres végétaux fructueux. Le bananier qui la protége est sans cesse chargé de lourdes grappes que les maîtres de la maison, les domestiques et les esclaves ne parviennent pas à consommer, et qu'on expédie au marché. Sur un domaine bien administré, l'oranger, le cocotier, la basse-cour, le potager, les ruches d'abeilles entrent pour une bonne part dans les revenus du propriétaire : là, il n'est pas une plante qui n'ait son utilité, et pas une qui, par sa forme ou la nature de son existence, ne soit pour un étranger un curieux objet d'observation.

Le palmier, l'un des plus beaux arbres que l'on puisse voir, s'élève avec sa tige droite, sa peau lisse et blanche, comme un pilier de marbre, et se couronne d'un panache de verdure. Il porte un fruit dont le goût ressemble à celui du chou-fleur, et ce n'est pas tout ce qu'on en tire. Chaque année, de sa sommité tombent de larges bandes d'écorce imperméable dont on couvre les cases des nègres; ses branches servent aussi parfois au même usage, ou, malgré leur splendeur, sont réduites à servir de balais.

Le cocotier, plus haut, plus élevé, est aminci à sa base et à sa cime, renflé au centre; on dirait un emblème de la vie humaine, pleine de séve et de force à son milieu, affaiblie à ses extrémités.

Le bananier est un assemblage de filaments spongieux, roulés comme un tapis; il ne porte des fruits qu'une fois. Dès que sa récolte est faite, il s'étiole et succombe; mais aussitôt, sans qu'il soit besoin d'aider à sa reproduction, il est remplacé par un rejeton dont les grappes se développent, tandis que celles du vieillard caduc arrivent à leur maturité.

Une forêt de bananiers présente le plus étonnant spectacle de verdeur et de décrépitude, de débris corrompus et de tiges fécondes : le fond d'un cimetière dans la ville des vivants.

Le caféier doit fleurir deux fois : en avril et en juillet. Il arrive souvent qu'il fleurit encore au mois de janvier, et cette floraison prématurée est pour le propriétaire d'un très-mauvais augure. N'est-ce pas une image des génies précoces, impatients de se montrer au grand jour, avant de s'être affermis par l'étude, ou des pauvres cœurs qui s'épanouissent gaiement aux illusions de la vie, avant d'être assez forts pour résister à la déception?

Un autre arbustre, l'yuca, qui n'a pas plus de trois à quatre pieds de hauteur, jette en terre une dizaine de longues grosses racines, qui sont mûres quand sa fleur tombe. Ces racines renferment à la fois la vie et la mort. Crues, c'est un poison dangereux; cuites, on en tire un excellent amidon, et une farine dont on fait le pain de cassave, qui sert à la nourriture des nègres et des pauvres gens. Il y a aussi l'*yuca dulce*, qui n'a point ce principe vénéneux

De cette caféière que je ne me lassais point de parcourir, nous avons été visiter une vaste sucrerie appartenant à M. le comte d'Ib..., et sans être attendus, sans y avoir été conviés d'avance, nous avons dû y prendre part à un dîner splendide. L'isolement dans lequel se trouvent les planteurs, loin de toute ville et souvent de tout village, les porte naturellement à se rechercher l'un l'autre, à entretenir entre eux des rapports de bienveillance. On se fait à quatre à cinq lieues de distance des visites de bon voisinage, et l'on arrive sans façon pour dîner ou déjeuner. Quelquefois un de ces propriétaires invite tout le canton à un bal, et de vingt à trente milles à la ronde, on arrive chez lui à cheval, en volante; on se promène à la clarté des étoiles, sous les verts rameaux d'orangers, on danse dans l'atmosphère aromatique d'une forêt de fleurs ; c'est une de ces fêtes qui à la cordialité patriarcale des peuples du Nord joint les enchantements d'une féerie d'Orient.

M. le comte d'Ib... est un riche seigneur espagnol qui, au lieu de dépenser ses revenus dans l'indolent *far niente* d'une grande ville, dirige lui-même ses entreprises agricoles et industrielles. Grâce à sa fortune, il s'est fait sur ses domaines une demeure qui ne lui permet pas de regretter le séjour de la Havane. Élégante maison, objets d'art, parc et jardin, salle de bains, chevaux et voiture, tout ce qui peut contribuer au bien-être et aux agréments de la vie, se trouve là réuni avec autant de luxe que de bon goût. Un précepteur français, homme instruit et aimable, donne des leçons à ses enfants. Un prêtre dit la messe dans une chapelle ornée d'un précieux tableau de Murillo, et un médecin reste à poste fixe dans son habitation.

Il possède environ trois cents nègres, dont les cases construites en charpente s'étendent à quelque distance de son château, rangées sur une même ligne comme un village de serfs russes. Une vaste cuisine est affectée à leur service. Chacun d'eux reçoit deux fois par jour, outre une distribution de bananes et d'autres fruits, une ration de tasajo bouilli et de maïs, et deux fois par an un vêtement. Au temps de la récolte et de la *molienda*, on leur donne ordinairement une gratification en argent. A cette rente annuelle ils ajoutent celle du produit des poules, des porcs qu'ils élèvent autour de leur cabane et vendent à un bon prix. Il n'y a peut-être pas un de ces nègres qui n'amasse un pécule. Aussi, quand il va travailler aux champs, sa

porte est-elle toujours soigneusement verrouillée, cade-
nassée, comme si elle renfermait un des portefeuilles de la
Banque.

Le maître n'agit directement sur eux que dans certains
cas exceptionnels. Le *mayoral* blanc les gouverne, le *con-
tramayoral* noir les suit de plus près dans leurs travaux.

Nous étions là au temps de la récolte et du moulinage,
et une sucrerie considérable comme celle-ci présente alors
un curieux spectacle. Les nègres sont divisés en plusieurs
compagnies. Tandis que les uns coupent les cannes avec
un sabre, d'autres les chargent sur des charrettes, et viennent les verser près de la fabrique, où bientôt elles s'élèvent comme un amas de rameaux que les bûcherons
abattent dans les bois. D'autres les prennent là et les transportent près de la mécanique, où des bras vigoureux sont
sans cesse occupés à jeter les faisceaux de cannes sous les
cylindres à vapeur, qui les broient et en expriment le suc
jusqu'à la dernière goutte. La canne ainsi brisée, pilée,
est ce qu'on appelle à la Nouvelle-Orléans la bagasse. Elle
ne peut plus servir que de combustible ou de litière. Le
suc qui en est extrait tombe dans un bassin, et de là se
répand dans des chaudières, où il passe par quatre cuis-
sons successives. Des nègres à moitié nus, armés de longues cuillers de fer, écument à tout instant la vaste cuve
en ébullition. Quand cette opération est finie, le jus de la
canne est encore noir. On le met, avec un mélange de
divers ingrédients, dans des vases de terre d'une forme
conique, percés à leur extrémité. Par ces trous découle
dans des tuyaux la mélasse dont il est resté imprégné, puis
lorsqu'il est complétement épuré, on le retire du vase, et
on le divise en morceaux de diverses qualités. D'un côté,
la partie blanche, qui ordinairement se trouve au fond du

cône; de l'autre, la partie noire ou la cassonade, qui a moins de valeur. Ce que nous appelons le sucre candi est le jus de la canne, cristallisé après la première épuration. De la mélasse et du sirop non raffiné on fait, en y joignant un tiers d'eau, le rhum ou *aguardiente,* qui se vend ici cent francs la pipe de cent vingt-cinq gallons (environ trois cent soixante-quinze litres).

Le sucre est livré au commerce par bocaux de dix-sept arrobes (l'arrobe est de vingt-cinq livres); le prix du bocal de sucre brun (quatre cent vingt-cinq livres) s'élève ordinairement à quatre-vingt-six francs, celui du sucre blanc à cent vingt-cinq ou cent trente francs. En mettant le tout au terme moyen de cent francs, nous calculions que cette année M. d'Ib... devait retirer de sa récolte six cent mille francs, car il ne fera pas moins de six mille bocaux de sucre, et il est des plantations qui en font le double.

Quand on a déduit de ce demi-million les frais d'exploitation, l'intérêt du capital employé à l'achat des esclaves, à la construction et à l'entretien des machines à vapeur, il reste une somme énorme, car il est à remarquer que la culture de la canne à sucre n'exige pas, à beaucoup près, dans cette région, autant de travail ni de dépenses qu'à la Nouvelle-Orléans, où, comme je l'ai dit précédemment, la plante doit être renouvelée chaque année. Ici, au temps de la moisson, elle a dix ou douze pieds de hauteur; de son tronc, qui reste en terre, sortent cinq ou six rejetons; elle peut se reproduire ainsi d'elle-même pendant vingt ans!

Tout compte fait, une plantation de sucre bien administrée ne donne pas moins de quinze à dix-huit pour cent de sa valeur. Quelle différence avec nos terres de France, qui ne sont pas affermées à plus de deux et demi ou trois pour cent!

Le soir nous étions de retour à la caféière, et malgré l'exquise courtoisie de M. d'Ib... et l'intérêt avec lequel j'avais vu son beau domaine, je ressentais, en rentrant dans l'affectueux intérieur de M. Beguerie, un plaisir pareil à celui que l'on éprouve en revenant au foyer domestique. Après quelques instants de conversation, lorsque mes hôtes m'ont quitté en me souhaitant *las buenas noches,* je suis resté longtemps encore seul sur la galerie qui touchait à ma chambre, regardant les étoiles, écoutant la cigale, qui joyeusement chantait dans le silence de la nuit, et jouissant d'une de ces vagues heures de rêverie qu'un poëte moderne de l'Amérique du Sud a si bien décrite :

> « Hay horas de silencio y de recogimiento
> En que dormida el alma cansada de afanar,
> En que la ardiente lucha del corazon se calma,
> Y replega sus alas el pensamiento audaz. »

« Il est des heures de silence et de recueillement où l'âme fatiguée de son travail s'endort, où la lutte ardente des cœurs s'apaise, où la pensée hardie reploie ses ailes. »

Si le vrai bonheur existe quelque part sur le globe, n'est-ce pas, me disais-je, dans une de ces retraites éloignées du tumulte orageux des hommes, et dotées de tous les dons de la nature? Les mauvaises pensées peuvent-elles naître au milieu de ces riantes images qui de toutes parts ici attirent et reposent les regards? Un songe pénible peut-il descendre dans le cœur à travers cette incessante clarté du ciel? La pensée même de la mort peut-elle s'éveiller en face de cette végétation qui sans cesse se renouvelle?

Une demeure ainsi abritée, sous les rameaux de la ceiba

et le vert feuillage du palmier, quelques êtres aimés pour la remplir, et l'oubli de toutes les vaines ambitions, oh Dieu ! ne serait-ce pas le paradis reconquis en ce monde ?

Non, il n'y a pas là plus de calme assuré que dans les régions septentrionales, dont j'ai vu avec tristesse le sol aride et les sombres horizons. Une mauvaise récolte suffit pour troubler pendant plusieurs années ces belles haciendas. Comme pour arrêter l'orgueil de l'homme dans les présents qu'elle lui a faits, la Providence livre ses biens aux ravages des animaux les plus chétifs. Un insecte s'attache aux feuilles de l'oranger, en arrête la séve, et anéantit en quelques mois tous ses bourgeons. Une fourmi qui se creuse des galeries souterraines, communiquant l'une avec l'autre comme celles du roc de Gibraltar, ronge les racines du caféier et le fait périr. Une mouche attaque la canne à sucre et la paralyse dans sa croissance.

Un autre insecte, la nigua, se loge dans l'épiderme de l'homme, y dépose ses œufs ; si dans les vingt-quatre heures la vessie qui les contient n'est pas complétement enlevée, il peut en résulter une lésion qui oblige celui qui porte cette funeste engeance à se laisser couper un membre. Il y a encore une araignée, dont la douloureuse piqûre donne la fièvre ; un serpent de douze pieds de longueur, la maja, qui séjourne près des habitations ; un autre, la juba, plus petit et plus dangereux ; puis le scorpion, dont la morsure doit être, sous peine d'un grave péril, immédiatement cautérisée ; et dans les grandes solennelles forêts s'élève le juao, redouté des chasseurs, car son ombre est fatale comme celle du mancenillier, sous laquelle la Zulema de Millevoye s'endormait du dernier sommeil.

Non, le repos complet n'est nulle part. En quelque

lieu qu'on aille, la joie de l'homme n'est qu'un rayon fugitif, et son espérance, une fleur éphémère. Sous la voûte limpide des tropiques, comme sous le manteau de nuages du cercle polaire, tout rappelle au voyageur terrestre que s'il lui est accordé de tremper ses lèvres à l'onde vivifiante jaillissant du rocher, il doit bientôt se remettre en marche dans le sentier stérile, et porter le poids du jour dans les sables du désert.

IV

PRODUCTIONS. — POPULATION.

L'île de Cuba, le seul domaine, avec Porto-Rico, que
l'Espagne ait gardé des conquêtes de Christophe Colomb,
de Pizarre, de Fernand Cortez, l'île de Cuba, la plus
grande des Antilles, s'étend depuis le 19°,30 au 23°,12 de
latitude nord, et depuis le 69°,45 au 78°,39 de longitude
au méridien de Cadix. Sa longueur, en la suivant dans sa
courbure du cap Saint-Antoine à la pointe de Mayzi, est
de six cent quarante-huit milles. Sa plus grande largeur
est de cent sept milles, sa plus étroite de vingt-huit. Sa
surface de trente-quatre mille deux cent trente-trois milles
carrés, à quoi il faut ajouter la petite île de Pinos, dont la

surface est de huit cent dix milles, et quelques autres îlots, tels que Turignano, Romano, Cruz, Coco, dont l'ensemble avec Cuba forme un territoire de trente-six mille treize milles carrés de superficie.

Le contour de cette île, élargie au sud-est, amincie à l'autre extrémité, lui a fait donner par les indigènes le nom de langue d'oiseau (lengua de pájaro). En observant sa configuration, il me paraît qu'elle ressemble beaucoup plus à la forme classique de la corne d'abondance, et certes, jamais les dieux de l'Olympe n'ont jeté sur la terre une plus belle source de richesses.

L'île est formée d'une espèce de roc calcaire, revêtu d'une épaisse couche de terre végétale que l'on cultive sans engrais. A son centre est une chaîne de montagnes, dont les pointes les plus élevées ont deux mille huit cents varras de hauteur. Le reste du sol est ondulant et accidenté.

Placé à l'entrée de la zone torride, Cuba jouit à la fois de la nature des tropiques et de celle des régions tempérées. Les ouragans n'y sont pas aussi fréquents qu'à Saint-Domingue, à la Jamaïque; on n'y a jamais ressenti les terribles tremblements de terre de Lima, ou les tempêtes dévastatrices de l'île Bourbon, et la neige et les glaces ne l'atteignent jamais. Deux fois seulement, en 1801 et 1812, au mois de janvier, après un fort vent du nord, sur un coteau voisin de la Havane, l'eau a été gelée de quelques lignes.

Grâce à un tel climat, à un terrain imprégné d'humidité et vivifié par un soleil constant, les plus belles plantes naissent là spontanément, et se développent avec vigueur. D'immenses forêts occupent encore une grande partie de l'île, et l'on y trouve à la fois les bois recherchés pour les œuvres du luxe, et les meilleurs bois de construction. Là est le cèdre glorifié par la Bible, l'acajou, l'ébène, l'oranger sauvage, le *granadillo*, qui, sous son écorce, garde une peau jaune tigrée de points noirs, le *guaycua* noir et blanc, l'*yaya* élastique, le dur *yaba*, une autre tige plus dure encore, qu'on appelle *carne de donzella*, le *quiebra hache* (briseur de haches), le *majagua* ou bois de lance.

Là est le *jocuma*, dont on fabrique les ustensiles d'agriculture; le *moruro*, dont l'écorce est employée dans le corroyage des cuirs; le *guacinca*, dont on fabrique des meubles et dont le fruit est appliqué à la clarification du sucre; le *guiro*, cher aux habitants de la campagne. Avec son écorce, on façonne des vases, des assiettes, des cuillers, et sa fécule est un très-bon spécifique pour plusieurs maladies.

D'autres plantes sont remarquables encore par leurs diverses propriétés. La racine légère et poreuse de la *baja* remplace le liége; la graine du *jaboncillo* remplace le savon; la *vija*, le *brasilete*, le *fustete*, donnent une très-bonne teinture. Les feuilles du *gura*, du *guairage*, les fruits du *yamagua*, du *jucaro*, de l'*arraijan*, de la *lengua de vaca*, de la *raspa lengua*, du *caracolillo*, nourrissent les bestiaux. La résine du *manaju* est employée comme un très-bon remède dans les spasmes; le *guaguasi* distille une gomme purgative. L'*aguedita* peut produire le même effet que la quinine; l'*yagruma*, le *cabanicu*, guérissent les blessures. A ces plantes médicinales, on peut ajouter encore le *palma-christi* dont on extrait l'huile qui porte le même nom, le *mauriges*, le *copal*. Si dans cette luxurieuse végétation grandissent les rameaux vénéneux du *manzanillo*, de la *promorosa*, la nature y a mis aussi la *pinon botiga*, qui est un vomitif, et la *siguabaya*, qui est un contre-poison.

De tige en tige, de branche en branche, s'étendent des lianes de différentes sortes. Les unes dans leur étreinte de fer étouffent l'arbre qu'elles embrassent, d'autres se déroulent au loin comme les fils d'un réseau. Là aussi la vie est près de la mort, le suc empoisonné près du suc bienfaisant. A côté de la *zarzaparrilla*, souvent prescrite par les médecins, de la *vanille*, qui de son arome parfume les airs, de la *campanille*, dont les guirlandes de fleurs nourrissent les essaims d'abeilles, on voit naître la *picapica*, la *prinyamoza*, dont il est dangereux de toucher les cosses, et le *curamaguei*, plus redoutable encore. Entre ces deux espèces de plantes est le *cartano*, qui tient de l'une et de l'autre. Administré avec précaution, son fruit est un vomitif; imprudemment, c'est une potion mortelle.

Les forêts, les champs sont peuplés d'une multitude d'oiseaux dont la plupart ne se voient en Europe que dans les collections d'histoire naturelle. C'est la *gaucarnaya*, au plumage rouge; le *zorzal*, au chant vif et joyeux; le rossignol (*ruisenor*), qui, comme le nôtre, exhale ses mélodieux soupirs dans le calme du soir; le *carpintero*, aux ailes noires, à la poitrine jaune, à la tête d'ébène surmontée d'une crête pourpre, qui de son bec aigu frappe les arbres et perce les bois les plus durs. C'est le *sumbador*, vert comme une émeraude, léger comme une feuille, et le grave *alcatraz*, qui debout sur ses hautes jambes, la tête mélancoliquement penchée sur son sein, ressemble à un commentateur amaigri par l'étude et cherchant une nouvelle interprétation à un texte difficile.

Les côtes de l'île en général très-basses, très-marécageuses et en même temps entourées de récifs et d'écueils, sont d'un difficile accès soit du côté de la terre, soit du côté de la mer, mais on y pêche une quantité de poissons, et sur leur contour, on ne compte pas moins de trente-neuf ports, dont treize assez profonds pour que les grands navires puissent y entrer.

Cependant ce beau pays dont il me serait impossible d'énumérer toutes les productions, ce pays si riche, si fertile, est encore aux trois quarts inculte, inhabité. Le long des côtes est l'actif commerce, la féconde hacienda; dans l'intérieur, la colline déserte, la forêt vierge. Sur 740,775 *caballerias*[1], il n'y en a pas moins de 549,082 couvertes de bois ou taxées d'aridité; restent 191,693 caballerias productives, ainsi divisées : 99 612 sont des pâturages naturels, 17,404 des pâturages artificiels, et 65,677 sont livrées à la culture.

Dans cette île de 573 lieues de circonférence, on ne compte, d'après les documents officiels publiés en 1847, sous les auspices du gouvernement, que 13 villes, 8 bourgs, 102 villages, 14 hameaux, 102 caserios, 74 paroisses, 83 auxiliaires, 173 chapelles.

Les principales villes, après la Havane, sont :

Santiago de Cuba.	24,000	habitants.
Santa Maria de Puerto Principe. .	19,168	»
Matanzas.	16,986	»
Trinidad.	13,220	»
Santo Espiritu.	7,424	»
Guarabacoa.	5,819	»
Santa Clara.	5,837	»

[1] Mesure de terre de 432 varas carrées, ou 186,624 varas de surface.

Bayamo. . . . .   4,778 habitants.
Cienfuegos.   4,324   »

Il y a des chefs-lieux de district qui n'ont pas même mille habitants, tels que : Santa Maria del Rosario, 564 ; Jaruco, 666 ; Santo-Domingo, 176.

Baracoa, la plus ancienne cité de l'île, n'en a que 1,835.

La Havane, en y comprenant la population des quartiers *intra muros et extra muros,* a 106,988 habitants, dont 56,559 blancs, parmi lesquels on compte 716 Français, 28,422 nègres libres, et 21,988 esclaves.

Pendant plus de deux siècles, la colonisation de l'île ne fit que de très-lents progrès. Commencée en 1511 par une troupe de 300 soldats, fortifiée en 1524 par quelques centaines de nègres, elle ne comptait en 1580 que 16,000 individus et environ 20,000 en 1602.

En 1655, la Jamaïque ayant été prise par une flotte anglaise, sous le commandement du général Venables et de l'amiral Penn, un grand nombre d'Espagnols qui se trouvaient dans cette île, ne voulant point se soumettre au gouvernement britannique, vinrent chercher refuge à Cuba et augmentèrent sa population de 8,000 à 10,000 âmes. En 1762, la Havane, assiégée par lord Albermale, capitula, après s'être énergiquement défendue pendant deux mois et demi. La rigueur avec laquelle le chef de l'armée anglaise traita la conquête, les lourds tributs auxquels il soumit le clergé et les citoyens[1], le partage qu'il fit de

---

[1] Le colonel Cleveland, commandant l'artillerie de l'expédition, demanda d'abord, pour sa propre gratification, les cloches des églises, des couvents de la Havane et des autres villes du district, puis, après une longue négociation, finit par renoncer à ce rapt des lieux saints,

ses exactions, l'arrogance dont il usa à l'égard de l'archevêque et de l'Église catholique ne pouvaient qu'exciter l'animadversion des Havanais et leur rendre odieux ce pouvoir étranger.

Le règne des Anglais ne fut pas de longue durée. En vertu du traité de Paris, ce malheureux traité que mon voyage dans le Canada, dans la Louisiane, m'a rappelé tant de fois, l'Angleterre rendit la Havane pour prendre possession de la Floride. On vit alors, comme en 1655, des milliers d'Espagnols établis dans cette contrée fuir le régime britannique et aborder dans l'île de Cuba.

De cette époque date l'essor de la Havane, favorisé par l'intelligente administration du comte de Riela, par les franchises accordées au commerce du sucre et du tabac, par la libre introduction des esclaves, permise aux indigènes et aux étrangers.

En 1795, l'Espagne ayant cédé à la France sa part de possession de Saint-Domingue, la population de Cuba s'accrut par une nouvelle migration d'Espagnols, puis par celle qui résulta de la révolution espagnole, puis, en 1803, par la cession qu'elle fit à Napoléon de la Louisiane, et en 1808, par l'entrée de nos troupes dans la péninsule Ibérienne et successivement par les diverses insurrections qui éclatèrent dans l'Amérique du Sud.

En 1827, à la suite de toutes ces commotions politiques, au milieu desquelles la fidèle Cuba conservait sa tranquillité, la population de l'île s'élevait à 704,500 âmes.

moyennant 10,000 pesos. Lord Albermale prit pour sa part 122,000 livres sterling, en donna autant au général Pocock; chaque major général reçut 6,816 livres, chaque capitaine 184 livres, chaque sergent 8 livres, chaque soldat 4 livres.

D'après le dernier recensement, elle se composait, en 1846, de 898,732 habitants, dont 425,767 blancs, 149,226 noirs libres, 323,759 esclaves.

Elle a augmenté de 1774 à 1792 de 38,4 pour 100,
                  de 1792 à 1817 de 79,5   »
                  de 1817 à 1827 de 29,6   »
                  de 1827 à 1841 de 34,4   »

L'administration de l'île est partagée en six divisions : militaire, politique, judiciaire, maritime, financière, ecclésiastique.

La division militaire se compose de trois départements soumis à l'autorité suprème du gouverneur général : le département occidental, dont le chef-lieu est la Havane; le département central, et le département oriental. Le premier se subdivise en onze districts; le second, en cinq; le troisième, en quatre.

La division politique se compose de deux provinces : celle de la Havane et celle de Santiago de Cuba.

Le pouvoir judiciaire est réparti entre la *real audiencia* de la Havane, qui a dans son ressort la province occidentale, et la *real audiencia* de Puerto Principe, qui embrasse les deux autres.

Dans cette administration judiciaire, compliquée de tous les rouages de l'ancien temps, le gouverneur général est président de l'audiencia de la Havane, président aussi *ex officio* de celle de *Puerto Principe,* mais seulement en ce qui tient aux questions militaires. Chaque gouverneur et sous-gouverneur de district est de même investi des fonctions de magistrat.

Il y a en outre, dans la ville, la juridiction particulière

du clergé, et celle de la marine, la juridiction de l'ayun-
tamiento ou conseil de municipalité. Celui de la Havane
se compose de douze corrégidors, deux alcades ordinaires,
deux alcades de la Sainte-Hermandad élus chaque année,
un mayor provincial, un alguazil mayor, un procureur-
syndic nommé par la corporation. Ce conseil est présidé
par le gouverneur général ou par un de ses lieutenants.

La Havane, Matanzas, Santiago, ont de plus un tribunal
de commerce dont les jugements peuvent être cassés par
l'audiencia.

Dans les bourgs où il n'y a point de commandant militaire sont les tribunaux des alcades. Dans les campagnes, les *jueces pedaneos*, nommés par les gouverneurs.

Le département financier se divise en trois intendances,
le département maritime en cinq provinces, dont les chefs-
lieux sont : la Havane, Trinidad, San Juan de los Remedios,
Nuevitas, Santiago de Cuba. Chacune de ces provinces se
divise en plusieurs districts.

Le gouverneur général est le chef suprème de ces deux
départements, ainsi que des autres.

L'île de Cuba n'est point entrée dans le mouvement
manufacturier de l'Europe et de l'Amérique du Nord. Il
semble que son beau ciel, ses vertes campagnes ne lui
permettent pas de songer à cette passion des temps modernes, d'enlever ses ouvriers, ses esclaves mêmes à leur
pure et lucide atmosphère pour les ensevelir dans la
prison méphitique d'une filature. Ce qu'elle a d'industrie
et de mécanique ne s'applique guère qu'à l'élaboration de
ses produits agricoles. Elle est donc restée tributaire des
États cruels qu'on appelle les États plus civilisés. Elle est
restée leur tributaire pour les étoffes, pour les objets de
luxe, dont elle fait une grande consommation, pour quel-

ques denrées même de première nécessité, telles que le riz, la morue, le tasajo, le suif et la farine.

En échange de ces denrées, elle n'a rien à donner aux Tubalcains du dix-neuvième siècle que les fruits de ses champs; mais ces fruits sont si recherchés et elle les récolte en si grande abondance, et avec quelques efforts elle peut tellement en accroître la quantité, qu'il lui est aisé de jouir de toutes les inventions procréées par Fulton. Si le monde entier doit être livré à la puissance de la vapeur, les Christophe Colomb d'une autre ère signaleront peut-être à la tête des Antilles, entre les deux Amériques, une île aimée de Dieu, où l'on pourra respirer l'arome d'une fleur, vierge de toute poussière de charbon, et entendre, dans la paix du soir, les roucoulements de la tortola loin des lugubres sifflements d'une chaudière.

L'île à laquelle je souhaite cet avenir a déjà sacrifié à Baal en jetant sur le chemin de Guines, de Matanzas, ses rails de fer et ses locomotives. Puisse-t-elle s'en tenir là! Puisse-t-elle, en améliorant seulement ses routes, conserver ses rapides quitrines et ses légères volantes!

Malgré la prodigalité de son sol, la colonie de Cuba est restée longtemps dans un état incroyable de langueur. L'ignorance ou la nonchalance des habitants, les faux errements du pouvoir paralysaient ou rendaient inutile l'incessante action de la nature la plus généreuse.

Dans les premiers temps de la colonisation, les Espagnols, ne connaissant pas encore les ressources de ce jardin des Antilles, se bornaient à élever des bestiaux et à semer des céréales. En 1580, ils commencèrent à cultiver dans les environs de la Havane la canne à sucre et le tabac, mais seulement pour leur propre usage. Ce ne fut que vers le dix-huitième siècle qu'ils en vinrent à exporter une partie de ces productions.

En 1780, le commerce de l'île était encore si faible, ses revenus si minimes, que pour subvenir aux dépenses de l'administration, à l'entretien de la flotte et de l'arsenal, on tirait encore chaque année une somme considérable du Mexique.

A présent, non-seulement cette île ne coûte plus rien à l'Espagne, mais elle lui donne annuellement un revenu de plus de dix millions de dollars.

Ce revenu provient en partie de l'impôt sur les terres et sur les personnes, en partie de la vente d'un certain nombre d'offices, du service des postes, du timbre et surtout de la douane qui perçoit à la fois, comme je l'ai dit précédemment, un droit d'importation et un droit d'exportation sur toutes les marchandises.

En 1846, la valeur des importations s'est élevée sous pavillon national à la somme de. . .   13 651 329 dollars.
Sous pavillon étranger à celle de   8,974,069

Total.   22,625,398

Dans la même année la valeur des exportations a été sous pavillon national de. . . . . .   5,809,895 dollars.
Sous pavillon étranger de. . . .   16,190,693

Total.   22,000,588

L'île de Cuba livre à l'exportation des bois, des fruits, de la cire, du coton, quelque peu de cacao et du rhum.

Elle consomme elle-même son maïs, et malgré la quantité de riz qu'elle cultive, elle doit en faire venir encore de l'étranger.

Ses trois grandes productions viennent des haciendas de sucre, de café, de tabac. Ce sont ces haciendas qui entretiennent le luxe des colons, vivifient les campagnes, alimentent les marchands et les ouvriers des ports.

On distingue dans le pays trois différentes espèces de cannes à sucre : la *cana criolla* (canne créole), douce et fine, la canne blanche, qui vient des mers du Sud, et la brune, qui vient des mêmes régions. Ces deux dernières sont très-fortes et s'élèvent très-haut. Ce sont celles qui donnent un suc plus abondant.

En 1767, Cuba n'exportait pas plus de quatorze mille à quinze mille charges de sucre. Je dirai plus loin à quel chiffre s'élève maintenant cette riche récolte.

Le café fut apporté à la Martinique en 1727. L'année suivante, les Anglais commencèrent à le cultiver à la Jamaïque. De là, il se répandit dans les autres îles, et arriva à Cuba en 1769; mais jusqu'en 1790, on ne le trouvait encore qu'en très-petite quantité dans quelques habitations, et en 1804 on n'en récoltait pas plus de cinquante mille arobes.

Le tabac! A ce mot, je vois d'ici l'innombrable légion des fumeurs joindre aussitôt le nom de la Havane. C'est par là que la charmante île est connue dans le monde entier, comme la Champagne par son vin, et l'ancien Pérou par ses mines. C'est en rêvant au nonchalant plaisir de voir flotter dans l'air le nuage bleuâtre, et blanchir la cendre d'un bon cigare, que, des rives de la Seine à celles de la Néva et des côtes d'Espagne aux plaines de l'Amérique du Nord, le poëte pensif, le marin fatigué de son quart, le lion du West-End et du boulevard Italien, tourne les yeux vers la Havane comme un fidèle musulman vers la Mecque. Et, je le dis à regret, moi qui n'ai pu échapper à l'universelle contagion, le tabac est une vilaine herbe, une racine fibreuse sur laquelle s'élève à quatre à cinq pieds de hauteur une tige ronde, velue, visqueuse, avec de larges feuilles lancéolées d'un vert pâle. Elle est, disent les botanistes, de la vénéneuse famille des solanées, à laquelle appartient la belladone, et vraiment, à voir sa livide figure, on peut aisément lui attribuer toutes sortes de vices dangereux.

Aussi que de peine elle a eu à faire son chemin dans le monde depuis le jour où elle fut introduite comme une curiosité en Europe par M. Nicot, dont elle porta quelque temps le nom, jusqu'à celui où, réduite en fine poussière, elle s'épandait sur les jabots de dentelle des gentilshommes de Versailles et les falbalas des grandes dames, et depuis le jour où les Anglais venus de la Virginie la fumaient dans des pipes de terre jusqu'à celui où nous l'avons vue apparaître sous la forme légère du panatela !

Des papes n'ont pas jugé au-dessous de leur dignité d'apposer leur sceau au bas de deux bulles spéciales pour interdire l'emploi du tabac. Un roi, Jacques Ier, a employé sa royale plume à démontrer la funeste action du tabac. Un poëte anglais, son contemporain, Josué Sylvester, a écrit dans le même but une longue satire. Dans le canton de Berne, en 1661, les magistrats ajoutèrent au Décalogue un petit appendice qui assimilait à l'adultère l'usage de fumer. En Turquie, Amurat IV faisait du même usage un crime capital. En Russie, on commença par couper le nez aux fumeurs ; puis, par une gracieuse condescendance, on se borna à leur percer les narines pour y introduire un tuyau de pipe, et à les promener avec cette décoration dans les rues. Dans la Nouvelle-Angleterre, une loi défendait l'usage du tabac le dimanche. C'était déjà une concession. De concession en concession, le tabac en est venu à répandre librement ses tourbillons de fumée sur terre et sur mer, à la porte du wigwam de l'Indien sauvage, au balcon du patio et dans le salon de plus d'une jolie senorita.

Les descendants des magistrats de Berne qui le proscrivaient au nom de Dieu, s'en vont au conseil avec leur pipe dans leur poche; les Turcs fument comme des Turcs, et les habitants de la Nouvelle-Angleterre, ennuyés du deuil de leur dimanche, chiquent ce jour-là plus effrontément que les autres jours.

En vain quelques médecins, quelques dentistes publient encore des mémoires pour démontrer le pernicieux effet de cette plante : elle se raille de leurs protestations; elle est entrée dans les habitudes de la vie, elle s'étend de jour en jour sur tous les terrains où elle peut mûrir; elle s'est campée dans le budget des peuples, et par là elle s'est assuré le paternel intérêt des gouvernements.

L'île de Cuba produit annuellement cent soixante-huit mille charges de tabac, ce qui fait vingt-cinq millions deux cent mille livres [1].

Une partie de cette récolte s'exporte en feuilles dans diverses contrées, où on la mélange avec le tabac indigène. C'est ainsi que sont fabriqués la plupart des cigares de Brême et d'Anvers.

Une partie se façonne dans les maisons particulières de l'île pour l'usage de ceux qui, ne tenant pas à l'élégance de la forme, trouvent une notable économie dans cette

---

[1] Le *carja* est de six *arrobas*; l'arroba, de vingt-cinq livres.

manipulation domestique. C'est le pain du ménage à côté des pains de fantaisie introduits sur nos tables aristocratiques.

Il serait difficile de dire combien on fait de *tabacos* de la sorte dans les haciendas; on sait seulement qu'il s'en fabrique dans les *tabaquerias*, terme moyen, seize cents millions par an.

Il n'y a pas une rue de la Havane où l'on ne trouve quelque tabaqueria. Là sont réunis vingt, trente, quarante ouvriers, divisés en plusieurs cohortes, dont chacune a sa tâche spéciale. Celle-ci est chargée du triage des feuilles; celle-là, de l'assemblage des fibres grossières qui forment le noyau du cigare. Au-dessus de cette classe d'apprentis s'élève celle des ouvriers experts, qui sur une tablette découpent les feuilles amassées devant eux, et les roulent sur l'embryon qui leur a été préparé; plus haut encore, l'ouvrier d'élite, l'artiste, qui, de son œil exercé, mesure les dimensions du regalia, et de ses mains habiles en arrondit les contours.

C'est un fait généralement ignoré, et cependant très-positif, qu'il n'existe à Cuba, dans les meilleurs champs de la *Vuelta de Abajo* et de la *Vuelta de Arriba*, qu'une seule espèce de tabac. La même plante est employée à fabriquer les chers cigares connus en Europe sous le nom de *regalias, puros, panatelas, prensados, londresses*, et l'honnête *menudero*, et le commun *veguero*. L'élagation des côtes, le choix des feuilles, l'harmonie des couleurs, l'artifice manuel, en un mot, constituent seuls les diverses classifications des cigares avec leur différence de prix. Il est tel ouvrier qui, par la grâce avec laquelle il compose le cigare de luxe, gagne aisément vingt-francs par jour, tandis qu'un autre, employé à la manipulation de second ordre, ne retirera de son labeur qu'un *peso* (cinq francs vingt-cinq centimes).

Avec cette distribution du travail, l'atelier d'une tabaqueria, composé de trente individus, peut étaler chaque jour trente mille nouveaux cigares. Comme notre pauvre terre est pleine de déceptions, celui-là en éprouvera une grande qui, en arrivant à la Havane, s'en ira dans une de ses abondantes officines avec la pensée de réaliser un de ses rêves de voyage, de savourer un cigare parfait. Les beaux rouleaux qu'on lui présentera avec un lien végétal, pareil à un ruban de soie [1]; leur teinte brune ou dorée, leur taille ronde ou amincie manquent d'une qualité essentielle, d'une vieillesse de quelques années, ou tout au moins de quelques mois. Dès qu'ils sortent des mains de l'ouvrier, ils sont mis en vente et se débitent comme des petits pâtés.

Sauf ceux que mon ami Ségrestan gardait depuis l'hiver dernier chez lui, et qu'il a eu la bonté de me donner, tous les cigares que j'ai achetés m'ont fait regretter ceux que nous livre la régie. Ils viennent vraiment de la Havane; ils appartiennent à la simple, mais loyale famille des menuderos, et il suffit de les laisser sécher pour qu'on n'ait aucun reproche à leur faire.

Les menuderos, pris sur place, ne coûtent pas plus de cinquante francs le mille. Chaque mille est frappé d'un droit d'exportation de deux francs cinquante centimes. La régie les donne actuellement à cent francs le mille. D'après ce calcul, il est aisé de comprendre qu'elle puisse les tirer en droite ligne de la Havane et verser encore, à la fin de l'année, une très-belle somme de bénéfices au Trésor.

---

[1] Il est fait avec l'épiderme de la majagua.

Pour favoriser la fabrication indigène, la société économique de Cuba demande que cette taxe d'exportation soit supprimée sur les cigares et appliquée aux tabacs en feuilles. C'est une modification de tarif qui probablement sera acceptée, mais qui ne peut pas avoir pour l'Europe une très-grande importance.

La valeur de la production des tabacs en feuilles s'élève annuellement dans l'île de Cuba à la somme de cinq millions quarante-deux mille huit cent vingt pesos[1]. Celle du sucre est beaucoup plus considérable; elle est de deux cent vingt millions trois cent onze mille kilogrammes, qui représentent une somme de soixante-huit millions cinq cent mille francs. Celle du café est de dix-huit millions trois cent soixante mille kilogrammes, estimée à six millions six cent vingt mille francs.

En ajoutant à ces denrées l'eau-de-vie, le cacao, le coton, le maïs, l'amidon, les fruits et les légumes, M. de Lira calcule que les productions agricoles de l'île de Cuba forment annuellement une valeur de près de deux cent soixante millions de francs, ce qui, sur une population de neuf cent mille âmes, donne presque deux cent quatre-vingts francs par tête.

Aussi, sans que l'on ait dû avoir recours à une de ces inventions des municipalités de Suisse et d'Allemagne, à l'aide desquelles on fait d'une dureté de cœur une vertu légale, sans qu'il soit besoin de planter, à l'entrée des villes, un de ces rudes poteaux sur lesquels on écrit en toutes lettres : *Ici la mendicité est défendue,* nulle part peut-être on ne voit moins de mendiants qu'à la Havane. Les nègres, plus heureux que des milliers et des milliers

---

[1] Le peso vaut six francs trente centimes.

d'ouvriers de France et d'Angleterre, ont jusqu'à leur dernier jour leur demeure, leurs rations assurées, et les pauvres blancs trouvent aisément un asile ou un travail fructueux.

En recueillant les dons de son sol, en assurant la satisfaction de ses besoins matériels, la colonie de Cuba n'a point oublié qu'elle devait aussi s'occuper des plus nobles besoins de l'esprit. Certes, il ne faudrait pas s'attendre à trouver ici les riches bibliothèques, les nombreux établissements d'instruction dans lesquels se complaît le génie studieux des peuples du Nord. Ici, la nature ouvre à l'homme un livre merveilleux dont il est difficile de détourner sa pensée. Quand on peut chaque jour s'absorber dans la contemplation de ce ciel si pur, de cette mer si bleue, de cette terre si riante; quand on a sans cesse sous les yeux cette légende enchantée, comment songer à se distraire d'un tel charme pour s'enfermer entre quatre murs avec un commentaire de jurisprudence ou une analyse philosophique? A chaque région sa part de jouissances, à chaque peuple son orgueil. A ceux du Nord, les combinaisons de la science, les coups de pioche de la critique, les longues ballades et les longs drames : Kant et Grimm, Shakespeare et Newton; à ceux du Sud, la vivante féerie des *Mille et une Nuits,* qu'ils n'ont pas besoin de composer, car elle se déploie d'elle-même devant eux à chaque pas qu'ils font dans les champs, à chaque regard qu'ils jettent sur l'horizon.

Cependant l'Europe et la Confédération des États-Unis sont là qui de côté et d'autre lancent sans cesse sur l'heureuse gondole de Cuba le feu grégeois de leurs dissertations politiques, de leurs romans, de leurs poëmes, et peu à peu enflamment les esprits. Et l'on se dit qu'il faut céder à la loi du temps, faire preuve d'intelligence, et l'on fonde des écoles et l'on organise des sociétés qui publient de superbes programmes. Oh! chers habitants de Cuba, si j'osais vous donner un conseil! si j'osais vous dire que pas un traité de rhétorique ne vaut l'éloquence d'une de vos silencieuses rêveries, que pas une mélodie de Moore, que j'aime pourtant beaucoup, ne vaut le murmure des feuilles et le soupir des oiseaux dans vos bois! Mais non, si je vous parlais ainsi, vous ne me comprendriez déjà plus, et les Américains qui liront ce livre (s'il en est qui le lisent) auraient trop beau jeu de me traiter comme un barbare.

Je me contenterai de rapporter sans réflexion ce que j'ai appris des institutions scientifiques de cette contrée. Il existe à la Havane : 1° une Société royale économique qui recherche avec activité les moyens de développer l'agriculture et l'industrie, et qui a organisé en 1847 une exposition des produits de Cuba; 2° une Société du progrès composée de propriétaires, de marchands, d'agriculteurs, et présidée par le gouverneur général. Par ses conseils, par l'élan et l'appui qu'elle a donnés à plusieurs grandes entreprises, cette association a déjà rendu d'importants services au pays. 3° une Université qui, en 1849, comptait cent vingt-quatre élèves en philosophie, cent neuf en droit, quarante-neuf en médecine, sept en pharmacie; 4° une bibliothèque de six mille volumes; 5° une institution scientifique où M. Casaseca, disciple distingué de M. Thénard, fait un excellent cours de chimie; 6° des colléges dans les principales villes, et enfin des écoles primaires dans presque chaque village.

Avec un pareil inventaire, avec trois branches de chemins de fer, heureux Havanais, et vos nouveaux quais,

vous n'avez rien à craindre de l'opinion des peuples qui
s'intitulent glorieusement les peuples civilisés. Vous avez
levé l'ancre, et vous êtes en train de voguer à pleines
voiles sur la mer du progrès. Il ne vous manque plus
qu'une Académie des lettres pour couvrir d'un réseau de
définitions chaque mot de votre belle langue, et une
Académie des inscriptions pour vous enseigner l'inappré-
ciable valeur d'une pièce de cuivre ensevelie depuis trois
mille ans dans une catacombe, ou l'immense fait historique qui se révèle par trois lettres mutilées sur un tom-
beau.

Si après ces rapides exposés des richesses agricoles et
industrielles de Cuba, on veut réfléchir un instant à ce
que cette île est devenue depuis une trentaine d'années,
à ce qu'elle peut devenir par le défrichement successif
de ses terrains incultes, par l'accroissement de sa population, on comprendra l'avide désir avec lequel l'Amérique
du Nord observe cette île féconde qui arrondirait ses biens,
son circuit géographique, et compléterait la masse de ses
produits.

Il existe dans l'île même un parti qui fait des vœux
pour cette annexion, lequel parti a pour organe à New-
York et à la Nouvelle-Orléans deux journaux assez viru-
lents. J'ai tout lieu de croire que la très-grande majorité
de la population de Cuba est complétement étrangère à
cette cabale, ou en repousse loin d'elle les tentatives
et ne pense qu'à conserver son titre de *siempre fidelissima*.

Que si pourtant, par je ne sais quel événement im-
prévu, par une révolution subite, ou par un marché
pareil à celui qui leur livra la Louisiane, les États-Unis
en venaient jamais à prendre possession de Cuba, cette
conquête tomberait probablement comme un dernier

coup de hache sur les racines déjà ébranlées de la Confédération. Elle renverserait l'équilibre qui existe encore entre les États à esclaves et les États abolitionnistes.

Pour cette arrogante république, je ne fais aucun vœu, mais j'en fais pour l'île de Cuba, et je souhaite qu'elle reste attachée au drapeau sous lequel elle a joui d'une destinée si paisible et conquis une si noble prospérité.

V

DE LA HAVANE A BUENOS-AYRES.

Le navire belge. — Un carême. — Le lieutenant et le coq polyglotte. — Les vents alizés et les grains. — Température du
nord et du sud. — La mer sous les tropiques. — Le calme. —
Les étoiles du sud. — L'ouragan.

Vous allez me railler encore sur ma nature d'hirondelle,
puisque c'est ainsi qu'il vous plaît de nommer l'entraîne-
ment que je m'étais flatté de pouvoir appeler une noble
ardeur d'études lointaines. Eh bien! riez, j'y consens. Si
pourtant vous connaissiez la rade de la Havane, vous
verriez qu'il n'est pas si facile que vous l'imaginez de
couper là le bout de deux ailes nomades. Pour celui qui a
été dompté par la chimère des voyages, cette rade est
une périlleuse place. La mer y apparaît si belle, l'horizon
si calme, qu'en regardant le double azur du ciel et des
eaux, on oublie les orages par lesquels on a passé, pour
ne songer qu'au doux balancement d'un navire, par une
brise légère, sur une onde paisible. Puis, cette rade est
comme un rond-point où aboutissent les routes du monde
entier. De là partent les bateaux de poste anglais qui,

dans leur course, suivent toute la chaîne d'émeraude des Antilles; de là, les bateaux américains qui transportent à Chagres les légions de pèlerins attirés par la religion de l'or à la chasse californienne; de là, des bâtiments français, espagnols, qui dans l'espace de quelques semaines conduisent leurs passagers sous les murs de la noble ville de Nantes, ou dans la rade de Cadix.

Au milieu de ces diverses séductions, je me suis laissé tenter par un navire belge d'une assez jolie apparence qui devait se rendre à Montevideo et à Buenos-Ayres. Comment, direz-vous, si près du Mexique, du Pérou, vous vous éloignez de ces magnifiques contrées pour aller à Buenos-Ayres? Et vous êtes dans le cas de me comparer à ce maladroit auteur dont parle Boileau :

> Oh! le plaisant projet d'un poëte ignorant,
> Qui, de tant de héros, va choisir Childebrand!

Patience! patience! je me figure que Buenos-Ayres est dans son genre une ville fort curieuse. Nous verrons plus tard si je me suis trompé. De la Havane jusque-là, il n'y a du reste que 2,000 lieues. En deux mois le capitaine de l'*A.....* me promet de faire ce trajet. « Seulement, ajoute-t-il, il faut vous résigner à manger de la viande salée. — Va pour la viande salée! » Et quelques jours après nous voguions vers la pleine mer entre les bancs de Bahama et la côte de la Floride.

Mon capitaine ne m'avait cependant que trop exactement dépeint ses ressources culinaires. Le lendemain de notre départ de la Havane, nous avions, selon l'expression de nos marins, doublé le cap Fayot, c'est-à-dire que nous en étions réduits à la ration du bord : pommes de terre, haricots, quartiers de bœuf salé, variés de temps à autre par une espèce de pâtée à la farine et au riz que notre coq décore fièrement du nom de pudding. Quant à moi, j'avais un peu trop présumé de mes forces; j'essayai de toucher à la viande salée, et dès la première tentative, je reconnus qu'il fallait totalement y renoncer. J'ai pourtant partagé la mauvaise nourriture des pêcheurs du Nord, mangé la morue d'Islande, bouillie dans une fumée de tourbe infecte; le pain de la Dalécarlie, mélange d'écorce de bouleau; le pain d'orge de Muonioniska, moitié farine et moitié paille; la chair de renne découpée par les mains des Lapons et cuite dans leur chaudière; le couscoussou des Arabes préparé dans des vases d'un fort triste aspect. De plus, je me rappelle les vingt-quatre heures que j'ai passées dans un misérable village de Pologne, sous le toit d'un cabaretier juif, et l'assiette ébréchée sur laquelle une effroyable vieille me servait je ne sais quel ragoût sans nom. Ce fut ma plus rude épreuve.

Mais j'ai eu beau, pour m'enhardir, invoquer mon courage d'autrefois, mon courage a failli devant ces terribles pièces de bœuf plongées dans une amère saumure depuis trois à quatre ans, enfouies dans la cale depuis vingt mois, tellement décolorées qu'on ne peut dire que par tradition de quel pauvre animal elles ont recouvert les os, et exhalant, à vingt pas de distance, une odeur qui vous mène en droite ligne au mal de mer.

Si cette page tombe par hasard entre les mains d'un père de famille affligé d'un enfant prodigue, qu'il l'envoie à bord de ce bâtiment. C'est là qu'on prend chaque jour de bonnes leçons d'économie. Nulle part je n'ai entendu si souvent et si bien disserter sur la valeur d'un florin. Sur aucun bâtiment, je n'avais eu l'idée qu'on pût employer tant de précautions pour ménager une voile, un bout de cordage, pour mesurer une ration. Le biscuit est avec l'âge devenu si dur qu'on ne peut y mordre sans risquer de s'y rompre les dents. Bien! on en mangera moins. La viande commence à se gâter malgré la double couche de sel dont elle est revêtue. Ce n'est rien. Dans trente ou quarante jours, on aura de la viande fraîche à Montevideo. Si parfois je me hasarde à remarquer que nous marchons bien lentement, soudain je suis arrêté dans cette folle préoccupation par un officier qui me fait observer fort judicieusement que plus on reste en mer, plus on y gagne, par la raison que chaque semaine la solde s'accumule, et que comme on ne porte sur le bâtiment que son plus mauvais pantalon et sa plus vieille veste, on ménage d'autant ses bons habits. Une fois, une seule fois dans le cours de nos jeûnes et vigiles, il m'est arrivé de soupirer hautement, non point après un banquet électoral, mes vœux timides ne s'élevaient pas jusque-là, mais après un simple morceau de pain et une tasse de bouillon. Là-dessus, le capitaine m'a fait un très-sage discours pour me démontrer les avantages sanitaires de l'abstinence. Je me suis tu, me rappelant que tout est pour le mieux dans le meilleur des mondes possible, et réfléchissant que notre régime valait encore mieux que celui que le docteur Sangrado ordonnait à ses clients.

Malgré la parcimonie de ce régime, je dois des remercîments à ce navire. J'y ai joui d'une paisible liberté.

L'équipage est composé d'une douzaine d'hommes de différentes nations, si parfaitement assouplis sous l'autorité de leur chef, que jamais parmi eux on n'entend la moindre rumeur. Il y là des Espagnols, des Flamands, des Américains, un nègre du cap Vert, un Indien de la côte Ferme, et deux Suédois avec lesquels je me plais à m'entretenir des bords riants de leur Mâlar, des plaines mélancoliques de leur ville de Gefle.

Le lieutenant est le fils d'un négociant belge qui a pignon sur rue, maison de campagne. Le désir de voir les lointaines régions l'a jeté dans les hasards de la vie maritime. Ses connaissances l'ont promptement élevé au rang d'officier. Dans son humeur voyageuse, il pense souvent à sa mère, aux joies champêtres de sa jeunesse, et me rappelle par sa rêverie ces deux vers touchants de Juvénal, qui n'en a pas fait beaucoup de la sorte :

Suspirat longo non visam tempore matrem,
Et casulam et notos tristis desiderat hædos.

L'habitant le plus curieux de notre navire est le coq. A ce nom, je n'ai sans doute pas besoin de dire qu'on aurait tort de se figurer un de ces fiers personnages portant le bonnet de coton comme une couronne, et parlant des assaisonnements de leur casserole avec un enthousiasme d'artiste. Celui-ci n'a jamais vu d'autres fourneaux que ceux de son gaillard de devant. Il ne se doute pas du grand rôle que ses confrères peuvent remplir dans les ministères et dans la diplomatie. Si, par hasard, il lui est tombé sous les yeux une truffe, il l'aura rejetée comme une pomme de terre malade. En revanche, si on lui demandait des petits pois, il répondrait gravement qu'il en reste encore un baril embarqué il y a deux ans, et d'une main prodigue il étalerait au moindre signe ces précieux globules, sans se douter qu'en cas de besoin on ne pourrait se procurer de meilleures balles de pistolet.

Heureux de sa mission, ravi de son titre de coq, il fricote avec une bonhomie sans pareille. Maître Jacques du bâtiment, il fait avec le même zèle le service des cabines, brosse les habits, rajuste d'une main expéditive l'oreiller sur le matelas, les draps sur l'oreiller, et aide en outre à la manœure. Rouge et joufflu comme une figure de Téniers, alerte comme un chat, du matin au soir il est en mouvement, courant de sa cuisine sur la dunette, tantôt carguant une voile, tantôt lavant une assiette, toujours gai et dispos, riant naïvement des plaisanteries qu'on lui adresse et ne buvant à la dérobée ce qui reste de vin ou d'eau-de-vie au fond d'une bouteille, que par une prudente précaution, pour empêcher que cette liqueur ne se gâte.

Ce n'est qu'au bout d'un mois d'études assidues que j'ai pu parvenir à distinguer une autre qualité de ce philosophe : sa science de linguistique. Auparavant, quoiqu'il nous semblât à l'un et à l'autre que nous parlions un langage intelligible, nous ne nous comprenions guère que par signes. D'abord dans ma présomption, je l'accusais, cet honnête Demats, d'avoir oublié son idiome maternel. Plus tard, j'ai reconnu que ce que je prenais pour une coupable négligence était au contraire le fait d'un amour général pour l'humanité et d'une surabondance de savoir. Depuis vingt ans qu'il navigue de côté et d'autre, il s'est approprié une partie du dialecte de tous les pays qu'il traversait, et les a mêlés l'un à l'autre avec un égal sentiment de confraternité. Pour s'entretenir avec lui, il faut parler à peu près toutes les langues, ou du moins pouvoir pêcher dans son réservoir polyglotte un substantif flamand à côté d'un verbe français, un adjectif anglais marié à une préposition espagnole.

Quant au capitaine, il me réservait à bord une délicieuse surprise : une large armoire pleine de livres, histoires, récits de voyages, romans. J'ai jeté un cri de joie à la vue de ce trésor inespéré, et je me suis mis à compter tous les volumes qu'il renfermait, ceux que j'avais déjà lus et ceux que je ne connaissais pas encore, les regardant tous d'un œil avide, comme un avare accroupi devant une caisse de ducats de Hollande et de quadruples d'Espagne. Gibbon, dans ses Mémoires, parle avec enthousiasme du bonheur de lire, qu'il n'échangerait pas, dit-il, pour les trésors de l'Inde : « Which I would not exchange for the treasures of India. » Qu'aurait-il dit s'il eût goûté ce bonheur dans les longs jours d'une navigation?

Dans ces jours-là, adieu la vue de tout hameau et de toute plage; adieu les mille petites aventures qui, à terre, occupent ou distraient le bourgeois le plus casanier. Ici, il n'y a d'autre journal que le sec journal du navire, écrit en caractères algébriques : un degré et demi à l'est, deux au sud; six nœuds au dernier loch, un nœud de dérive; pas d'autres épisodes que ceux qui naissent de la variation de la boussole, de la mobilité du temps. « Qu'en pensez-vous, capitaine? il me semble que la brise a molli. — Oui; mais voilà des nuages qui annoncent un changement. — Avons-nous bien fait deux degrés? — Probablement. — Ah! si seulement nous avions un bon vent d'est! — Non, c'est du nord qu'il nous faudrait à présent; j'espère qu'il va venir. »

Et chaque matin, et plusieurs fois dans le jour, telles sont les paroles qui s'échangent entre un commandant et ses passagers, quand on possède un commandant qui a la bonté de répondre à ces fastidieuses questions.

Si, de loin, un matelot signale un navire, c'est un événement. On court à la longue-vue, on hisse le pavillon. Un instant après, le sien flotte au-dessus du mât d'artimon. C'est un français, c'est un anglais qui vient d'Europe, ou qui y retourne. Qu'il est heureux celui qui vogue à

pleines voiles vers les parages de France! Quel trajet pour
celui qui va doubler le cap de Bonne-Espérance! Et là-
dessus, des commentaires que l'on prolonge jusqu'à la
dernière extrémité[1].

Dans cette disette d'incidents, l'esprit a besoin, comme
le corps, de son hygiène. Il lui faut sa provision de livres
la plus large, la plus variée possible; il lui faut, s'il m'est
permis de comparer les nobles œuvres de la pensée à la
vulgaire matière, il lui faut, après la nourriture substan-
tielle d'un ouvrage sérieux, les petillements de gaz d'une
coupe de poëte, et après un livre de science technique, le
poivre rouge d'un roman.

Le vrai bonheur de l'homme consiste bien moins dans
l'accomplissement de quelque ardent désir que dans une
série régulière de quelques modestes satisfactions. Le premier est une pluie abondante qui abreuve en un instant
une terre desséchée, mais dont la bienfaisante action n'a
qu'une durée limitée; le second est comme une rosée
salutaire qui chaque jour ouvre dans le sol un nouveau
germe et fait éclore une nouvelle fleur. Celui-ci, la Providence l'a mis à notre portée. Si nous ne savons pas le voir
ou l'apprécier, c'est presque toujours notre faute. Il n'est
pas au pouvoir de chaque homme d'acquérir un grand

______

1   En parlant de cette rencontre des navires, je ne dois pas omettre
de signaler une petite manœuvre de la marine marchande américaine,
que j'ai eu plus d'une fois occasion de reconnaître. Si un de ses bâtiments, bien gréé et bien gouverné, devance ceux qui l'aperçoivent, il
étale fièrement le pavillon des États-Unis. Si, au contraire, il reste en
arrière, il déploie le pavillon français. Misérable subterfuge d'une stupide vanité qui, pour cacher sa faiblesse, profane l'étendard d'une nation sans laquelle l'orgueilleuse Amérique aurait bien pu, dans sa
guerre d'indépendance, succomber sous les forces de l'Angleterre.

nom ou une grande fortune, d'être César ou Crésus, Colomb ou Cuvier; mais il n'est peut-être pas une créature au monde, si humble que soit sa condition, qui n'ait près d'elle ces gouttes de rosée, cette manne fortifiante que chaque matin la main de Dieu laissait tomber sur la route déserte des Israélites. J'en excepte les méchants, qui se ferment à eux-mêmes, tant qu'ils restent méchants, les sources des douces émotions, les portes du ciel.

Voyez pourtant dans quel thème de morale me voilà lancé, le tout afin de vous dire que les livres du capitaine m'avaient été dans notre traversée d'un grand secours. Pour prévenir mes digressions, il serait bon que j'eusse près de moi un conseiller comme le sage chien Scipion de Cervantes, qui de temps à autre me répéterait : « Basta, vuelva a tu senda y camina. » En voilà assez, retourne à ton sentier, et chemine.

Et vraiment le sentier est d'une belle longueur, de plus fort curieux, en ce sens que j'y ai trouvé un échantillon de tous les changements de température, de toutes les péripéties de diverses navigations.

Jadis on ignorait le mouvement régulier des vents alizés, des moussons[1]; et le vaillant Vasco de Gama, qui le premier doubla le cap de Bonne-Espérance, fit, par suite

[1] Les vents alizés semblent être occasionnés par le mouvement de rotation de la terre sur son axe, combiné avec l'influence raréfiante qu'exerce le soleil entre les tropiques. Ils s'étendent à peu près jusqu'au 28ᵉ degré de latitude au nord et au sud de l'équateur, et dans quelques endroits, ils sont séparés par un espace considérable, où règnent les vents variables.

Les moussons ou vents périodiques sont ceux qui soufflent six mois du même côté, et qui prennent une direction tout à fait contraire le reste de l'année. Ils règnent plus constamment dans les mers de l'Inde que partout ailleurs.

de cette ignorance, un terrible voyage. Maintenant on sait en quelle saison ces vents s'élèvent sur tel et tel parage. On en a tracé sur la carte les différentes directions avec une précision pareille à celle d'une ligne de chemin de fer. Ce sont de fiers seigneurs qui règnent despotiquement sur la zone que le roi Éole leur a assignée, et qui ne s'avisent pas d'abandonner leur domaine pour courir à la recherche d'un pauvre navire égaré à distance. Il faut donc se soumettre à leur autocratie, marcher à leur rencontre, et prendre leur passe-port, sous peine de louvoyer indéfiniment en dehors de leur barrière.

Pour gagner les alizés du nord-est, nous avons dû, en quittant la Havane, remonter du 23° de latitude au delà du 34°, et du 82° de longitude rejoindre le 20° pour descendre ensuite jusqu'à la ligne et de là jusqu'au 35° de latitude sud. Si nous eussions entrepris ce trajet par amour pour les contrastes, nous n'aurions pas mieux réussi; car rien ne nous a manqué, ni le vent glacial de l'hiver, ni la plus ardente des canicules, ni les coups de vent, et les grains qui soudain se lèvent sur l'horizon le plus pur s'avancent avec la rapidité de l'éclair, éclatent comme la foudre.

Comme vous n'avez jamais fait que voyager gaiement sur la Saône et le Rhin, il est bien possible que vous ne vous rendiez pas exactement compte de ce terrible mot de grain, ni même des mots d'ouragan, de tempête, que l'on emploie indifféremment dans la conversation, sans se douter qu'ils n'ont pas la même signification. J'emprunte, pour vous en donner une juste idée, les détails suivants à l'ouvrage de J. Horsburgh, traduit par M. le contre-amiral Le Prédour :

« On compte trois espèces de grains : ceux que l'on

nomme grains arqués sont très-fréquents. Ordinairement ils s'élèvent au-dessus de l'horizon en formant un arc, mais souvent ils prennent la force d'un gros nuage noir, surtout quand ils contiennent de la pluie ou de l'électricité. Ces nuages montent quelquefois très-rapidement et laissent à peine le temps de réduire la voilure, avant que le vent se fasse sentir. Dans d'autres circonstances, ils se meuvent au contraire très-lentement, et se dispersent sans que le vent ait acquis la force nécessaire pour arriver jusqu'au navire. La seconde espèce de grains n'est pas aussi facile à distinguer, attendu qu'ils proviennent des nuages qui sont déjà formés dans la partie la moins élevée de l'atmosphère et qui produisent généralement beaucoup de pluies et de rafales successives. Les grains blancs sont assez rares, mais on en rencontre quelquefois entre les tropiques ou dans les environs, surtout auprès des terres élevées. Ils sont ordinairement violents et de peu de durée. Ils surviennent souvent lorsque le ciel est clair et sans qu'aucune circonstance atmosphérique les fasse prévoir, ce qui les rend très-dangereux. La seule chose qui annonce quelquefois leur approche est le bouillonnement de la mer, qui est agitée par la violence du vent.

« Les tempêtes peuvent se diviser en trois classes : les coups de vent, les ouragans, les tourbillons. Les premiers éclatent en dehors des tropiques, et règnent quelquefois plusieurs jours de suite, surtout pendant l'hiver. Ces coups de vent viennent ordinairement de l'ouest, et il est rare qu'ils varient aussi promptement que ceux qu'on éprouve entre les tropiques. Cela arrive pourtant quelquefois, et l'on attribue à ces changements la perte de différents bâtiments qui, ne les ayant pas prévus, ont conservé des voiles carrées.

« Les ouragans se font rarement sentir en dehors des tropiques et par moins de 9° ou 10° de latitude. C'est auprès des tropiques et dans le voisinage de îles et des terres qu'ils déploient toute leur furie, car au large on en rencontre rarement, et ceux qu'on ressent à 10° de l'équateur sont moins violents qu'auprès des tropiques.

« Ce sont d'horribles tempêtes durant lesquelles les vents changent quelquefois cap pour cap et élèvent les lames en pyramides. Leur violence est telle que rien ne peut leur résister. Ils brisent les mâts des navires et déracinent les arbres les plus forts. On a estimé que dans quelques-unes de ces tempêtes le vent filait quatre-vingts ou quatre-vingt-dix milles par heure (vingt-sept à trente lieues), tandis qu'il en file à peine vingt dans ce qu'on appelle bonne brise. Il y a des endroits où les ouragans sont accompagnés de tremblements de terre.

« Les tourbillons sont souvent occasionnés par les terres hautes et inégales. Lorsque le vent est violent, il descend parfois des montagnes des rafales ou tourbillons à la surface de la mer, mais le phénomène appelé tourbillon et que les marins nomment trombe est attribué à l'électricité. C'est dans les climats chauds et lorsque de gros nuages noirs occupent la région inférieure de l'atmosphère qu'on rencontre ordinairement des trombes. L'air est alors surchargé d'électricité, et l'on a en même temps du tonnerre et beaucoup de pluie[1]. »

Nous avons donc passé par les coups de vent qui soulèvent la mer jusque dans ses profondeurs, par les grains perfides qui semblent épier le moment où le pilote s'appuie tranquillement sur la barre du gouvernail, pour fondre

---

[1] *Instructions sur les mers de l'Inde.*

sur le navire et briser ses mâts d'un coup d'aile. Nous avons passé par la neige et la pluie, par les fureurs de l'ouragan et la somnolence des calmes, en un mot par es deux régions extrêmes. Dans un jour de funérailles, les femmes des îles Sandwich chantent un chant de deuil dont nous pourrions bien nous appliquer chaque vers, quoique nous ne soyons pas encore morts : « Hélas! notre ami est dans la saison de la famine, notre ami est dans la pauvreté, notre ami est à la pluie et au vent; il est à la chaleur et au soleil, il est dans l'orage et dans le calme, il est sur les huit mers. »

A deux degrés au-dessus des Bermudes, nous n'avions pas assez de manteaux, de couvertures et de bas de laine pour nous garantir du froid. Six semaines après, au commencement de mars, j'aurais voulu pouvoir vivre dans l'eau comme un poisson. Nous étions dans l'été d'un autre hémisphère. Quel été! un horizon d'un blanc mat comme le fond d'une fournaise, un ciel de feu; pas une brise rafraîchissante, pas une exhalaison humide. Le jour est sans pitié, et la nuit qui invite au sommeil,

Suadentque cadentia sidera somnos,

la nuit est encore pire. On voudrait coucher sur le pont, mais la chaste lune ne permet pas de tels caprices. Dans les champs de la Grèce, la belle Diane rêveuse répandait une tendre clarté sur le front d'Endymion. Dans la zone torride, c'est une duègne féroce. Pour punir de sa témérité celui qui s'endort devant elle, même dans un état décent, elle darde sur lui je ne sais quels rayons envenimés qui lui font enfler la tête comme une tonne et lui tordent le visage.

Que de fois dans ce four ambulant de l'*A*..., j'ai pensé

aux verts sapins de mes montagnes de Franche-Comté, aux collines idylliques de la Chaudeau, à l'ombre des acacias où l'amitié m'attend sur les bords fleuris de la Seymouse!

Mais un voyage sur mer est une école de patience. Nul vœu ardent, nulle volonté humaine, ne peuvent faire que madame la brise renonce à une de ses fantaisies. Il y avait autrefois en Laponie des sorciers qui vendaient des séries de vent enfermées dans les nœuds d'un mouchoir. C'était très-commode. Ces sorciers ont disparu comme tant d'autres êtres à jamais recommandables. Maintenant, lorsque vous vous trouvez lancé en plein Océan, vous appartenez au capitaine, « *maître de son navire après Dieu* », dit sagement son brevet, et vous appartenez avant tout aux éléments. Le mieux est de courber la tête en silence sous les nuées qui s'amoncellent, sous l'orage qui gronde, de se résigner au calme qui aplatit les voiles sur les mâts, comme des chiffons de toile, au vent qui se lève droit devant vous comme un brutal gendarme pour vous empêcher de passer, ou au vent variable qui comme un enfant folâtre saute en un instant sur tous les points de la boussole.

Cependant s'il n'est pas de joie qui, dans ce globe déshérité de son Éden, ne doive être payée par quelque peine, pas d'espoir sans troubles, pas de succès sans fatigue, on peut bien acheter par quelques souffrances la poésie d'une navigation par un beau temps, sur ces flots qui, dans leur étendue, touchent à tant de contrées et présentent tant de phénomènes différents. Quand, à la hauteur de Madère, on entre dans le courant des vents alizés, c'est un charme indicible que de glisser en droite ligne sur les lames assouplies, à l'aide d'un souffle régulier qui n'imprime au navire qu'un doux balancement, qui semble prendre à tâche de lui éviter toute secousse et le caresse comme un navire aimé de Dieu.

De cette latitude jusqu'à cent ou cent cinquante lieues de l'équateur, dans la saison d'hiver, à un climat tempéré se joignent les prismes, les jeux éclatants d'une lumière splendide. La mer a le rayonnement d'un saphir sans tache. Sur son bassin d'azur s'élève une ligne blanche qui fait le cercle de l'horizon ; plus haut, un ciel limpide parsemé de légers nuages. On dirait que le ciel se marie avec l'onde par un anneau d'argent, et qu'il a pour cette solennité paré son manteau bleu de flocons de roses et de jonquilles. Plus de rafales ni de tempêtes. Le fougueux Borée est enchaîné dans d'autres parages, et les myriades d'êtres vivants qui peuplent les profondeurs de l'Océan semblent être appelés à ces fêtes nuptiales. Des légions de poissons volants fendant l'air comme des oiseaux, sont sans doute les messagers agiles qui annoncent le cortége. Des souffleurs à la respiration bruyante ouvrent la marche comme des hérauts d'armes au pas pesant ; des dauphins cabriolent sous une nappe d'écume comme des coursiers sous leur carapace d'argent. Des marsouins bondissent quatre à quatre, traînant peut-être le char d'Amphitrite ; puis çà et là apparaissent les élégantes de la cour océanique, les bonites aux écailles cendrées, les dorades à la robe étincelante. Et comme sur les eaux, de même que sur terre, il n'y a point de nobles réunions sans quelque mauvais sujet, à la suite de cette royale assemblée, on distingue les peaux zébrées d'une cohorte de pilotins servant de guide au requin, vagabond des cités aquatiques, ennemi de tout ordre social, Robert Macaire de l'empire de Neptune.

Je demande grâce pour cette esquisse entremêlée de couleurs mythologiques, qui sans doute sont bien vieilles. Mais les Grecs étaient de grands artistes, et quand on veut essayer de peindre quelque beauté de la nature, divinisée par leur enthousiasme, on en revient, par l'attrait de leurs souvenirs, à leurs créations idéales. Dans l'enceinte des tropiques, comme dans la mer Égée, à l'aspect des lueurs flamboyantes du matin, des lits de pourpre du soir, on pense à Phébus et à Téthys.

Cependant en face d'un tel spectacle, les fables du paganisme ne sourient qu'un instant à l'esprit. Bientôt une conception plus grave chasse comme une vaine illusion leurs cohortes aériennes. Bientôt elles s'évanouissent pour laisser l'âme dans le saisissement d'une auguste et sévère poésie, de la poésie du christianisme. Non, quand on se trouve dans la solitude infinie de l'Océan, si petit devant l'immensité, si faible devant la tempête, il n'est pas possible de songer longtemps à l'écharpe d'Iris, aux grottes de cristal des néréides; on ne peut que s'incliner devant l'unique et suprême puissance qui, dans leur cercle éternel, fait tournoyer ces mondes où s'agite l'orgueil de l'homme dont le temps, selon l'éloquente expression de Pope, n'est qu'un moment et l'espace un point.

His time a moment, and a point his space.

Le soir, quand d'un côté le soleil disparaît à l'horizon dans des flots d'or et de vermeil, quand de l'autre étincellent les rayons de la lune, qui dans le mouvement des vagues se croisent, s'entrelacent comme ceux de l'aurore boréale et sautent comme des feux follets; quand le long du navire les flots phosphorescents jaillissent comme une pluie d'étoiles, et que derrière lui son sillage ruisselle

comme un torrent de flammes; quand sous les astres de la
voûte céleste, la mer brille comme un autre ciel avec sa
couronne de perles et ses gerbes de diamants, c'est un
tableau qu'on ne peut pas aspirer à décrire et que l'on ne
se lasse pas de contempler dans une muette admiration.
C'est l'heure aussi des austères recueillements, des tendres
absorptions de la pensée, l'heure qui, comme l'a si bien
dit Dante, donne une autre impulsion aux désirs du marin
et attendrit le cœur.

> L'ora che volge 'l desio
> A' naviganti e'nterenise il cuore.

Alors, tandis que les sens restent enchaînés à cette
scène sublime, l'imagination s'en va de rêve en rêve, de
région en région, jusqu'aux lieux où elle s'arrête dans
l'enceinte d'une maison chérie, jusqu'au lointain village
où, à cette heure solennelle, les tintements de l'Angelus
se mêlent au dernier chant des oiseaux, au murmure des
bois. Et l'on reste là entraîné, subjugué par toutes les
émotions que la mémoire reproduit, que l'espérance
enfante, jusqu'à ce que l'aigre voix d'un contre-maître
répétant l'ordre d'une manœuvre, et les cris des matelots
et les sifflements des poulies vous ramènent à la réalité
d'un navire de commerce qui ne s'inquiète que des
variations de la brise.

Quelquefois après des éclairs qui embrasent l'horizon
et des coups de foudre que chaque vague semble répéter,
soudain les nuées chargées d'orage s'éclaircissent, les flots
tombent affaissés sur eux-mêmes, et s'endorment comme
des voyageurs épuisés de fatigue. Alors, il n'y a plus
aucun souffle dans l'air, aucun soupir sur les eaux.
C'est le silence le plus complet, le plus profond qu'il soit

possible d'imaginer, un silence de mort, où rien ne se meut, où rien ne bruit, où, ainsi que l'a dit Coleridge, le navire immobile est comme un vaisseau peint sur une mer peinte.

> As idle as a painted ship
> Upon a painted ocean.

Heureux ceux qui n'ont pas à mesurer trop longtemps la durée de ce calme. Le passager, qui de sa nature est ennemi des vives secousses du navire, commence par se réjouir de la halte qui le repose de la maladive action du tangage. Puis bientôt on reconnaît très-sensément qu'avec de pareilles haltes on n'arrive pas à son but, puis on cherche de tout côté si quelque nuage n'annonce pas un souffle de vent. Penché sur les bastingages, on interroge d'un regard impatient l'horizon :

> Sœur Anne, ma sœur Anne, ne vois-tu rien venir?

Ces calmes sont, aux environs de l'équateur, l'épouvante des marins. Une fois qu'ils commencent, on ne sait quand ils finiront. L'an dernier un bâtiment belge qui portait cent trente colons à Rio-Janeiro est resté pendant quarante-deux jours à quelques lieues de la ligne. Par une telle calamité, on n'est pas exposé, il est vrai, à chavirer, mais avec un bâtiment approvisionné comme l'*Ambiorix*, on court risque de mourir de faim, ce qui est encore un genre de mort assez désagréable.

On se forme en général, d'après les narrations des voyageurs, une singulière idée des parages étrangers. En faisant cette remarque, je ne prétends pas attaquer l'honorable confrérie des pèlerins du monde dans laquelle ma bonne et ma mauvaise fortune m'ont enrôlé. Dieu m'en garde! je fais cause commune avec eux et ne puis mettre en doute leur véracité. Seulement cette véracité varie selon les circonstances et selon les diverses impressions qui en résultent. Il est clair que celui qui verra une des îles des régions méridionales par un épais brouillard, en un jour de pluie, en fera une tout autre description que celui qui la contemplera dans sa riche parure, riante et parfumée comme une péri sous le dais azuré d'un beau ciel. Chacun d'eux éprouvera là une émotion différente, et dans leurs récits dissemblables, tous deux pourront être également sincères. Car le public devant lequel nous comparaissons humblement au retour d'une de nos excursions, est un juge trop sévère et trop médiculeux pour que nous puissions chercher à lui en imposer. Le proverbe : *A beau mentir qui vient de loin,* date d'un temps d'ignorance où l'on pouvait raconter tranquillement qu'on avait vu les amazones, les cyclopes et plusieurs autres merveilles, sans crainte d'être arrêté au beau milieu de sa narration par un collégien qui a lu son Balbi et son Malte-Brun.

Pour mon compte, j'ai été pris plus d'une fois à ces tableaux des contrées vers lesquelles je courais avec ardeur, et je n'en veux point à ceux qui les avaient magnifiquement dépeintes, car je crois qu'ils étaient de bonne foi. J'avais lu, par exemple, de charmantes descriptions de l'arrivée d'un bâtiment à l'équateur, des joyeuses cérémonies par lesquelles on célèbre le baptême de la ligne. Et nous avons traversé l'équateur sous une brume épaisse, par une série continuelle de grains et d'averses qui ne disposait, je vous assure, nullement à la gaieté. Pas n'était besoin que nos matelots préparassent des costumes de carnaval pour venir, au nom du père la Ligne, saluer leurs officiers. Avec leur veste en peau, leur *surouest*[1], leur pantalon en toile gommée, ils étaient suffisamment masqués, et quant au baptême, les nues crevant comme des outres se sont chargées de nous l'administrer, et nous l'ont donné complet.

Enfin nous voici dans un nouveau rameau de vents alizés qui nous poussent assez lentement au sud. Nous avons vu s'effacer peu à peu derrière nous, puis disparaître l'étoile polaire, fidèle flambeau des marins du Nord. D'autres constellations décorent un autre hémisphère. Chaque soir, de nouvelles étoiles semblent sortir du sein des flots comme des épis dorés du sillon des champs, et de jour en jour montent graduellement à l'horizon. Le lendemain, d'autres encore s'élèvent à la même place et suivent la même ascension. On dirait une armée qui des profondeurs de la mer s'avance en bataillons réguliers pour comparaître sous les yeux de son chef dans les plaines éthérées. Quelquefois, au milieu de ces astres rangés en silence à leur poste, tout à coup resplendit une flamme qui jette au loin une pluie de feu, la flamme du météore qui brille et s'évanouit comme le signal d'une fusée dans la marche des corps célestes.

C'est une belle science que l'astronomie, qui suit à des millions de lieues de distance le mouvement des sphères, qui indique la place qu'elles doivent occuper, le cercle dans lequel elles doivent se mouvoir, et le temps qui leur est assigné pour leurs diverses évolutions. C'est la plus admirable conquête de l'intelligence humaine. Mais à côté de cette poésie d'un chiffre et de la figure géométrique portée à sa plus haute puissance, il est une autre poésie

---

[1] Casquette à larges bords en cuir goudronné.

qui n'exalte pas moins l'imagination et qui pénètre plus
avant dans le cœur, la poésie des peuples primitifs et des
pauvres ignorants tels que moi. Non, pour se complaire
dans la magnificence d'un ciel étoilé, pour passer sur le
pont d'un navire de délicieux moments de solitude à
regarder les jets éclatants du Sirius et les pointes d'argent
de la Croix du sud, il n'est pas besoin de connaître leur
histoire comme le savant Bailly, ni de mesurer leur
grandeur comme l'a fait tant de fois le digne maître de
l'Observatoire de Paris, avant que les lueurs trompeuses
de la politique l'enlevassent aux globes éternels qu'il
expliquait si bien. O légions merveilleuses des mondes
innombrables semés dans l'espace, immortelle splendeur
du Dieu qui déroule le ciel comme un voile et se fait
un vêtement de lumière, il n'est pas un être humain qui,
à votre aspect, ne sente s'éveiller en lui ou une tendre
ou une solennelle pensée. C'est à la lueur des astres
nocturnes que les anges vinrent annoncer aux pâtres de
Bethléem la bonne nouvelle : *Gloria in altissimis Deo, et in
terra pax hominibus bonæ voluntatis.* C'est à la lueur de
ces astres que les âmes troublées se rassurent dans l'espérance d'un séjour meilleur. L'être le plus sceptique ne
peut regarder un tel spectacle sans émotion, et Faust,
dans les ténèbres que le doute universel a amassées autour
de lui, s'écrie, en voyant la lune briller au sein de son
fastidieux laboratoire : « Hélas! que ne puis-je m'en aller
dans tes doux rayons, planer avec les esprits autour des
montagnes, errer dans les plaines à tes molles clartés, et
délivré de toutes les tortures de la science, me baigner et
revivre dans ta rosée! »

Un soir, après une de ces journées pareilles à celles des
contes de l'Orient, le soleil s'est couché sur un lit si rouge,

que tout le côté de la mer exposé à ses reflets ressemblait à une mer de sang. Pendant que je considérais ce phénomène, dont jusqu'ici je n'avais vu aucun exemple, soudain des nuages se lèvent à l'est, épais et lourds comme les masses de neige qui, du haut des Alpes, menacent de la chute d'une avalanche les habitants de la vallée. En un instant, ils s'étendent au loin, cernent l'horizon, enveloppent le ciel entier. En moins de temps que je n'en mets à écrire ces quelques lignes, à une lumière éclatante succède une nuit sépulcrale. Dans la profondeur de ces ténèbres, jaillissent des éclairs qui glissent sur les nuées comme des serpents de feu, puis se perdent dans l'obscurité. A leur jet rapide on distingue de grands oiseaux noirs comme des corbeaux, rasant les flots du bout de leurs ailes et tournoyant autour du navire en poussant des cris sinistres. La foudre gronde et retentit dans les espaces aériens, comme l'artillerie dont Milton arme les milices célestes. Le vent siffle, la mer mugit. Tous les matelots qui étaient sur le pont et tous ceux qui reposaient déjà dans leurs hamacs sont appelés à carguer les voiles, et les glapissements plaintifs dont ils accompagnent leurs manœuvres, mêlés aux cris des oiseaux de fatal augure, au fracas de la foudre, aux gémissements des flots, forment un concert tel que jamais les sorcières d'Allemagne n'en entendirent un semblable dans leurs nuits sataniques sur le sommet du Blocksberg.

J'ai vu en Égypte, dans le désert d'El-Arousch, le simoun enlever en tourbillons flottants les collines de sable, j'ai vu les cimes des palmiers se briser à son souffle, et les chameaux tremblants s'étendre sur le sol avec des regards effarés. Mais ce tableau, si saisissant qu'il fût, ne m'est apparu dans mes souvenirs que comme une faible image de l'ouragan qui nous a surpris au delà de l'équateur, dans un calme complet. C'est le pampero, l'ouragan redouté des marins qui se dirigent vers le cap Horn. Il éclate quelquefois si subitement qu'à peine a-t-on le temps de se mettre en garde contre lui en serrant toutes les voiles, et quelquefois il se livre à sa rage pendant plusieurs jours.

Par bonheur, nous sommes dans la saison où il garde encore un peu d'humanité. Son accès n'a duré que quelques heures. Bientôt nous avons vu les amas de nuages s'entr'ouvrir, se disperser comme par enchantement, et les étoiles reparaître plus vives et plus riantes, comme un essaim de jeunes filles qui salueraient l'azur du ciel après un rude emprisonnement.

J'espère que c'est là notre dernière épreuve. Nous avons passé, il y a un mois, par la latitude de Tombouctou, par celle du Congo et des autres plages brûlantes de l'Afrique, puis par celle de Sainte-Hélène.

L'aride terre de Longwood, illustrée par la plus grande infortune, était en face de nous, à vingt-cinq degrés de longitude de distance. Que n'ai-je eu le tuyau d'ivoire du prince Ali, dont l'aimable Scheherazade a raconté l'histoire, pour regarder au moins le roc où les nains enchaînèrent le nouveau Prométhée, le tertre solitaire où mourut celui qui, sur la table du monde, jouait aux échecs avec les trônes !

Nous voici au delà du tropique du Capricorne, à la hauteur de Rio-Grande. Encore un souffle de vent propice, et nous touchons à Montevideo. Je me réjouis à l'idée de voir là quelque bâtiment de guerre français. Sur les plages étrangères, le bâtiment de guerre remplace le sol de la patrie. Dès mon entrée dans le port, je cours au premier que j'aperçois. J'espère y trouver, au sein de ses officiers, un peu de bonne et intelligente causerie nationale dont je suis privé depuis longtemps, et j'espère, faut-il vous le dire? y trouver un dîner français. Ne jugez pas trop sévèrement ce désir matériel. Il y a soixante-quinze jours que je vis de pommes de terre avariées et de haricots secs. Après un tel carême, on vendrait son droit d'aînesse pour une côtelette.

VI

LE FLEUVE DE LA PLATA.

Découverte du fleuve. — Jean Diaz de Solis. — Sébastien Cabot
— Difficulté de remonter le Rio de la Plata. — La rade de Buenos-Ayres. — La quarantaine. — Les charrettes de débarquement. — Le grotesque en action.

Non, mon ramazan ne devait pas sitôt finir. Il a plu à
mon capitaine de jeter l'ancre devant Montevideo et de la
lever une heure après. Je n'ai pu donner qu'un coup
d'œil à la situation pittoresque de cette ville, échanger un
rapide salut avec les officiers de la frégate *la Constitution*,
et me résigner à accomplir jusqu'au bout ma pénitence
belge. Cette fois nous sommes sortis de l'Océan, nous
remontons le Rio de la Plata, le plus grand fleuve, vous
le savez, qui existe à la surface du globe avec celui des
Amazones. A son embouchure, du cap Sainte-Marie au cap
Saint-Antoine, il a cinquante-cinq lieues de largeur. Un
mot sur sa découverte.

La sublime pensée de Christophe Colomb était réalisée
depuis vingt-quatre ans La route d'une autre terre était
ouverte, et tous les peuples avaient les yeux tournés vers

ces régions lointaines dont il leur arrivait des récits pareils
à des contes magiques. Il y avait dix-huit ans que Vasco
de Gama avait doublé le cap de Bonne-Espérance; dix-sept
ans que l'Italien Americo Vespuce avait reconnu le continent auquel il devait donner son nom; Vincent Pinzon
venait de toucher au fleuve des Amazones; Alvarez
Cabral au Brésil. Encore quelques pas, et de la chaîne de
fleurs des Antilles jusqu'aux plaines de la Plata, jusqu'au
détroit de Magellan, jusqu'aux rocs escarpés du cap
Horn, tout le versant oriental de l'Amérique méridionale
était noté sur les cartes, partagé entre les rois d'Espagne
et de Portugal, qui sans sortir de leurs palais faisaient de
plus larges conquêtes que César et Alexandre.

En 1515, un pilote espagnol, Jean Diaz de Solis, qui
avait déjà fait un voyage jusqu'à l'extrémité méridionale
du Brésil, partit avec deux navires, revint à un vaste
amas d'eau qu'il avait d'abord pris pour un golfe, reconnut en le remontant que c'était un fleuve et lui donna son
nom de Solis.

Le hardi navigateur ne devait pas jouir longtemps de
son succès, et son nom ne devait pas même rester attaché à sa découverte. Il fut pris par une troupe d'Indiens
de la tribu des Charruas et massacré. Son frère et son
beau-frère, qui l'avaient accompagné dans son voyage,
retournèrent en Espagne sans avoir pu venger sa mort.

Le récit qu'ils firent de leur voyage n'était pas de
nature à exciter beaucoup d'enthousiasme. Au milieu de
ces belles chevaleresques idées du seizième siècle, on
faisait très-grand cas du métal. Rien n'annonçait qu'il y
eût des mines d'or ou d'argent au bord du fleuve signalé
par l'infortuné pilote. Il arrosait sans doute de vastes
terres, mais des terres! L'Espagne en avait tant de

l'autre côté de l'Atlantique qu'elle ne suffisait pas à les coloniser.

En l'an 1526 seulement, Charles-Quint se souvint de la découverte que Solis avait payée de sa vie et résolut de la continuer, peut-être moins pour augmenter le nombre de ses possessions que pour opposer par là une barrière aux Portugais, qui sans cesse s'agrandissaient sur la côte du Brésil.

Un de ces fiers pilotes qui ne demandaient qu'un navire aux souverains pour leur donner des royaumes, Sébastien Cabot, partit en 1526 de Séville avec quatre caravelles et quelques centaines d'hommes[1], entra dans le Rio de Solis, puis dans le Parana, et éleva au bord d'un de ses confluents, par le 32° 25′ de latitude, un retranchement auquel il donna le nom de fort Saint-Esprit. Cet établissement, le premier que les Européens aient eu dans cette région, devait avoir une fin terrible.

Ambitieux et hardi, Cabot voulut poursuivre plus loin son exploration. Avec une seule embarcation et une partie de son équipage, le reste gardant la forteresse, il entra dans les eaux du Paraguay, naviguant intrépidement à travers une contrée sur laquelle il n'avait pas la moindre notion, et parmi des peuplades d'Indiens dont il ne pouvait attendre un accueil amical.

Près de l'Angostura[2] il se trouva tout à coup en face d'une armée d'Agaces qui lui barraient le passage avec plus de trois cents canots.

[1] « Trois cents », dit dans son *Historia Argentina* Ruy Diaz de Guzmann, qui écrivait en 1612; « six cents », dit le chanoine Fresnes dans son *Ensayo historico*.

[2] Détroit du Paraguay à quarante lieues de son point de jonction avec le Parana.

La bataille s'engagea d'un côté par une nuée de flèches, de l'autre par des coups de mousquet, de canon. Cabot y perdit trois de ses hommes, mais il eut le bonheur d'écraser ses adversaires. Cette victoire eut un grand retentissement dans le pays. Les autres tribus, souvent humiliées par celle des Agaces, se réjouirent de sa défaite et vinrent avec de pacifiques intentions au-devant de Cabot.

En continuant son voyage jusqu'au delà du point où s'élève aujourd'hui l'Assomption, il remarqua parmi les Guarinis une quantité d'individus qui portaient dans les oreilles des ornements d'argent. A la vue de ce métal précieux qu'il obtenait sans peine pour quelques objets d'Europe sans valeur, Sébastien Cabot, convaincu qu'il y avait près de là des mines abondantes, débaptisa le fleuve de Solis et lui donna le nom fascinant de Rio de la Plata (fleuve d'argent)[1].

C'est par ce magnifique fleuve que nous voguons vers Buenos-Ayres, et franchement c'est une très-triste navigation. De tout côté, l'eau à perte de vue comme en pleine mer, mais une eau jaune et bourbeuse dont le fond varie à chaque instant, dont le cours est interrompu par des bancs de sable qui obligent le pilote à user sans cesse de la sonde. De plus, on peut éprouver sur ce fleuve toutes les vicissitudes d'une navigation sur l'Océan : calme plat, coups de vent et pamperos beaucoup plus dangereux que dans l'Atlantique. Il n'y a que quarante-cinq lieues de Montevideo à Buenos-Ayres. Dans ce court trajet, nous avons dû jeter l'ancre quatre fois, subir toutes les fatigues du roulis et du tangage, et employer cinq jours à une traversée qui semble devoir se faire en quelques heures. Là

---

[1] C'est de là que vient le nom de république Argentine.

est la grande question de supériorité de situation que Montevideo dispute à Buenos-Ayres; question faussée, comprimée par Rosas, mais qui tôt ou tard ne peut manquer d'appartenir selon les lois de la nature à Montevideo. J'y reviendrai plus en détail.

Enfin nous voici dans la rade, à une lieue et demie de Buenos-Ayres. Plus loin il n'y a pas assez d'eau pour les bâtiments même d'un très-médiocre tonnage, autre inconvénient du commerce de Buenos-Ayres à joindre à ceux que les voyageurs observent en remontant le fleuve depuis Montevideo.

Quelques heures après notre arrivée, nous voyons venir à nous une embarcation avec trois officiers armés de grands sabres, portant des pieds à la tète les couleurs de la république Argentine, le képi, le gilet, le pantalon rouge, et à la boutonnière, la *cinta* rouge, sur laquelle est imprimée en lettres noires l'implacable devise du pays : *Viva la confederacion Argentina! Mueran los salvajes unitarios!* (Vive la confédération Argentine! Meurent les sauvages unitaires!) Ce sont des officiers de la santé, qui, après avoir reçu nos lettres sans la moindre précaution, accepté plusieurs paquets de cigares (*con muchas gracias*) et trouvé notre patente du bord parfaitement rassurante, s'éloignent en nous imposant une quarantaine de huit jours. Par quelle raison? je ne sais. On dit qu'il y a dans la ville des négociants amis du dictateur, qui perçoivent un fort joli bénéfice dans les fournitures de vivres qu'ils s'empressent d'offrir aux navires soumis à cette quarantaine.

A Marseille, on a du moins l'air de croire à la quarantaine. Il n'y a pas là le moindre contact direct entre ceux qui la subissent et les gens du pays. Chaque lettre que l'on veut envoyer en ville est passée au vinaigre; chaque bâtiment affligé du pavillon jaune est strictement surveillé. Les gardes peuvent tirer à balles sur celui qui oserait sortir de son navire par un sabord, ou sauter par-dessus les murs du lazaret. Ici, rien de semblable. La quarantaine n'est qu'un petit temps d'arrêt bénin, imaginé par Rosas pour des raisons à lui connues, et qui dit ici Rosas, dit la sagesse suprême et la loi sans appel.

Quoi qu'il en soit, c'est une assez triste chose que de passer là une semaine dans une rade exposée à toute la rage des pamperos, au milieu d'une centaine de navires dispersés de côté et d'autre comme par une tempête, à une lieue et demie de la ville, avec laquelle un coup de vent suspend toute communication. Par bonheur, j'avais près de moi la France, représentée par la corvette *l'Astrolabe*, dont le commandant, M. de Montravel, m'accueillait sous son égide avec une bonté qui dès le premier jour me liait à lui par un sentiment de cœur, et dont les officiers, suivant l'exemple de leur chef, m'envoyaient à pleines mains livres et journaux, tout ce qu'ils pouvaient imaginer pour me distraire dans ma retraite après une longue navigation sur l'Atlantique.

Notre semaine d'emprisonnement finie, nous avons vu reparaître nos mêmes gilets rouges avec les mêmes rubans argentins. Cette fois, ils sont montés à bord, ont consommé plusieurs verres de grog, repris plusieurs paquets de cigares, et nous sommes partis pour Buenos-Ayres dans une chaloupe.

A mesure que j'approche, la ville se dessine à mes yeux d'une façon singulière. Avec ses maisons blanches et grises, ses toits plats, ses dômes arrondis, elle me rappelle les villes d'Orient. Mais à ce tableau assez pittoresque il n'y a point de second plan, ni bois, ni collines. On ne voit qu'une longue ligne d'édifices qui, à quelques pieds au-dessus du niveau du fleuve, coupe l'horizon; au delà rien, au delà les plaines que l'on n'aperçoit pas, les immenses plaines solitaires des Pampas qui se déroulent dans leur morne uniformité jusqu'au pied des Cordillères.

J'imaginais que l'alerte chaloupe conduite par une demi-douzaine de matelots français que M. de Montravel avait eu l'obligeance de mettre à mes ordres, allait me débarquer sur la plage. Non pas, non pas. La rade de Buenos-Ayres n'a point été si favorisée par la nature, et l'omnipotence de Rosas, occupé depuis sept ans de tant de négociations diplomatiques, n'a pas pu encore s'appliquer à corriger dans cet endroit les rigueurs de la nature. A un quart de lieue du quai, errent des troupes de chevaux amphibies attelés à des charrettes comme celles que l'on emploie pour mener les veaux au marché de Poissy, et conduites par des enfants qui tout le jour s'en vont de côté et d'autre au-devant de chaque barque, comme le coucou parisien du bon vieux temps au-devant de chaque *lapin.* Sur une de ces charrettes aquatiques, nous entassons nos bagages, nous nous hissons sur nos malles. Le cocher grimpe sur un de ses chevaux plongés dans l'eau jusqu'au poitrail, fouette, crie, hurle, et à force de coups de fouet, de *carambas* et de *carajos,* nous traîne de banc de sable en banc de sable jusqu'à une espèce de grève où une cohorte de nègres en pantalon rouge reprennent nos malles sur leurs épaules pour les porter à la douane. Où êtes-vous, ô charmants crayonnistes d'Europe, Cham, Bertall, Cruikshank? Tandis que vous employez votre estompe à dessiner la figure échevelée du socialisme ou la grasse rotondité de l'*alderman,* vous ne savez peut-être pas qu'il existe sur les rives de l'Amérique du Sud des scènes si étranges et si nouvelles qu'elles vous donneraient la gloire d'une découverte, la gloire d'un Christophe Colomb dans les régions du grotesque. Je n'essayerai pas de vous remplacer. La Providence ne m'a point doté de votre spirituel pinceau, et ma pauvre plume est impuissante à dépeindre ce mélange bouffon d'individus qui au premier abord frappe les regards de l'étranger entrant à Buenos-Ayres : fonctionnaires du gouvernement portant la cinta avec la majesté d'un grand d'Espagne orné de la Toison d'or, ou d'un noble Suédois honoré de l'ordre du Séraphin ; portefaix à moitié nus, soldats farouches et déguenillés. La seule bonne physionomie que j'aie trouvée sur mon passage est celle de don Pedro Ximenes, capitaine du port, chef de bataillon de marine, aide de camp du gouverneur, et si courtois et si affable, malgré tant de hautes fonctions, qu'il y a plaisir à le regarder et à lui serrer la main.

Toutes les formalités de passe-port et de douane accomplies, j'ai été conduit dans un hôtel fondé par un Français, portant en grosses lettres sur son réverbère un nom français : *Hôtel de Paris*. C'est là que je vais vous écrire le récit de mes excursions dans Buenos-Ayres. Mais d'abord je voudrais essayer de vous raconter l'histoire fort peu connue et cependant assez intéressante de cette ville.

VII

*

Il y a dans l'histoire de Buenos-Ayres trois époques distinctes. La première a le caractère d'une aventureuse épopée, le caractère intrépide et déterminé qui éclate en traits si merveilleux dans la conquête du Pérou et du Mexique. C'est une page émouvante à joindre à l'héroïque romancero d'Espagne. C'est le complément de cette œuvre prodigieuse du seizième siècle, qui avec quelques navires découvrait un nouveau monde, qui avec quelques centaines d'hommes terrifiait des armées, subjuguait des empires.

La seconde époque ne nous offre que la monotone chronique d'une pâle et inerte administration. La troisième a l'esprit fiévreux des temps modernes. Comme un coursier surpris dans son repos par le clairon, elle se réveille de sa longue torpeur au bruit des coups de canon et des cris de liberté qui retentissent en Europe; elle se passionne pour les idées révolutionnaires, en accepte toutes les luttes, en subit toutes les conséquences.

C'est de l'étroit espace où Mendoza se hasardait à établir une débile colonie, au milieu d'une peuplade d'Indiens sanguinaires, que les Espagnols se sont mis en marche pour accomplir par terre un voyage de découvertes plus périlleux que ceux que l'on entreprenait alors sur les mers immenses, un voyage à travers les pampas sauvages, les forêts désertes, d'un côté jusqu'au Pérou, de l'autre jusqu'aux Andes. C'est de là qu'ils ont été fonder l'Assomption sur les bords du Paraguay, et qu'ils sont revenus fonder Montevideo dans la Bande orientale. C'est de là qu'est parti le cri d'indépendance qui devait soulever la moitié d'un hémisphère et enlever à l'Espagne ses plus vastes et ses plus riches domaines.

Les éléments de cette histoire sont préparés depuis longtemps[1]. Comme des blocs de granit épars sur le sol, ils n'attendent que la main d'un architecte habile qui les coordonne et en forme un édifice. En attendant que quelque Prescott entreprenne de narrer les annales de cette ville, j'essayerai d'en retracer au moins les principaux points.

Après avoir rencontré les Indiens parés d'ornements en argent qui lui donnaient tant d'espérance, Sébastien Cabot revint au fort Saint-Esprit, et laissant là cent dix hommes sous les ordres du capitaine Nuno de Lara, mit à la voile pour l'Espagne. Depuis quatre ans il avait quitté ce pays; dans ce long espace de temps, il n'en avait reçu aucune nouvelle, et on ne lui avait donné aucun des renforts qui lui étaient promis. A son arrivée à la cour,

---

[1] Le savant M. d'Angelis en a publié plusieurs des plus essentiels. Il a composé en outre un catalogue de tous les ouvrages relatifs au Rio de la Plata. Qui croirait qu'il en compte déjà plus de mille?

il fut reçu avec toutes les apparences d'une faveur marquée. Ce nom de fleuve d'Argent qu'il avait donné au Rio de Solis sonnait agréablement aux oreilles. Cabot fut nommé capitaine général des terres qu'il avait explorées. Mais bientôt on lui annonça sans beaucoup de façons qu'il eût à considérer sa nomination comme non avenue. Il avait continué l'œuvre de Christophe Colomb, et il fut comme lui outragé par une royale ingratitude.

Pendant qu'en Espagne on organisait une nouvelle expédition pour le Rio de la Plata, la petite troupe à laquelle Cabot avait confié la garde du fort Saint-Esprit tombait victime d'un féroce complot. Sous la sage autorité de Nuño de Lara, elle avait d'abord tranquillement et dignement conservé sa position; elle avait vécu en paix avec une tribu du voisinage, la tribu des Timbuas. Par malheur, il y avait dans l'enceinte de la forteresse une jeune et belle personne, Lucia de Miranda, femme d'un brave officier, nommé Sébastien Hurtado. Chaste comme Suzanne, fière comme Lucrèce, elle devait cruellement expier l'honneur de sa vertu et les charmes de sa jeunesse.

Un chef indien, Mangora, cacique des Timbuas, la vit et devint amoureux d'elle. Comme ses relations amicales avec les Espagnols lui ouvraient la libre entrée du fort, il révéla sa passion à Lucia, il essaya de la séduire. Furieux de la trouver toujours insensible à ses regards, sourde à ses prières, il résolut de conquérir par la force ce qu'il n'avait pu obtenir par ses humbles supplications. Pour en venir à son but, il fallait verser un torrent de sang. Mais ce n'était là qu'une minime difficulté pour son ardente passion. De concert avec son frère Siripo, il assemble en secret plusieurs milliers d'Indiens qu'il place en embuscade près du fort. Il se présente à la porte des remparts

avec une trentaine d'hommes choisis et des provisions
qu'il venait, disait-il, offrir à ses amis les Espagnols.
Nuño de Lara le reçoit avec sa franchise habituelle, l'invite
à souper et le traite comme un hôte de distinction. Le
souper fini, la nuit venue, Mangora donne à ses Indiens
le signal convenu. Un instant après, ses hommes se précipitent vers le fort, la porte leur en est ouverte, le feu
éclate dans les salles d'armes. Les Espagnols surpris dans
leur sommeil sont égorgés avant de pouvoir se mettre en
état de défense. Quelques-uns seulement, plus alertes et
plus hardis que les autres, s'élancent le glaive à la main
au milieu de cette légion de meurtriers. Lara, l'œil en-
flammé, le cœur palpitant de rage, ne cherche que
l'infâme Mangora, l'aperçoit, se jette sur lui et lui traverse
le corps de son épée. Au même instant il est lui-même
frappé à mort.

Cinq ou six Espagnols seulement survécurent au massacre général et furent faits prisonniers par les Indiens.
Siripo s'empara de Miranda pour laquelle il éprouvait la
même passion que son frère et l'emmena sous sa tente.

Hurtado, qui pendant la durée de cette catastrophe
était absent, revient au fort, en trouve les murs en ruine,
le sol inondé de cadavres, apprend le sort de sa femme
et n'aspire qu'à la délivrer. Au péril de sa vie, il pénètre
jusqu'au sein de la horde où elle était captive. Arrêté,
garrotté et conduit devant Siripo, qui d'un mot le condamne à mort, il allait être exécuté, lorsque Miranda
vint à genoux demander sa grâce. La malheureuse
l'obtint à la condition qu'elle n'aurait plus aucun rapport
avec lui et qu'il prendrait dans la tribu une autre femme.
Les deux époux acceptèrent cet arrêt, et pendant quelque
temps évitèrent de se rencontrer. Mais leur tendresse

l'emporta sur leur prudence. Ils se virent et se dirent que quel que fût leur destin, ils ne pouvaient cesser de s'aimer.

Diaz de Guzman raconte qu'une Indienne qui avait été la maîtresse de Siripo, et qui gardait un amer ressentiment de son abandon, lui dit : « Tu chéris ta nouvelle femme, mais elle te préfère un homme de sa nation; tu n'as que ce que tu mérites pour avoir sacrifié celle qui t'était sincèrement dévouée à un amour étranger [1]. »

Siripo surveilla les époux, et les ayant un jour surpris ensemble les fit saisir et les condamna à un affreux supplice. Lucia fut brûlée vivante; Hurtado, attaché à un arbre et criblé de flèches jusqu'à ce qu'il eût rendu le dernier soupir. « Lucia, dit Guzman, se soumit courageusement à son martyre et mourut en invoquant le nom de Dieu. Hurtado, pendant que les Indiens lui lançaient leurs flèches, avait les yeux levés au ciel et priait le Seigneur de lui pardonner ses péchés. »

C'en était fait du premier essai de colonie européenne sur les bords du Rio de la Plata, quand un riche gentilhomme, Pedro de Mendoza, obtint le gouvernement de ces régions. Quoique Cabot n'eût reçu aucune récompene de son voyage, les récits qu'il en publiait, les lingots d'argent qu'il en avait rapportés, éveillèrent en Espagne une vive curiosité et une ardente convoitise.

Au premier bruit de l'expédition de Mendoza, une quantité de gens demandèrent à servir sous ses drapeaux, les uns rêvant la gloire d'une entreprise aventureuse, les autres la fortune. Les nobles offraient à Mendoza leur épée, les négociants leurs capitaux. Plus heureux que son prédécesseur, il équipa une flotte de quatorze navires, dont

____
[1] *Historia Argentina*, collection de M. d'Angelis, t. I, p. 29.

son frère Diego prit le commandement, et forma une troupe de cinq cents Allemands, de deux mille cinq cents Espagnols, parmi lesquels on comptait plusieurs commandeurs de Saint-Jacques, un Frère de Sainte-Thérèse et d'autres personnes de qualité.

Aux termes de l'acte par lequel il était investi de ses fonctions d'*adelantado*, il s'engageait à embarquer à ses frais ses soldats, ses munitions, et cent chevaux et cent juments[1], à reconnaître toutes les îles du Rio de la Plata et à s'efforcer de pénétrer par terre jusqu'à la mer du Sud. Il devait, en outre, emmener avec lui huit religieux et les aider dans leur œuvre de conversion parmi les Indiens. A ces conditions, la cour lui concédait le gouvernement de la contrée qu'il allait explorer, une rente annuelle de deux mille ducats à prendre sur les revenus du pays, l'hérédité du titre d'alcade dans une des forteresses qu'il bâtirait, et le titre de premier alguazil dans le district où il s'établirait.

Ayant ainsi pris toutes ses précautions pour assurer son avenir, Mendoza s'embarqua à San Lucar le 24 août 1535.

Au delà des Canaries, une tempête divisa la flotte. Une moitié des bâtiments, conduits par l'amiral Diego, atteignit la Plata; l'autre, avec laquelle se trouvait le gouverneur, relâcha sur la côte du Brésil.

Quelques mois après, Pedro Mendoza rejoignit son frère qui était resté sur la grève de San Gabriel, traversa le fleuve avec lui, et, s'arrêtant sur une plage riante, y fixa l'emplacement d'une ville qu'il appela la *Très-Sainte*

---

[1] Ce sont les premiers chevaux qui aient été importés dans les pâturages aujourd'hui si riches de la confédération Argentine.

Trinité et d'un port auquel il donna le nom de *Sancta Maria de Buenos-Ayres* [1].

Si le lieu choisi par Pedro Mendoza pour y bâtir sa première forteresse séduisait les regards, si du pied de la plage verdoyante le fleuve s'étendait au large comme un grand lac, il y avait malheureusement près de là un village considérable de Querandies, race inquiète et belliqueuse qui, sur la côte, s'étendait jusqu'au cap Blanc [2] et dans l'intérieur des terres jusqu'au Chili. Cette peuplade n'était pas de nature à accepter sans combats une invasion sur le sol qu'elle considérait comme sa propriété absolue. Surprise par l'aspect des chevaux, par le fracas de la mousqueterie des Espagnols, peu à peu elle reprit son audace, harcela, attaqua ces étrangers dont elle pressentait les ambitieux desseins. En un seul jour, elle égorgea dix soldats qui s'en allaient dans la plaine amasser du fourrage.

Diego Mendoza, fatigué de leurs escarmouches perpétuelles, voulut leur livrer bataille. Il marcha à leur rencontre avec trois cents hommes d'infanterie et douze cavaliers. L'aspect de cette troupe, couverte d'armes brillantes et rangée selon la tactique européenne de l'époque,

---

[1] Un des parents de Mendoza, en posant le pied sur le rivage, s'écria : « *Que buenos ayres son de esta suelo!* » (Quel bon air est celui de ces lieux!) De là viendrait, d'après le récit de Diaz Guzman, le nom de la métropole de Rio de la Plata.

[2] Au sud de l'embouchure du Rio de la Plata, au 37° 30'. *Collection d'Angelis*, t. I, p. 11.

n'intimida point les Querandies. Rassemblés de l'autre
côté d'un ruisseau, ils attendirent tranquillement et d'un
air de souverain mépris que l'infanterie eût franchi ce
ruisseau, puis se précipitèrent sur elle. Le combat s'engagea furieux, acharné, et dura jusqu'au soir. Alors les Indiens, qui avaient fait des pertes nombreuses, abandon-
nèrent leur camp. Mais pour les Espagnols, cette victoire
ressemblait à celle dont Charles-Quint disait qu'il ne souhaiterait rien d'autre à son plus cruel ennemi. Diego
Mendoza et plusieurs braves capitaines étaient morts dans
la mêlée.

Loin d'être découragés par leur défaite, les Querandies
n'en devinrent que plus agressifs. Si les Espagnols avaient
sur eux l'avantage des armes à feu, les Indiens, en revanche, lançaient les flèches et les *bolas* avec une rare
dextérité. Au milieu de son bataillon, Diego Mendoza
avait été frappé à mort par une de ces lourdes pierres
attachées à une longue lanière. Puis ils étaient très-nom-
breux. Le village situé près de Buenos-Ayres renfermait
trois mille hommes armés. Bientôt ils ne se bornèrent
plus à attendre au passage les soldats errant dans les
campagnes, ils attaquèrent la ville, si l'on peut appeler
ville une ou deux rangées de chétives maisons construites
en terre, recouvertes en paille, défendues par une palissade. Un jour ils l'assaillirent sur plusieurs points. Repoussés de toute part, ils essayèrent d'y mettre le feu,
en jetant sur le toit des flèches garnies à leur extrémité
de matières combustibles. Le courage et la présence d'esprit des assiégés sauvèrent la faible cité de ce péril, mais
elle fut bloquée et en peu de temps réduite à la famine.
Après avoir épuisé leurs provisions, les Espagnols en vinrent, dit Guzman, à se nourrir de serpents, de crapauds et

d'autres animaux immondes, puis à dévorer des cadavres. Chaque jour, plusieurs de ces hommes qui étaient partis d'Espagne si joyeux et si vaillants, succombaient à d'horribles souffrances, et les morts servaient de pâture aux vivants.

Si dans une telle détresse les Querandies eussent voulu renouveler leur assaut, il est certain qu'ils auraient aisément saccagé la ville. Mais peut-être que, sachant la misère des Espagnols, ils préféraient, par un raffinement de barbarie, les voir languir et mourir l'un après l'autre dans les tortures de la faim.

Dès le jour où le gouverneur s'était vu exposé à un tel fléau, il avait chargé un de ses lieutenants, Gonzalo de Mendoza, de se rendre avec un bateau sur la côte du Brésil, pour en rapporter des vivres. En même temps, il confiait deux cents hommes à don Juan de Oyolas, avec l'ordre de remonter le fleuve et de chercher sur ses rives quelque moyen de secours. L'un et l'autre accomplirent heureusement leur mission. Ils revinrent avec des provisions qui, pour quelque temps au moins, rendaient la vie à la malheureuse population de Buenos-Ayres.

Séduit par la description que Juan de Oyolas lui faisait des lieux qu'il avait vus en remontant le fleuve, et désirant remplir un de ses principaux engagements, Mendoza lui ordonna de recommencer et de poursuivre aussi loin que possible son exploration. Oyolas partit avec trois navires et trois cents hommes. Il avait pour premier lieutenant Martinez de Irala, qui devait se faire un nom impérissable dans l'histoire du nouveau monde.

Quelques mois après le départ de ses officiers, Pedro de Mendoza s'embarquait pour l'Espagne, affaibli par ses fatigues physiques et plus encore par ses douleurs morales.

Quels beaux rêves berçaient son orgueil, quand il venait prendre possession du gouvernement de la Plata! Que d'espérances de cœur ou de fortune attachées à son voyage, et quel compte fatal à rendre des intérêts qui lui avaient été confiés, de tant de braves gens qui l'avaient suivi! La mort le délivra de cette sollicitude. Arrêté dans sa traversée par des vents contraires, et n'ayant pas de provisions, il mangea un morceau de chienne malade, après quoi il fut pris d'une espèce de rage qui mit fin à ses jours.

A son départ, Mendoza avait placé Buenos-Ayres sous l'autorité de F. Ruiz. En lui choisissant un tel chef, on eût dit qu'il voulait achever la ruine de la débile cité. Par le pouvoir de cet homme inintelligent, vaniteux, cruel, la colonie espagnole devait périr. Irala et Oyolas la sauvèrent.

Oyolas, suivant la route que Cabot avait parcourue dix années aupavarant, remonta le Paraguay jusqu'au 26° de latitude, et fit avec les Guarinis un traité par lequel ceux-ci s'engageaient à élever une forteresse. L'année suivante, les Espagnols commencèrent à construire autour de cette forteresse la ville de l'Assomption. A l'aide de ces mêmes Guarinis, Oyolas subjugua la redoutable tribu des Agaces et l'obligea à déposer les armes. Enhardi par ces succès, il s'avança au sein de la peuplade des Payaguaes, d'où dérive, selon quelques écrivains, le nom de Paraguay. Son but, en s'aventurant au milieu de tant de tribus diverses, dont il avait sans cesse à craindre la trahison, était d'arriver à ces régions d'or et d'argent que Marco Polo et Maundeville avaient décrites dans leurs récits, et que Christophe Colomb lui-même croyait atteindre en voguant vers les Antilles. Les rêves de gloire, l'amour, la religion, ont porté l'homme à des faits admirables; mais quoi qu'il en coûte au pur spiritualisme de l'avouer, on est bien forcé de reconnaître que l'*auri sacra fames* a souvent été le principal mobile des conceptions les plus hardies, des entreprises les plus périlleuses.

Chemin faisant, Oyolas apprit que vers l'ouest il trouverait ces mines précieuses dont l'idée l'exaltait et exaltait ses compagnons. Aussitôt sa résolution fut prise. Il laissa Irala avec une centaine d'hommes au milieu de la tribu des Payaguaes, et se dirigea avec le reste de sa troupe vers l'attrayante contrée qu'on lui indiquait. Irala devait l'attendre six mois; mais les mois s'écoulèrent sans qu'il revînt. Le valeureux capitaine, trahi par une tribu d'Indiens à laquelle il s'était trop promptement confié, avait été assassiné.

Si dans sa trop courte existence Oyolas ne réalisa point les vastes projets qu'il avait formés, il eut du moins l'honneur de jeter sur les bords du Paraguay les premiers fondements d'une nouvelle colonie et d'indiquer à ses compatriotes le chemin du Pérou par terre.

Sur ces entrefaites, l'intendant Alonzo de Cabrera arrivait dans le port de Buenos-Ayres avec des munitions, deux cents soldats et huit franciscains. Mais les vivres qu'il apportait s'étaient corrompus dans la traversée, et par une atroce combinaison, les Indiens se retiraient en mettant le feu à leurs habitations, en ravageant la campagne. Rien de nouveau sous le soleil. Il y avait près de deux siècles et demi que les barbares Querandies combattaient ainsi leurs ennemis dans les plaines de la Plata, quand Rostopchin s'avisa d'employer le même système dans les plaines de Moscou.

Réduits à la dernière extrémité, le gouverneur Luiz et

l'intendant Cabrera se retirèrent au Paraguay, dans la cité naissante de l'Assomption. Ils y furent promptement suivis par quelques centaines d'hommes qu'ils avaient laissés derrière eux. Les vœux des Querandies étaient accomplis. Les Espagnols abandonnaient le Rio de la Plata, et Buenos-Ayres n'existait plus.

Sans le refuge préparé dans la forteresse de l'Assomption par Oyolas et Irala, toute l'armée de Mendoza eût été probablement anéantie.

Mais il y avait chez ces Espagnols du seizième siècle une soif d'aventures, un amour de l'inconnu, une virilité et un courage que les plus rudes obstacles ne pouvaient arrêter, que la mort seule pouvait vaincre.

C'est à partir du moment où cette colonie apparaît si faible et si abattue, que tout à coup, reprenant sa bouillante ardeur, elle affronte intrépidement de nouveaux périls. C'est après l'abandon de ses premières conquêtes, qu'elle s'en va à la découverte d'une région ignorée, par les plaines incultes, par les forêts impénétrables, par les fleuves impétueux, souffrant toutes les fatigues, exposée à toutes sortes de combats, et pas à pas repoussant les tribus sauvages, gagnant du terrain, jusqu'à ce qu'enfin ces soldats, qui étaient de si vaillants géographes, ces explorateurs, qui de chaque bataille se faisaient un jalon, traçaient avec leur épée la ligne d'un pays dix ou douze fois plus vaste que la France.

En apprenant la mort de Mendoza, le gouvernement espagnol avait nommé Oyolas pour le remplacer. Oyolas étant mort aussi, la population de l'Assomption, à défaut d'un royal décret, se chargea elle-même d'élire son chef, et donna ses suffrages à Irala. Elle ne pouvait faire un meilleur choix. Cet homme avait, il est vrai, les vices de son temps, ou, pour mieux dire, les vices de ces bandes de soldats dans lesquelles il s'était joyeusement enrôlé. Il était emporté et vindicatif, ambitieux et sensuel, et peu scrupuleux sur les moyens de satisfaire à ses passions. Mais à ces défauts inhérents pour ainsi dire à sa condition, il joignait une bravoure remarquable, un noble désir de renommée, un caractère fier et ferme et une intelligence élevée.

A peine était-il entré en fonction, qu'on vit arriver un gentilhomme espagnol, Alvar Nunez Cabrera de Vacca, investi, par un décret impérial, de ce même titre de gouverneur dont le peuple venait de disposer. Irala eût très-bien pu l'empêcher de prendre possession du pouvoir. Trop habile pour s'opposer ouvertement aux ordres de son souverain, il se résigna à attendre des circonstances plus favorables, et redescendit sans se plaindre au poste de mestre de camp, qui lui fut assigné par Nunez.

Peu de temps après, soit que le nouveau gouverneur fût réellement très-empressé d'agrandir le cercle colonial, soit qu'il comprît le danger d'avoir près de lui, à la tête des troupes, un homme dont il avait appris à connaître les vues ambitieuses, il chargea Irala d'entreprendre une expédition dans l'intérieur du pays.

Il y avait alors à l'Assomption environ quatorze cents Espagnols. Irala en prit trois cents. Il s'avança jusqu'au delà de la rivière Itatin qui séparait les Guaranis des autres tribus, atteignit le port des Orijones auquel il donna le nom de Port-des-Rois, et s'en revint après avoir recueilli d'intéressantes notions sur différents districts et sur leurs habitants.

Ces renseignements et d'autres encore qu'il rapporta d'un second voyage sur le Paraguay, déterminèrent

Nunez à tenter une expédition du même genre. Il partit avec Irala, à la tête de cinq cents hommes, et passant au delà du Port-des-Rois, pénétra dans la tribu des Xarajis dont le cacique le reçut avec la splendeur d'un Inca. Encouragé par cet accueil, par celui qu'il avait reçu de plusieurs autres chefs, il voulait continuer sa route. Une révolte de ses soldats l'obligea à revenir sur ses pas Que le rusé Irala fût un des mobiles de cette rébellion, c'est ce dont il est difficile de douter. Cependant il eut l'art de dissimuler parfaitement la part que, selon toute probabilité, il y prenait. La révolte, comprimée pendant le reste du voyage par les sages ménagements de Nunez, éclata de nouveau à l'Assomption, et cette fois le malheureux gouverneur y succomba. Il fut arrêté, conduit en prison, puis embarqué pour l'Espagne. Le capitaine Salazar, auquel il avait en partant délégué son pouvoir, fut également arrêté et forcé de retourner en Europe. L'un et l'autre arrivèrent en Espagne, précédés de plusieurs lettres dans lesquelles les conjurés, autant pour se justifier de leur conduite que pour accabler leurs ennemis, exposaient au long leurs griefs. Nunez fut frappé d'une sentence d'exil. Il parvint à faire casser ce jugement, mais ne put rentrer en Amérique et mourut à Séville.

Pendant que ces actes de violence s'accomplissaient à l'Assomption, Irala était absent. A son retour, il fut de nouveau élu gouverneur. S'il avait, par de sourdes intrigues, par de coupables manœuvres, excité la révolte qui devait le replacer à la tête de la colonie, il faut lui rendre cette justice qu'il effaça cette tache par des œuvres éclatantes. Déjà nous l'avons vu, dans un poste subalterne, diriger habilement plusieurs expéditions difficiles. Du jour où il est le maître, où il dispose à son gré de son temps et de ses soldats, au lieu de s'assoupir dans la molle jouissance de son pouvoir, il devient plus actif que jamais.

Dès ce jour sa vie est comme une odyssée d'une hardiesse étonnante, une vie d'aventures, de batailles, de conquêtes incessantes. C'est le Pizarre de ces régions, avec moins de cruauté et plus de distinction d'esprit. Pour avoir en Europe la renommée de Pizarre, il ne lui a manqué qu'un splendide théâtre, comme celui du Pérou, et des historiens.

Dans une de ses audacieuses expéditions, il s'avance jusque sur les frontières de cette célèbre contrée, et la défense du vice-roi de Lima l'empêche seule de les traverser. Il revient à l'Assomption, découvre une conspiration tramée contre lui, fait abattre la tête des principaux coupables, pardonne aux autres et se remet en voyage. Avec quelques centaines d'hommes, il parcourt intrépidement des provinces inexplorées, soumet à la domination de l'Espagne de nombreuses tribus, celle des *Courarcanos* et celle des *Mbayas* qui dans ses traditions cosmogoniques faisait entrer comme un dogme religieux une loi de rapine. Des plaines du Chaco, cette peuplade s'était répandue au nord et à l'est du Paraguay, et portait ses armes jusque sur les frontières du Brésil. Elle racontait que le dieu Tupa, après avoir créé les autres peuples et leur avoir distribué les plaines et les montagnes, enfanta Mbaya et sa femme. Ces deux êtres arrivant au monde après le partage universel, comme le poëte dont Schiller a raconté la tardive requête, supplièrent Tupa d'avoir pitié de leur misère. Touché de leurs plaintes, Tupa leur fit dire, par un *caracara*[1] qui lui servait d'ambassadeur,

[1] Oiseau de proie, le même que les Espagnols de la Plata désignent sous le nom de carancho.

qu'il leur était permis d'envahir les domaines de leurs voisins et de s'y établir avec leurs familles.

Surpris près d'un des affluents du Maranon par des torrents de pluie dans lesquels il perdit une partie de ses soldats et de sa cavalerie, Irala revient prendre un renfort à l'Assomption, rejoint la tribu des Guayras [1], qui malgré leur grand nombre n'étaient pas en état de résister seuls aux Tupas. Il traverse le Parana, attaque ces redoutables Tupas et les subjugue. Puis le voici de nouveau à l'Assomption, se reposant de ses combats par des œuvres d'architecture, alignant des rues et fondant la cathédrale.

Tant de valeureuses entreprises et d'utiles travaux ne pouvaient rester sans récompense. Depuis l'année 1544, il exerçait les fonctions de gouverneur en vertu d'un vote populaire, sans que ce titre eût été sanctionné par la cour d'Espagne. Le vice-roi du Pérou avait même voulu le lui enlever. En 1555, il reçut une ordonnance impériale qui le confirmait dans son emploi.

Deux ans après, il mourut, comme mouraient ces hommes de fer du seizième siècle, en s'inclinant humblement sous la sainte autorité du prêtre, en priant Dieu du fond du cœur de leur pardonner leurs fautes.

Le chanoine Funez qui, dans son *Histoire de la Plata*, écrit contre Irala vingt pages acerbes, s'adoucit tout à coup et termine sa biographie en ces termes : « Vainqueur de ses ennemis, aimé de ses rivaux, respecté de chacun, honoré de son diplôme de gouverneur, il se conduisit en magistrat sage, en capitaine prudent. Il fut le père de son peuple et l'arbitre équitable des étrangers [2]. »

[1] Leur nom dans leur dialecte national signifie : Pépinières d'hommes. D'ANGELIS, *Colleccion de obras documentos.*

[2] *Ensayo historico*, t. I, p. 159.

Plus loin il ajoute : « L'élévation du génie d'Irala, sa valeur, son intrépidité, sa science militaire, ses importants services en temps de guerre comme en temps de paix, le rendent digne de l'admiration publique. Jamais il ne craignit d'exposer sa vie quand la république se trouvait menacée d'un danger, et l'on peut dire justement qu'il créa cette province[1]. »

Nous ajouterons que non-seulement Irala créa l'établissement colonial du Paraguay, mais qu'il en assura au loin l'ascendant, et qu'il fut le véritable fondateur de la puissance espagnole dans cette immense contrée.

Aucun de ses successeurs n'eut son mérite. Cependant, soit par eux-mêmes, soit par ses capitaines placés sous leurs ordres, la colonie s'agrandit du côté des Andes et du côté de la Bolivie. Plusieurs tribus d'Indiens, disposées encore à la révolte, furent complétement assujetties; plusieurs autres se soumirent sans combat. A la province de Paraguay, les Espagnols adjoignirent celles de Tucuman, de Santa-Fé, de Cordoba. Malgré leur petit nombre, et malgré les fréquentes discordes qui les affaiblissaient, ils en étaient venus à exercer un tel empire sur la plupart des peuplades indiennes, qu'ils les dépossédaient de leurs domaines sans qu'elles osassent faire entendre une réclamation.

Quand le gouverneur Cabrera voulut fonder la ville de Cordoba, il rangea ses troupes sur l'emplacement qu'il avait choisi. Deux hérauts d'armes, se tournant successivement vers les quatre points cardinaux, annoncèrent trois fois de suite, à son de trompe, que le général ayant l'intention d'occuper ce sol, il invitait ceux qui croiraient

____

[1] *Ensayo histórico*, t. I, p. 165.

en être les propriétaires légitimes à faire valoir leurs droits. Personne ne se présenta, et l'honnête Cabrera posa la première pierre de la nouvelle cité avec une agréable satisfaction de conscience.

A mesure que la colonie s'élargissait au nord et à l'ouest, on comprenait de plus en plus la nécessité d'avoir un port sur la Plata pour être par là en communication plus facile et plus sûre avec l'Europe. On regrettait la position de Buenos-Ayres, et l'on résolut de la reprendre.

Un homme qui s'était déjà distingué par plusieurs actes de courage, et qui alliait à une forte trempe de caractère un esprit éclairé[1], Jean Garay, se chargea de relever les murs de la cité déserte : elle avait été abandonnée par six cents hommes; il n'en prit que soixante pour la reconstruire et la défendre. A la tête de cette petite troupe, il partit de Santa-Fé, qu'il venait de fonder, et le 11 juin 1580, au lieu même où quarante-trois ans auparavant les Espagnols avaient si cruellement souffert, il releva les palissades de la ville destinée à devenir l'une des capitales du continent américain.

Par bonheur, il n'y avait en ce moment près de là aucune peuplade ennemie. Garay eut le temps de construire une forteresse solide. Quand les Querandies surent que les Espagnols avaient repris possession du sol auquel la tribu attachait un souvenir d'orgueil national, ils se réunirent en masse, et vinrent avec fureur assiéger les nouveaux remparts. Mais Garay était préparé à les rece-

---

[1] « Homme d'un courage infatigable, dit Funez, et d'une prudence consommée. » — « On ignore la date de sa naissance, dit M. d'Angelis. On sait seulement qu'il appartenait à une famille noble de la Biscaye. L'article qui lui a été consacré dans la *Biographie universelle* est inexact sur plusieurs points. »

voir. Au moment où il semblait se dérober à leur attaque
dans l'enceinte de sa forteresse, il s'élança contre eux
avec une telle impétuosité qu'il rompit leur première
colonne. En ce moment, un Espagnol abattit la tête de
leur chef. A cet aspect, les Querandies se débandèrent et
prirent la fuite. Garay, profitant de cette terreur, les
poursuivit à coups de sabre, à coups de mousquet, et en
fit un affreux massacre. Il en massacra tant qu'un de ses
soldats lui dit : « Général, si nous continuons à tuer, il
ne restera personne pour nous servir. — Va toujours,
répondit Garay, c'est notre première bataille. Si l'ennemi
y reçoit une bonne leçon, tu verras assez de gens em-
pressés à nous servir. » La victoire des Espagnols fut complète, et les Querandies n'essayèrent plus de leur disputer
le terrain.

La rapide soumission de cette peuplade belliqueuse
donna à Garay une confiance fatale. Après avoir organisé
la colonie, tracé le plan de la ville, et distribué les terres
à ses soldats, il voulut parcourir l'intérieur du pays. Il
voyageait le jour sur le fleuve, et le soir descendait à
terre pour y passer la nuit, n'ayant avec lui qu'une faible
escorte. Le cacique Manua, de la tribu des Minnanes,
s'embusqua sur son passage avec cent cinquante hommes,
le surprit dans son sommeil, le tua et tua tous ceux qui
l'accompagnaient.

« La province, dit le Père Guevara dans son *Histoire du
Paraguay*, perdit en Garay un excellent gouverneur. Les
pauvres pleurèrent cet homme au cœur charitable, les
soldats un vaillant et généreux capitaine [1]. »

---

[1] *Historia del Paraguay, Rio de la Plata y Tucuman*, por el Padre
GUEVARA de la Compania de Jésus. Buenos-Ayres, 1826.

A l'origine de la colonisation du Paraguay, de celle de Santa-Fé et de Buenos-Ayres, brillent deux nobles noms : Irala et Garay. L'un et l'autre étaient Biscayens de naissance ; l'un et l'autre, dotés de grandes qualités naturelles, se signalèrent par leur courage et par leur générosité. A sa mort, Irala laissait pour tout héritage une paire de bœufs et ses armes. Garay, plus pauvre encore, en était venu à faire vendre les habits de sa femme pour secourir des malheureux. Si ces deux hommes n'ont point eu une éclatante célébrité, il n'est personne qui, en lisant leur histoire, ne leur voue une pensée de respect.

La mort de Garay ranima l'ambition et réveilla les espérances de plusieurs tribus. Elles avaient appris à redouter ce valeureux soldat, elles crurent que sans lui la forteresse de Buenos-Ayres ne pourrait se défendre, et elles vinrent une seconde fois l'attaquer. Rodrigues Zarate, qui la commandait, essaya d'abord de calmer les Indiens par des propositions pacifiques. N'ayant pu y parvenir, il marcha contre eux, tua leur chef, les mit en déroute, et les réduisit en un jour à un état complet de soumission.

Ce fut là le dernier effort des Indiens contre la citadelle bâtie par Garay. De l'année 1582, où Zarate la gardait si bravement, jusqu'en 1806, elle n'aura à soutenir qu'une grande lutte, et cette fois contre les Anglais.

Jusque-là aussi son histoire ne nous offre que le pâle tableau d'une monotone situation. Il en est de la vie de certains peuples comme de celle de certains individus. Au début de sa carrière, le jeune homme entre dans le monde comme un athlète dans l'arène où de loin il distingue la couronne de laurier. Fier de sa force, heureux de son audace, il s'élance avec ardeur vers le but qu'il s'est proposé ; plus il aura de peine à l'atteindre, plus il se complaira dans l'idée de le poursuivre. Car il y a en lui une sorte de puissance électrique qui l'entraîne, une exubérance de force qui lui donne un irrésistible besoin d'action. Dans le sentiment de sa fière énergie, il dédaigne les chemins frayés, aspire à l'inconnu, se réjouit de la lutte et s'enorgueillit du péril.

On le verra peut-être revenir mutilé de ses combats, cherchant le repos comme un lion blessé, et s'abritant à l'écart sous son toit silencieux, jusqu'à ce qu'un nouvel espoir le saisisse et l'emporte en de nouveaux combats.

Ainsi de cette impétueuse race espagnole, qui, des riantes plages de l'Andalousie, s'en va planter sa tente sur les bords du Rio de la Plata, qui de là s'aventure dans les régions les plus inexplorées, puis se fixe tranquillement dans l'enceinte de ses domaines, jusqu'à ce qu'un souffle révolutionnaire la soulève dans sa quiétude et l'agite comme une mer mobile.

De 1582 à 1806, Buenos-Ayres a eu d'abord neuf gouverneurs chargés à la fois de l'administration de cette province et de celle de Paraguay, puis vingt-huit gouverneurs particuliers du Rio de la Plata, puis neuf vice-rois. Des excursions contre les Indiens, des ordonnances de police et d'interminables démêlés avec les Portugais, qui tendaient sans cesse à outre-passer les limites de leurs domaines, voilà ce qui forme le fonds de ce long cycle historique. Si, comme un philosophe l'a dit, le peuple le plus heureux est celui dont on ne parle pas, on pourrait croire que pendant plus de deux siècles la population de l'État argentin a été très-heureuse, car elle n'a pas fait le moindre bruit.

Deux ou trois hommes se détachent cependant de cette pâle série d'administrateurs. Il y a eu dans le cours de leur gestion quelques événements qu'on ne peut omettre de relater[1].

Il en est un entre autres qui ne tient pas seulement à l'histoire de Buenos-Ayres, mais à celle de toutes les provinces environnantes, et qu'on est heureux de signaler. Je veux parler des mesures prises par le gouvernement espagnol pour protéger les Indiens vaincus et les affranchir de la servitude personnelle.

Avant d'entrer dans cette question, il est bon de rappeler, pour l'honneur des Espagnols, qu'on n'a point vu dans cette contrée les actes d'oppression sauvage, les scènes atroces qui ont marqué d'un stigmate indélébile l'invasion du Pérou et celle du Mexique.

Soit que les conquérants du Rio de la Plata conservassent dans l'éloignement des mines plus de raison que les compagnons de Pizarre et de Fernand Cortez, égarés par la fièvre de l'or, soit que n'ayant point été exaltés par un triomphe éclatant, ils fussent plus modestes et s'habituas-

---

[1] Hernando Rias de Sanvedra, qui fut trois fois rappelé au gouvernement de Buenos-Ayres, entreprit un voyage du côté du détroit de Magellan et découvrit un espace de deux cents lieues de terre occupé par des tribus sauvages.

Martinez de Zalasar acheva en 1670 de fortifier Buenos-Ayres.

Jean Valdez chassa les Portugais de l'établissement qu'ils avaient formé à la Colonia del Sacramento sur la rive gauche du Rio de la Plata.

Balthasar Ros poursuivit et assujettit les bandes vagabondes des Charruas, des Yaros, des Bohanes.

Bruno de Zavala fonda en 1723 la ville de Montevideo.

sent à traiter les tribus sauvages avec plus de ménagement, le fait est qu'il y eut une très-grande différence entre le sort des caciques les plus rebelles des contrées argentines et celui des autres nations qui faisaient inutilement gémir le vertueux Las Cases.

Cependant, dès leur première victoire dans la Plata, les Espagnols en vinrent à se partager, comme des troupeaux, les familles d'Indiens subjuguées. Dans les documents officiels qui relatent la seconde fondation de Buenos-Ayres, on voit que Garay lui-même, le généreux Garay, en faisant entre ses soldats la répartition d'une certaine quantité de terre, y joignit, comme un lot matériel, celle de plusieurs peuplades avec leurs chefs.

Ces Indiens n'étaient point, en principe, assimilés aux esclaves. Selon le régime adopté par Irala, ils devaient servir leur maître, ou, pour employer l'expression espagnole, leur *encomandero*[1], sa vie durant, après quoi ils reprenaient leur liberté, à la charge seulement de payer annuellement un modique tribut au trésor. Irala considérait cet assujettissement temporaire des tribus comme un moyen de les civiliser et de les convertir plus promptement au christianisme par l'effet de leurs relations journalières avec les Espagnols. Un tel espoir pouvait servir d'excuse à la rigueur de son système. Mais Irala avait compté sans l'égoïsme humain, sans la rudesse de caractère de ses compagnons d'armes. Dans son organisation du service personnel, il voyait une œuvre utile à la fois aux Espagnols, qui avaient besoin d'être secondés dans leurs tra-

---

[1] Ce mot, qui vient d'*encomandar*, *confier*, indique la nature des rapports qui devaient exister entre le colon espagnol et son serviteur indien.

vaux, utile aux Indiens par les bons enseignements qu'ils en retireraient, et il ne fit que courber ceux-ci sous un joug souvent écrasant, et habituer ceux-là à de honteux calculs.

« Le service personnel, dit le Père Guevara, fut une tyrannie qui obligeait les Indiens à travailler jour et nuit, avec leurs femmes et leurs enfants, au profit de celui à qui ils avaient été confiés. C'est un impudent mensonge : liberté de nom, esclavage réel[1]. »

« Mal vêtus et plus mal nourris, dit le chanoine Funez, les Indiens, assujettis au service personnel, étaient, sous le nom de domestiques, traités comme de vrais esclaves, avec cette seule différence qu'on ne pouvait les vendre. Ils ne recevaient aucun salaire, et, pour la moindre faute, ils étaient châtiés rudement. Leur maître ne pensait qu'à voir augmenter les produits de sa terre. Quant à l'éducation de ces pauvres manœuvres, il ne s'en souciait guère. »

Ainsi des milliers de familles étaient sacrifiées aux désirs sordides de quelques individus. Le service personnel enlevait à l'État le revenu des taxes que chaque Indien eût payées avec joie pour garder sa liberté, et loin d'aider au progrès de la colonisation, il l'entravait par l'horreur qu'il inspirait aux tribus, par les révoltes qu'il excitait.

Un tel état de choses appelait une réforme. Il se trouva heureusement ici, comme aux Antilles et au Mexique, des gens de cœur qui prirent pitié de la population indienne, et implorèrent en sa faveur la commisération du souverain.

---

[1] *Histoire du Paraguay*, p. 176. Il n'est peut-être pas inutile de faire observer que c'est un des membres de cette corporation, accusée d'avoir opprimé les Indiens, un Jésuite, qui prend ainsi leur défense.

Touchés de ces requêtes charitables, les rois d'Espagne rendirent plusieurs décrets pour réprouver la cruelle conduite des *encomanderos*, et assurer une protection efficace aux Indiens opprimés. Mais d'une part les manœuvres des propriétaires, et de l'autre la faiblesse des gouverneurs, paralysaient l'effet de ces ordonnances.

Il se trouva enfin un homme qui, se dévouant avec un noble enthousiasme au soutien de tant de malheureux, partit pour l'Espagne, et employa sa fortune et sa vie à les défendre. Cet homme s'appelait Jean de Salazar, Portugais de naissance, établi dans la province de Tucuman. Jeune et riche quand il se détermina à s'en aller si loin de sa demeure plaider la cause des Indiens, il obéissait à un religieux sentiment, et l'on dit qu'il mourut empoisonné.

Ses efforts eurent du moins un heureux résultat. Il obtint pour l'Etat du Chili, pour les provinces de Tucuman, du Paraguay et du Rio de la Plata, la formation d'une *audiencia* royale avec un inspecteur chargé spécialement de reconnaître les abus du service personnel et de l'abolir. Par bonheur encore, Francisco Alvaro, qui fut, en 1610, investi de ces fonctions d'inspecteur, avait toutes les qualités nécessaires pour les remplir dignement : esprit juste, caractère ferme, probité incorruptible.

Après avoir scrupuleusement étudié la question sur les lieux, il brisa le servage des Indiens par une ordonnance qui reçut la sanction de Philippe III, et fut insérée dans le recueil des lois de l'Inde[1].

Les villes rédigèrent des protestations contre ce décret. Les propriétaires employèrent pour le faire révoquer une cohorte de délégués qu'ils envoyaient à leurs frais à la

---

[1] *Leyes de Indias*, livre VI, titre XIII.

cour d'Espagne. La cour ne se laissa point émouvoir par ces démarches intéressées, et les tribunaux américains exigèrent la stricte exécution du nouveau règlement.

En 1634, la province de Buenos-Ayres, qui jusque-là avait été régie par les gouverneurs du Paraguay, fut, par une ordonnance royale, constituée en province distincte, tout en restant, comme par le passé, soumise à l'autorité supérieure du vice-roi de Lima.

En 1776, elle fut érigée en vice-royauté. Quand on pense qu'il y a de Buenos-Ayres à Lima une distance de neuf cent quatre-vingts lieues, on ne comprend pas que ces deux villes aient pu rester si longtemps enclavées dans e même cercle administratif. Il fallait des mois entiers pour envoyer un message des rives de la Plata jusqu'au chef-lieu du gouvernement, et des mois entiers pour en recevoir une réponse. Mieux eût valu correspondre directement avec Madrid. Dans les circonstances difficiles, dans les tentatives d'envahissement des Portugais qui, vers cette époque, devenaient de plus en plus entreprenants et opiniâtres, les gouverneurs de Buenos-Ayres, n'osant agir sans la sanction de leur chef immédiat, perdaient un temps précieux à la requérir.

Ce furent ces considérations qui déterminèrent la cour d'Espagne à les investir d'un pouvoir supérieur, car la situation matérielle, financière de l'État de Buenos-Ayres et de ceux qui y étaient adjoints ne justifiait pas encore ce titre pompeux de vice-royauté.

Ce beau et vaste pays était, comme les autres colonies espagnoles, asservi à un aveugle système, écrasé sous le poids d'un monopole inflexible. Comme une faveur spéciale, il avait obtenu la permission d'expédier en Espagne deux petits navires par an, rien de plus. Du reste, il ne pouvait

livrer ses produits qu'au port de Cadix, et il ne pouvait
recevoir que de là les diverses denrées dont il avait
besoin. Tout travail de manufacture lui était interdit; il
n'avait pas même le droit de cultiver les plantes qui pro-
spèrent en Espagne, telles que la vigne, l'olivier et plusieurs arbres à fruits. Les négociants de Cadix, exploitant
en maîtres absolus leurs priviléges, achetaient à bas prix
les productions de Rio de la Plata, et y envoyaient en
petite quantité les marchandises les plus désirées, pour les
faire payer plus cher.

Les Anglais, les Français, les Hollandais, attirés par
l'appât du lucre, essayaient de pénétrer dans le fleuve et
d'y faire le commerce en contrebande. Mais ils ne par-
venaient que très-difficilement à tromper la surveillance
des agents du pouvoir. En pareille matière, le ministère
espagnol ne pardonnait pas la moindre négligence, et ne
permettait pas la plus légère transaction.

En 1665, un bâtiment hollandais, étant entré dans le
port de Buenos-Ayres avec un riche chargement, offrit
d'abandonner sa cargaison à l'État pour vingt et un mille
cuirs de bœuf, dix mille livres de poils de vigogne, et
une certaine quantité de vivres. Le gouverneur, Alonso
Mercado, crut pouvoir accepter cette proposition dans
l'intérêt de la province et dans celui même de la couronne. Il en rendit honnêtement compte à la cour et fut
immédiatement destitué.

En 1720, quatre navires français arrivèrent dans la
baie de la Maldonado. Ils avaient déjà amassé par l'entremise des habitants de la côte huit mille cuirs, lorsque le
gouverneur Zabala, apprenant cette infraction aux lois du
monopole, envoya contre eux un détachement de troupes
devant lequel nos compatriotes prirent la fuite. Honteux

de ce premier mouvement de frayeur, ils revinrent à terre avec des armes et s'établirent dans un camp retranché. Le capitaine Paudo les attaqua avec deux cents soldats, et après une lutte acharnée les obligea une seconde fois à abandonner le terrain. Les Français perdirent dans cette bataille leur capitaine, qui fut le premier frappé à mort, et quatre-vingt-trois hommes tués ou blessés.

L'armement des troupes et des embarcations employées spécialement à protéger le précieux monopole des négociants de Cadix coûtait cher au pays, et ce pays était pauvre. En 1717, le gouverneur Zalaba, en rendant compte de la situation de Buenos-Ayres, écrivait que les ressources du trésor ne s'élevaient pas à plus de trois mille pesos (quinze mille francs). La mesure de blé coûtait huit pesos, et le soldat ne recevait pour sa nourriture, son entretien et son logement, que deux pesos par mois. Pour prévenir une révolte de la garnison, la solde de chaque homme fut augmentée d'un réal. Il fallut recourir aux mines de Potosi pour acquitter cette dépense extraordinaire.

Le gouvernement espagnol comprit enfin les funestes résultats du régime prohibitif qu'il avait si longtemps maintenu avec une stupide opiniâtreté. Sur les vives et pressantes représentations du marquis de Sonora, qui faisait partie des conseils du roi, il se détermina à ouvrir à tous les ports de la Péninsule le commerce de ses colonies des Antilles. Satisfait de cette expérience, il accorda, en 1778, la même grâce à la vice-royauté de Buenos-Ayres.

Bientôt la concurrence des vendeurs et des acheteurs imprima à cette contrée un mouvement actif. Elle apprit aux propriétaires le parti qu'ils pouvaient tirer de la culture de leurs champs, de l'exploitation de leurs *estancias*.

Elle leur donna une émulation que jusque-là ils n'avaient point ressentie. C'est de cette époque, on peut le dire, que datent la prospérité agricole et la richesse commerciale du Rio de la Plata [1].

Grâce à l'heureuse réforme du code commercial, Buenos-Ayres, siége du gouvernement, entrepôt naturel des provinces, s'agrandit d'année en année. C'était une ville de soixante-cinq mille âmes, lorsqu'en 1806 elle fut surprise par quelques bataillons étrangers qu'elle aurait pu parfaitement repousser, et devant lesquels, avec sa gloire de capitale, elle courba la tête comme eût pu le faire un humble village. La faute en était sans doute en grande partie à son gouverneur, un peu aussi à l'inertie des habitants. Voici le fait :

L'Espagne était alors, comme on le sait, entraînée dans le mouvement de cette merveilleuse planète qui s'appelait Napoléon, et l'Angleterre ne pardonnait pas de telles évolutions. Dans sa colère bretonne, elle avait commencé par enlever, sans la moindre déclaration de guerre, quatre frégates espagnoles en plein Océan [2].

Deux ans après, une escadre anglaise qui revenait du cap de Bonne-Espérance, sous les ordres du commodore Popham, jeta dans le Rio de la Plata le major général Beresford avec quinze cents hommes.

Le gouverneur, Sobremonte, prévenu depuis longtemps des manœuvres hostiles des Anglais, n'avait rien fait pour mettre Buenos-Ayres en état de défense. Lorsqu'il apprit que Beresford s'avançait vers la ville, il ne songea qu'à

---

[1] *Vida y memorias de Moreno*, p. 133.

[2] La *Faune* et la *Médée*, venant de Montevideo ; la *Mercédès* et la *Fiora*, venant de Lima.

placer en sûreté sa famille et son argent, puis il alla se
poser au milieu d'une forte escorte, à quelque distance du
lieu où un officier à la tête de quatre cents miliciens mal
armés et mal exercés, engageait le combat avec les
troupes anglaises.

La petite armée argentine fut dès le premier choc mise
en déroute. Sobremonte s'enfuit jusqu'à Cordoba, où, pour
se tromper peut-être lui-même sur sa lâche conduite, il
demanda à être reçu avec tous les honneurs dus à son
rang, et fit chanter un *Te Deum*.

Beresford entra triomphalement à Buenos-Ayres, s'empara du trésor de l'État, confisqua plusieurs propriétés.
Abandonnée à elle-même, sans chef et sans guide, effrayée
par la rapidité de cette invasion, comme par un coup de
foudre, la ville n'essayait même plus d'adresser une remontrance à l'impérieuse volonté de son nouveau
maître. Elle courbait en silence la tête sous les fourches
caudines de la domination étrangère.

Un Français la délivra de cette honteuse situation.
C'était Liniers, qui alors commandait près de Montevideo
un bâtiment de la marine royale espagnole. A quelle époque avait-il quitté son pays, et quelle raison l'avait déterminé à se mettre au service d'une puissance étrangère[1],
les historiens argentins ne le disent pas, mais il n'en est
pas un qui ne fasse de lui un charmant portrait. Jeune et
brillant officier, plein de feu et de courage, il attirait les
regards par sa belle et noble figure, il conquérait les
affections par la générosité de son caractère[2].

---

[1] Il avait un frère qui portait le titre de comte et servait à Buenos-
Ayres en qualité de colonel d'infanterie.

[2] Un écrivain anglais, M. Robertson, dit lui-même que si Liniers

En apprenant la prise de Buenos-Ayres, Liniers court à Montevideo et demande au gouverneur Huidebro l'autorisation de lever des troupes pour marcher contre les Anglais. Huidebro, qui était un homme de cœur, applaudit à cette résolution, et Liniers, rassemblant à la hâte six à sept cents hommes, traversa le fleuve, s'avança en droite ligne sur Buenos-Ayres et somma Beresford d'évacuer le pays :

Le général répondit d'un ton de confiance superbe à cette sommation, et le combat s'engagea, non pas en rase campagne, mais dans les rues mêmes de la ville. A la vue de Liniers, les citoyens étaient enfin sortis de leur stupeur. Si les plus prudents craignaient encore de se mêler à une lutte chanceuse, beaucoup d'autres prenaient avec enthousiasme parti pour Liniers. Soutenu par ce concours efficace, le jeune capitaine commença par débusquer une colonne ennemie du poste qu'elle occupait sur la place du Retiro. A la nouvelle de cet échec, Beresford accourt avec cinq cents hommes, et il est forcé de battre en retraite.

Le lendemain était le jour décisif. Beresford occupait un quartier défendu par dix-huit pièces d'artillerie; de chaque côté, on voyait ses soldats rangés sur les balcons, sur les azoteas, d'où ils pouvaient tirer fort à leur aise sur les assaillants.

Sans songer au péril, les troupes de Liniers se précipitèrent vers ce retranchement avec une sorte de fureur. Quant à lui, il allait tranquillement d'un rang à l'autre, donnant ses ordres, surveillant leur exécution, avec au-

avait des faiblesses, elles étaient rachetées par un loyal et généreux caractère. *Lettres on South America*, t. III, p. 320.

tant de calme que s'il n'eût fait que commander une innocente revue. Trois fois ses vêtements furent percés par des balles, sans qu'on le vît sourciller[1].

Après un combat de deux heures, Beresford, voyant le sol jonché des cadavres de ses soldats et un adjudant tomber à ses côtés, abandonna le terrain et se réfugia dans la forteresse. Il comprit bientôt qu'il ne pouvait pas même essayer de garder ce dernier poste, et se rendit à discrétion, abandonnant à la cité dont il s'était si vite emparé, quatre obus, seize cents fusils et les drapeaux d'un régiment. Beresford resta à Buenos-Ayres, sollicitant de son heureux antagoniste un autre acte de capitulation. C'était, disait-il, pour pouvoir rentrer avec plus d'assurance en Angleterre, et il s'engageait à ne point user de cet acte, tant qu'il resterait dans la Plata, à ne s'en servir que pour justifier sa conduite lorsqu'il serait de retour dans son pays.

Avec son franc et généreux caractère, Liniers, cédant aux instances de Beresford, lui signa un honorable traité. A peine le général anglais avait-il cette pièce entre les mains, qu'il voulut la faire valoir comme un contrat réel, et réclama la stricte exécution des articles qui y étaient portés. Par malheur pour lui, une ville entière avait été témoin de sa défaite et de sa soumission. Chacun sut de quelle façon il avait égaré la confiance de Liniers. De son habile échafaudage d'intrigues, il ne résulta pour lui qu'une honte nouvelle.

Pour se venger de son insuccès, il essaya d'ourdir une conspiration contre le gouvernement, qui le traitait encore très-libéralement. Les magistrats le firent arrêter et con-

---

[1] Rapport de la municipalité de Buenos-Ayres au roi d'Espagne.

duire prisonnier sur parole à Catamarca. Il viola ce second engagement, s'échappa à la dérobée, rejoignit l'escadre anglaise, et s'exhala en plaintes amères sur les mauvais traitements qu'il disait avoir subis.

Laissons cet homme dans son triste chemin, et revenons à Buenos-Ayres. Après la déroute de Beresford, les citoyens de cette ville s'étaient réunis devant le *Cabildo* (municipalité), demandant à grands cris que le pouvoir fût remis entre les mains de Liniers, et qu'il fût défendu à Sobremonte de reparaître jamais parmi eux, menaçant de le chasser de force s'il osait rentrer dans son palais. Une assemblée, composée de l'évêque et du chapitre, des magistrats civils et judiciaires, accéda à ce vœu du peuple. Sobremonte était en marche pour revenir à Buenos-Ayres. On l'engagea à prendre une autre route. Il se retira à Montevideo, où il allait être exposé à un nouveau péril, et s'imprimer une nouvelle tache. Le pouvoir administratif fut alors confié à l'*audiencia*, le pouvoir militaire à Liniers. Ce rassemblement tumultueux du peuple et la destitution violente du gouverneur étaient un fait grave, un indice de l'avenir, un premier pas vers la révolution, qui de la personne du délégué de l'autorité royale devait bientôt s'étendre jusqu'à la base même de cette autorité.

Cependant, l'escadre anglaise continuait à croiser dans le fleuve, n'attendant qu'une occasion pour recommencer la lutte. Il lui arriva d'Angleterre des soldats, des munitions, un contre-amiral, qui devait remplacer le commodore Popham, et un général chargé du commandement des troupes de terre. Le 18 janvier 1807, sir Achmutih débarqua sur la plage de Montevideo avec cinq mille hommes. Sobremonte fit retirer les pièces d'artillerie que l'on avait préparées pour s'opposer au débarquement, puis ensuite s'enfuit dans la campagne.

La ville pourtant se défendit encore avec courage, mais, par la pusillanimité de son gouverneur, elle avait perdu son plus sûr moyen de salut. Elle fut prise avant que Liniers pût la secourir. En apprenant cet événement et la conduite de Sobremonte, les magistrats de Buenos-Ayres firent arrêter, conduire en prison cet indigne vice-roi, et l'obligèrent à abdiquer.

De Montevideo, un détachement commandé par le colonel Pack, qui avait fait partie de l'expédition de Beresford, s'avança vers la ville de la Colonia et s'en empara.

Maître des deux principales positions de Rio de la Plata, les Anglais aspiraient plus vivement que jamais à posséder Buenos-Ayres. Pour faire cette conquête, le lieutenant général Whitelocke se mit en marche avec dix mille hommes. Il avait sous ses ordres le major général Gower, le général Lumley, le brigadier Crawford et le colonel Pack. Liniers essaya de l'arrêter à quelque distance de la ville et fut forcé de battre en retraite.

Le lendemain 5 juillet 1807, l'armée pénétra dans l'intérieur de Buenos-Ayres par plusieurs quartiers. Si alors les Anglais crurent à un nouveau triomphe, ils ne tardèrent pas à être déçus dans leur espoir. A peine avaient-ils fait quelques pas dans la cité, qu'ils y furent assaillis de tous côtés par des détachements d'infanterie et de cavalerie royale, par des compagnies de milice, par une grêle de pierres, que des femmes et des enfants leur lançaient du haut des toits. Cette même population qu'on avait vue naguère atterrée par l'audace de Beresford, les dix mille hommes de Whitelocke la trouvaient maintenant relevée à ses propres yeux par sa récente victoire, enflammée d'un noble sentiment de patriotisme, résolue à se défendre jusqu'à la dernière extrémité. Et la bataille s'engagea furieuse, acharnée, une de ces batailles comme celle de Saragosse, où il y a un piége à chaque pas, un poignard à chaque porte, un mousquet à chaque fenêtre. Repoussés de place en place, assiégés dans les églises et les couvents où ils essayaient de se retrancher, maîtres un instant d'une position qui bientôt leur était enlevée, puis battus successivement sur tous les points à la fois, les Anglais furent obligés de capituler. En comptant les hommes faits prisonniers, les tués et les blessés, ils perdaient dans cette terrible journée près de trois mille soldats.

La capitulation que Whitelocke se résigna douloureusement à signer ne devait pas seulement réjouir Buenos-Ayres, mais Montevideo et la Colonia. Le général s'engageait à évacuer le pays entier, et il tint sa parole.

C'était Liniers qu'on avait vu encore dans ce mémorable combat courir le premier au-devant du péril, soutenir par sa parole et ses exemples le courage des Argentins. C'était lui qui, en sauvant Buenos-Ayres une seconde fois, sauvait en même temps les autres places occupées par l'ennemi. Le ministère espagnol l'avait confirmé dans son emploi de gouverneur, le peuple chantait ses louanges. Nous verrons comment les républicains de la Plata le récompensèrent de son héroïsme.

Nous arrivons à la dernière époque de l'histoire de Buenos-Ayres, à l'émancipation des colonies espagnoles, dont cette ville donna le premier signal, dont elle fut jusqu'au delà des Andes le premier moteur.

Plusieurs causes morales et matérielles ont contribué à accélérer, pour le malheur des pays qui s'y sont livrés, le mouvement de cette révolution ; je dis malheur, et j'espère, s'il en est besoin, justifier cette expression.

En remontant à son principe, il faut d'abord noter l'influence que l'affranchissement des États-Unis et le long drame de la Révolution française exercèrent sur les régions de l'Amérique du Sud. Quoique les vice-royautés d'Espagne fussent très-éloignées de ces deux foyers brûlants, quoiqu'elles ne possédassent pas la moindre presse à vapeur, ni le plus petit télégraphe électrique, elles ne restaient point étrangères à ces deux grands événements de la fin du dix-huitième siècle, à la lutte dans laquelle la colonie conquérait, les armes à la main, son indépendance, à cette autre lutte mille fois plus terrible, où toutes les gloires et les croyances d'un ancien monde étaient foulées aux pieds, traînées dans la fange, noyées dans le sang.

Souvent du calice d'une plante, la brise détache un germe qu'elle emporte sur son aile en un pays lointain, et qui, tombant sur le sol en un moment propice, s'y enracine et s'y développe. Il en est de même de l'idée. Elle voyage sur l'aile des vents, au delà des mers et des montagnes. Fût-elle surveillée comme le choléra, nul cordon sanitaire ne peut l'arrêter dans son vol ; elle arrive sans qu'on sache comment, elle a fructifié, elle a répandu de côté et d'autre de fécondes étamines, sans qu'on puisse dire qui a pris soin de protéger la première.

Malgré le régime de censure que le gouvernement d'Espagne maintenait sévèrement dans toutes ses possessions, les idées de liberté, d'indépendance des peuples se répandaient dans l'Amérique du Sud, par des livres clandestins ou par les récits des voyageurs. En 1808, le docteur Moreno, qui devint le secrétaire de la junte de Buenos-Ayres, formulait ces deux axiomes : « Tout pays qui est soumis à une constitution tyrannique a le droit de rompre cette constitution. Toute insurrection qui a pour but de délivrer un État de l'oppression est légitime [1]. »

Nos démocrates n'en disaient pas plus en prenant les armes pour briser le trône de Louis XVI.

Peu à peu, il se forma dans les colonies deux partis distincts : l'un composé de fonctionnaires espagnols fidèlement attachés aux institutions de leur pays; l'autre dans lequel entraient les propriétaires créoles, les négociants qui, n'ayant aucune faveur à attendre du gouvernement, discutaient ses actes selon leurs intérêts, se plaignaient et demandaient des réformes.

A Buenos-Ayres, ce parti était plus avancé que dans les autres villes, par l'effet de ses relations plus fréquentes avec l'Europe, plus mécontent, parce qu'il avait plus souffert du monopole commercial, et plus hardi, par la raison qu'il était plus nombreux. Les deux victoires que cette cité remporta sur les Anglais lui donnèrent un orgueilleux sentiment de sa puissance. Dans ces deux périlleuses occasions, celui à qui le roi confiait le soin de la régir et de la protéger l'avait honteusement abandonnée. Elle seule s'était défendue et s'était sauvée par son courage. Le mépris qu'elle conçut pour la lâcheté de Sobremonte retomba sur le gouvernement qui choisissait de tels hommes pour leur déléguer le pouvoir suprême. De raisonnement en raisonnement, de conséquence en conséquence, comme le peuple avait vu cette autorité faillir au jour du danger, il

____
[1] *Vida y memorias del D. Mariano, Moreno*. Londres, 1812, p. 197.

la trouva indigne de lui au jour de son triomphe. Il destitua son vice-roi et en prit un autre. C'était une révolte flagrante contre la couronne, et non-seulement le ministère n'osa pas la châtier, mais il la sanctionna en confirmant à Liniers le titre que le peuple lui avait donné. Il est des circonstances où un gouvernement ne compromet point sa dignité et se montre sage en faisant des concessions. Il en est où, par la même mesure, il commet un acte irrémissible de faiblesse. Dans celle-ci, le gouvernement espagnol crut être prudent, et il parut pusillanime. Le peuple venait d'essayer sa force. Du premier coup il l'emportait, après trois siècles de soumission, sur la monarchie absolue. Pour tous ceux qui désiraient le voir marcher plus avant, il était clair qu'il ne devait pas en rester là [1].

Les événements de la Péninsule donnèrent une action décisive à des tendances qui, à une autre époque, eussent pu rester longtemps encore à l'état de théorie. L'Espagne était envahie, son roi captif, son gouvernement représenté par des juntes qui naturellement devaient porter les colonies à organiser un pareil mode d'administration.

A la nouvelle de l'abdication de Charles IV, Buenos-Ayres commença par proclamer la souveraineté de son fils Ferdinand VII, et tous les citoyens, les magistrats en tête, lui jurèrent fidélité et obéissance.

Cependant la possession des colonies éveillait au loin d'inquiètes ambitions. Napoléon envoyait à Buenos-Ayres

---

[1] Le républicain Moreno ne s'y trompa point. « Cette déposition du chef supérieur était, dit-il, d'un mauvais augure pour l'autorité de la métropole. Dès lors il était facile de prévoir que le peuple se rassemblerait encore, et que l'on rejetterait les vieilles lois dont on reconnaissait l'impuissance. »

M. Sautnay pour engager cette capitale à reconnaître la souveraineté de Joseph. L'épouse de Jean de Portugal, la princesse Charlotte de Bourbon, demandait la régence des provinces américaines en sa qualité d'infante d'Espagne. Puis les membres de la junte de Séville se posèrent aux yeux des citoyens de la Plata comme les vrais défenseurs du pouvoir légitime. Ces diverses prétentions ne pouvaient manquer de diviser les opinions, d'exciter l'un contre l'autre différents partis.

Quoique Liniers eût refusé d'entrer en conférences particulières avec l'envoyé de Napoléon, quoiqu'il n'eût voulu ouvrir ses dépêches qu'en présence des magistrats civils et des auditeurs de l'audiencia, son origine française le rendait suspect aux purs Espagnols. L'un d'eux, un marchand nommé Alzaga, qui a joué dans ces événements un rôle éphémère, mais assez vif, voulut arracher le pouvoir à l'homme qu'il considérait comme un des partisans de Joseph. Il organisa contre lui un complot dans lequel il fit entrer le subordonné de Liniers, le général Elio, gouverneur de Montevideo, et la majorité du conseil municipal de Buenos-Ayres. Toutes ses mesures étant prises, il suscita dans les murs de la ville une partie de la population qui se rassembla sous les fenêtres du cabildo en criant : A bas Liniers ! Une junte comme en Espagne ! En même temps, une députation de la municipalité de Buenos-Ayres allait inviter Liniers à se démettre de ses fonctions.

Par malheur pour le patriotique projet d'Alzaga, il y avait à Buenos-Ayres une quantité de gens honorables qui ne pouvaient oublier encore les récents et brillants services du gouverneur. Pendant que, d'un côté, résonnaient les vociférations d'une bande d'hommes soudoyés par les conjurés espagnols, de l'autre, Liniers recevait des témoignages de dévouement qui l'engageaient à faire bonne contenance. Cette journée qui devait réjouir ses adversaires fut pour eux la journée des dupes. Liniers fit conduire sous bonne escorte Alzaga et ses principaux complices à bord d'un navire, et les envoya en exil sur la côte de Patagonie [1]. Ils y furent à peine arrivés que leur ami Elio arma un bâtiment qui les alla chercher et les ramena en triomphe à Montevideo.

Maintenant, la lutte des ambitions éclatait dans trois camps à la fois. Ici, Liniers fier de son élection populaire, de son titre légal, et résolu à maintenir son autorité; là, le conseil municipal surpris un instant dans ses propres filets, mais bientôt rassuré et aspirant ouvertement à régenter le pays; plus loin, Elio donnant lui-même le plus flagrant exemple de l'insubordination, en combattant contre son chef immédiat.

De part et d'autre, on en appela de ces discussions au jugement de la junte centrale qui, trompée par les acrimonieuses représentations du gouverneur de Montevideo et du cabildo de Buenos-Ayres, envoya dans le Rio de la Plata Cisneros en qualité de vice-roi, et nomma Elio sous-inspecteur général de la province. Liniers était rappelé en Espagne. Par compensation pour cette sentence de disgrâce, la junte lui conférait le titre de comte de Buenos-

---

[1] « Après cet acte de vigueur, dit Funes (t. III, p. 430), le gouverneur se présenta sur la place publique, au milieu des soldats qu'il avait conduits à la victoire, et fut accueilli par des acclamations de joie. Beaucoup de gens pensaient que les conjurés avaient mérité la peine de mort. Il se contenta de réprimer des projets qui, selon lui, étaient dangereux pour le bien public. » Plus tard ses ennemis l'ont tenu en leur pouvoir et n'ont pas été si généreux.

Ayres et lui assignait sur la caisse de cette ville une pension annuelle de cent mille réaux.

Avec l'ascendant qu'il exerçait sur les troupes, Liniers eût pu très-aisément rejeter l'arrêt de la junte et se maintenir au pouvoir. En serviteur loyal, il se soumit à sa destitution, demandant seulement qu'il lui fût permis de rester en Amérique, ce qui lui fut accordé. A cette occasion, il adressa au roi une lettre qui est un touchant témoignage de sa noblesse de caractère et de son humble résignation. Après avoir rappelé brièvement et en termes modestes la part qu'il a prise aux combats de Buenos-Ayres, il dit : « Voilà longtemps que je vis dans l'inquiétude, exposé à des orages continuels. Je me retire à la campagne pour y fixer mes pensées sur un autre sujet de méditations, sur le principe et la fin de ma destinée, éloignant de mon esprit les vains désirs de gloire qui, demain et à jamais, ne seront pour la postérité que comme une cendre vaine. J'ai été porté à cette détermination par l'état de ma fortune, me trouvant chargé de famille, père de neuf enfants et avancé en âge ; sans la pension de cent mille réaux que Votre Majesté a eu la générosité de m'assigner, je n'aurais pas le moyen de subsister décemment[1]. »

Il y a dans l'histoire des peuples, surtout dans celle de leurs plus violentes commotions, des circonstances qui donnent envie de croire au fatalisme des Turcs. C'est lorsqu'on voit les hommes placés à la tête de l'administration faire éclater l'événement qu'ils redoutent par les moyens mêmes qu'ils emploient pour en conjurer le péril. Il semble

---

[1] Cette lettre, datée du 10 juillet 1809, a paru pour la première fois dans la *Colleccion de memorias y documentos*, publiée en 1849 à Montevideo, par M. Lamas, t. I. p. 148.

qu'alors il y ait derrière les ministres ou les tribuns les plus habiles un sardonique *Fatum* qui, se raillant de leurs projets, comme Méphistophélès des résolutions de Faust, emploie leur propre sagesse à miner l'échafaudage de leurs combinaisons.

Ainsi en destituant Liniers, en le remplaçant par Cisneros, et en donnant un poste considérable à Elio, la junte centrale croyait écraser le parti français, et elle brisa le parti espagnol.

Cisneros, à la fois faible et cruel, ignorant et vaniteux, se rendit, dès son arrivée en Amérique, ridicule par les précautions qu'il prit pour entrer à Buenos-Ayres[1], puis se rendit odieux par son aveugle despotisme[2]. Les membres du cabildo, qui avaient leurs vues, le laissèrent tranquillement s'égarer dans l'étroitesse de son esprit et l'arrogance de son orgueil, puis lorsqu'ils le virent assez dépopularisé parmi ceux-là mêmes qui avaient mis leur espoir espagnol en lui, ils vinrent un beau jour lui faire une sinistre peinture de la haine des partis, des périls de la situation. Après l'avoir suffisamment effrayé au moyen de cette habile introduction, ils lui remirent une requête dans laquelle ils demandaient la permission de réunir un congrès

---

[1] « Avant d'entrer à Buenos-Ayres qui lui inspirait une grande crainte, il ordonna, dit M. Robertson, à Liniers de se démettre immédiatement de son commandement, bannit les officiers français, les marchands étrangers, et fit arrêter plusieurs créoles sans aucun motif sérieux. » (*Letters on South America*, t. II, p. 86.)

[2] « Son arrivée, dit Moreno, ressemblait plus à celle d'un général entrant dans un pays ennemi, qu'à celle d'un fonctionnaire appelé à rétablir l'ordre dans le pays qu'il venait administrer. » (*Vida y memorias*, p. 82.)

pour aviser aux moyens de préserver le pays des périls qui le menaçaient. Cette requête, écrite dans le style le plus humble, exprimait la plus pure loyauté, un vrai langage de loup portant la veste du berger. L'honnête cabildo y prend la parole au nom du peuple et dit que ce peuple n'a pas d'autre but que de conserver dans leur intégralité les domaines coloniaux sous la domination de Ferdinand VII[1].

Cisneros se laissa prendre à ces voix patelines qui lui promettaient de le tirer d'embarras dont il ne savait comment sortir lui-même. Il autorisa la convocation d'une assemblée, et la première chose que fit cette reconnaissante assemblée fut de renvoyer au delà de l'Atlantique le confiant vice-roi.

Il en est d'un grand nombre de révolutions comme des vols à l'américaine. Peu de semaines se passent sans que les journaux publient quelqu'une de ces tricheries masquées d'une pièce d'or, et il se trouve toujours de nouveaux badauds qui s'y laissent prendre. Il n'y a pas un livre d'histoire qui ne nous montre de quelle façon ceux qui ont mordu à l'appât révolutionnaire en ont été tôt ou tard sottement dupes ou cruellement victimes, et l'histoire comme les journaux a beau faire, elle n'empêche pas beaucoup d'innocents de tomber dans le même piége.

Le 22 mai 1810, le cabildo fut autorisé à former une junte provisoire en attendant la réunion des députés qui devaient être élus dans la province.

---

[1] *Su deseo conforme al objeto inalterable de conservar integros los dominios bajo la dominacion de Ferdinando VII.* (Moreno, p. 190.) La lettre est tout au long dans le livre de cet auteur républicain, qui la rapporte avec une bonhomie parfaite.

Le 25, la junte fut constituée. Elle se composait de sept délégués et de deux secrétaires. Son installation fut célébrée par des réjouissances publiques et des chants nationaux. Vincent Lopez entonna un hymne à la liberté; le peuple applaudit aux parades et aux feux d'artifice. Les patriotes s'embrassèrent en parlant de l'heureux avenir du pays et en versant de pieuses larmes de leurs yeux démocratiques.

Tout en proclamant l'ère nouvelle dont ce jour était l'aurore, on conservait respectueusement le nom de Ferdinand VII dans les harangues officielles, et dans la formule du serment à laquelle tous les employés civils et militaires durent souscrire. Ce serment était ainsi conçu :

« Vous jurez devant Dieu et sur les saints évangiles que vous reconnaissez la junte provisoire du Rio de la Plata, gouvernant au nom de Ferdinand VII et gardant ses droits augustes. Vous jurez d'obéir aux ordres et décrets de la junte, de n'attenter ni directement ni indirectement à son autorité, d'aider en public et en particulier à maintenir son pouvoir et à le faire respecter, etc. »

Je ne sais pourquoi nous donnons encore le nom de novateurs aux gens qui travaillent à changer la forme du gouvernement. Il n'y a rien de plus vieux que leur ambition, et rien de plus suranné que les rouages de leur mécanique. Avec l'histoire d'une révolution, on ferait aisément celle de toutes les autres. Il suffirait d'en changer les noms et les dates. Du reste, on est sûr d'y retrouver à peu près toujours les mêmes cupidités voilées sous une apparence de bien public, les mêmes phrases pompeuses masquant les mêmes trahisons.

La fête du 25 mai ne fut à Buenos-Ayres que la pâle copie de notre fête de la fédération, où le peuple chantait les vertus du roi qu'il devait condamner au dernier supplice. Plus humaine que la Convention, la junte de Buenos-Ayres, quelques jours après son installation, se contentait d'embarquer pendant la nuit le vice-roi et les auditeurs sur un bâtiment anglais qui les conduisit en Espagne.

Le lendemain, elle exposa dans un manifeste public la détermination qu'elle avait prise et les motifs qui l'y avaient portée. Elle relatait minutieusement les fautes, les délits de chacun des exilés, et racontait entre autres faits scandaleux que pendant la cérémonie de la prestation du serment, on avait vu un des auditeurs, les coudes indolemment appuyés sur la table, passer une heure à jouer avec un cure-dent. C'était là une offense grave à la majesté du peuple représenté par la junte, un crime qui méritait au moins la peine du bannissement.

Grâce à ces habiles manœuvres, le cabildo de Buenos-Ayres touchait enfin à son but. Il avait renversé Liniers à l'aide de la junte centrale et de Cisneros, il renversait Cisneros et l'audience royale à l'aide d'une commotion populaire. Maintenant il pouvait agir en maître. Il n'y avait plus d'autre pouvoir réel que le sien. La souveraineté de Ferdinand VII, inscrite encore dans les actes officiels, n'était plus qu'un vain mot.

Elio et Liniers ne se trompèrent point sur les intentions de la junte. Ennemis l'un de l'autre à une époque où, réunissant leurs forces, ils auraient pu efficacement soutenir la puissance monarchique, ils se rallièrent pour la défendre au moment où, en Amérique, elle glissait sur le penchant de l'abîme.

Elio, avec sa flottille montévidéenne, vint mettre le blocus devant Buenos-Ayres. Liniers, que les Espagnols accusaient de trahir la cause royale, organisa à Cordoba une insurrection royaliste à laquelle s'associaient l'évêque, le gouverneur de cette province et plusieurs des principaux fonctionnaires. Mais quand on apprit dans la ville l'arrivée d'un corps de troupes expédié par la junte, les champions de la légitimité ne se sentirent plus le courage d'engager le combat. Ils s'enfuirent vers le Pérou, et le vaillant Liniers se voyant ainsi abandonné par ceux qui, quelques jours auparavant, montraient tant d'assurance, fut obligé aussi de s'éloigner. Quelques-uns de ses domestiques, arrêtés par le commandant des troupes patriotes et séduits par les promesses ou effrayés par les menaces qui leur furent faites, indiquèrent l'asile de leur maître. Liniers fut pris à l'improviste au milieu de la nuit. La junte ne se donna pas même la peine de l'appeler devant elle. A cent cinquante lieues de distance, elle le condamna à mort. Le commandant qui avait eu le conrage de le faire prisonnier, pleura en recevant cette sentence et ne put se résoudre à l'exécuter. Il se souvenait des jours où il avait vu le vaillant Liniers chassant les Anglais de Buenos-Ayres. Il avait sous ses ordres pris part à ces glorieux combats. L'arrêter, soit, on le disait ennemi de la cause publique, et il fallait bien l'empêcher d'agir. Mais le fusiller ! l'honnête commandant n'en avait pas la force. La vue de Liniers produisait sur lui la fascination du regard de Marius sur le Cimbre chargé de le tuer.

Pour en finir avec le héros argentin qu'elle ne voulait pas laisser rentrer à Buenos-Ayres, la junte désigna un de ses membres pour aller lui-même faire exécuter son arrêt. « Partez, dit Moreno à un de ses collègues nommé Castelli ; j'espère que vous n'aurez pas la même faiblesse que notre général. Si pourtant vous manquiez à votre devoir, Larréa, qui est un caractère résolu, irait vous remplacer, et, s'il le faut, j'irais moi-même [1]. »

L'implacable Moreno n'eut pas besoin de quitter son bureau de secrétaire et la petite gazette qu'il avait fondée à Buenos-Ayres.

Castelli fit fusiller Liniers en pleine campagne [2].

Ainsi que notre Convention de sanglante mémoire, la junte procédait à ses réformes sociales en immolant sur son patriote autel de nobles victimes. Comme la Convention, elle engageait au dehors une guerre de propagande. Appelée à lutter, d'une part, contre le gouverneur de Montevideo; de l'autre, contre les insurgés de Cordoba, elle équipait des troupes pour délivrer, disait-elle, le Paraguay du joug de l'Espagne.

Le Paraguay avait, au seizième siècle, rendu la vie à Buenos-Ayres. La cité reconnaissante voulait lui donner la liberté. Il n'y avait à cette généreuse intention qu'un misérable obstacle, c'est que le Paraguay ne se souciait nullement des bienfaits républicains, et semblait très-résolu à repousser par la force des armes ses libérateurs.

Le général Belgrano partit cependant avec huit cents hommes pour éclairer l'aveuglement de ce pauvre pays, et l'obliger à reconnaître le soleil de la liberté.

De distance en distance, il racontait à la junte les progrès de son expédition dans des bulletins plus imposants que ceux que Napoléon envoyait à Paris après la con-

---

[1] *Vida y memorias*, p. 225.

[2] « L'attitude de la junte répandait déjà une telle crainte dans le pays que le chanoine Funez, qui a raconté avec enthousiasme la vie de Liniers, et qui plus tard écrivit un résumé de l'histoire de la révolution, ose à peine exprimer un regret sur la mort de ce brave soldat. » (*Bosqueo de la revolucion desde el 25 de mayo.*)

quête d'un royaume. La junte, en publiant ce précieux message, y joignait des proclamations comme il n'en existe sans doute dans les archives d'aucun autre peuple. En voici une entre autres qu'on peut citer comme une pièce curieuse :

« Nous nous empressons, dit cette junte poétique, de satisfaire à la curiosité que le public attache à notre importante expédition dans le nord.

« Elle est d'autant plus digne de nos applaudissements qu'elle nous offre le spectacle d'une entreprise où, avant de vaincre les hommes, il fallait vaincre la nature.

« Ceux qui connaissent les difficultés terribles d'une marche dans ces contrées n'hésiteront pas à dire que nos troupes sont douées de la force de constitution et animées de l'enthousiasme que les âges héroïques ont admirés dans un Hercule et dans un Thésée. Ce sont des vertus rares à une époque où la race humaine en est venue à un tel point de dégénérescence. A mesure qu'ils approchaient du péril, nos soldats sentaient s'accroître leur audace. Socrate croyait avoir près de lui un bon génie pour le soutenir dans toutes les circonstances. Notre général a aussi son bon génie qui le guide sur la voie de ses hautes destinées.

« Par ses ordres et par ses harangues, il a fait faire à ses troupes des prodiges de valeur qu'on peut mettre en parallèle avec les plus glorieuses actions de nos ancêtres. »

A la suite de cet exorde, la junte annonçait que, dans une bataille à jamais mémorable, Belgrano, pénétrant au sein de l'armée ennemie, lui avait tué deux hommes et lui avait enlevé deux obus.

Malgré sa force herculéenne et son courage de Thésée, Belgrano, battu en plusieurs rencontres, fut obligé de renoncer à sa mission philanthropique. Mais sa campagne suscita dans le peuple un soulèvement, par suite duquel le docteur Francia conquit au sein de l'administration le poste qui devait bientôt le conduire à la dictature absolue. Telle fut la liberté dont la généreuse ville de Buenos-Ayres dota le Paraguay.

Vaincue de ce côté, elle n'en persista pas moins à répandre au loin la bonne semence. Castelli, qui avait fait preuve d'un mâle et beau caractère en présidant à l'exécution de Liniers, fut chargé de conduire avec le général Balcarce une autre armée libératrice au Pérou. Et, chose étrange! cette malheureuse région n'était pas moins ingrate que le Paraguay envers ses bienfaiteurs, et ne répondait à leurs désirs fraternels que par des coups de fusil.

Le général péruvien Goyenache fit dans les plaines de Huaqui une belle trouée au milieu des troupes de Balcarce, et les mit tellement en déroute que sans l'habileté avec laquelle le colonel Pueyrredon dirigea leur retraite, elles étaient anéanties. Il est vrai qu'avec la nouvelle de ce désastre, le gouvernement de Buenos-Ayres recevait un rapport de Castelli, qui ne pouvait mentir, et qui annonçait que les pertes de l'ennemi étaient trois fois plus considérables que celles des bataillons argentins fuyant à travers champs, chose fort singulière sans doute, mais très-consolante.

Le général Belgrano, assez reposé de ses échecs dans le Paraguay, et désireux de recommencer une nouvelle série d'éclatants bulletins, fut envoyé au Pérou. Quoiqu'il y remportât quelques avantages, ses arguments à la baïonnette étaient encore trop faibles pour convaincre la population arriérée de cette contrée qu'elle serait parfai-

tement heureuse si elle changeait la forme de son gouvernement. Il fallut l'action du Chili, allié à Buenos-Ayres,
et l'armée victorieuse de Saint-Martin pour faire de la
vice-royauté de Lima une république.

Des quatre expéditions entreprises par la propagande
de Buenos-Ayres, celle de Cordoba avait abouti à l'atroce
condamnation de Liniers; celle du Paraguay, à seconder
dans son ambitieuse ascension l'un des despotes les plus
despotes qui aient jamais existé; celle du Pérou, à exercer
le républicanisme de Castelli et le talent oratoire de Belgrano. Restait celle de Montevideo, qui occupa longtemps
et faillit épuiser les forces de la province argentine.

Après avoir été bloqué par la flottille montévidéenne,
Buenos-Ayres en était venu à assiéger la capitale de la
Bande orientale. Elio défendait avec fermeté dans cette ville
le drapeau de la monarchie. Pour vaincre sa résistance, le
gouvernement argentin réunit, non plus huit cents
hommes comme pour envahir le Paraguay, mais jusqu'à
six mille hommes, qui furent placés sous les ordres du
général Rondeau, de l'aventurier Artigas, dont la vie est
un étrange roman[1], et d'un capitaine anglais nommé

---

[1] D'abord enrôlé dans une bande de contrebandiers et de brigands,
puis lieutenant de chasseurs, et en cette qualité poursuivant ses anciens
camarades. Quand la révolution éclata, il se rangea parmi les patriotes
et se signala au siége de Montevideo. Élu chef de la Bande orientale, il attaqua Buenos-Ayres, souleva Santa-Fé avec les Indiens du
grand Chaco et ravagea le Paraguay. Il appelait à lui tous ceux avec
qui il avait été lié dans sa première jeunesse, pirates, voleurs,
assassins.

En 1820, un de ses lieutenants, nommé Ramirez, prend les armes
contre lui, le bat en plusieurs rencontres, et l'oblige à s'enfuir. Artigas
va demander un refuge au dictateur du Paraguay, qui le fait interner

Brown, dont la junte fit d'un trait de plume un amiral. Avec une pareille armée, les Argentins n'obtinrent, au bout d'une année de combats (21 octobre 1811), qu'un traité qui n'était pas trop défavorable à Montevídeo.

En vertu d'un ordre de la régence d'Espagne, Vigodet vint à cette époque remplacer Elio. Il s'éleva alors du côté du nouveau gouverneur et du côté des Argentins des contestations sur plusieurs articles du traité. La guerre recommença. Montevideo fut une seconde fois assiégé. Buenos-Ayres employa encore dans cette campagne deux généraux, deux membres de la junte et plusieurs milliers d'hommes. Vigodet, soutenu par le Brésil, faisait une ferme résistance. Sur les vives représentations du gouvernement argentin, le Brésil finit par retirer ses troupes de la Bande orientale. Brown, par une habile manœuvre, s'empara de la flottille montévidéenne, et le 23 juin 1814, la pauvre ville de Montevideo, cernée de toutes parts, privée de vivres et de munitions, fut réduite à capituler.

Elle combattait avec honneur depuis quatre années. En l'affranchissant d'une prétendue servitude, dont elle ne semblait pas avoir la moindre envie de se délivrer, Buenos-Ayres la jeta dans le fléau des discordes civiles et la laissa tomber entre les mains des Portugais. Tel fut le résultat de cette guerre philanthropique.

Tandis que l'ardente république argentine engageait ainsi tant de luttes au dehors, elle en avait dans son

dans un district d'où il ne pouvait s'échapper. La fin de son existence fut comme une expiation des crimes qu'il avait commis. Il se distingua par sa pieuse conduite et par sa charité. Il cultivait lui-même ses champs, donnait aux pauvres la plus grande partie de sa récolte et prodiguait ses soins aux malades.

administration intérieure plus d'une à soutenir. Vouloir corriger les abus d'un pays est une ambition si vulgaire qu'il n'y a pas un écolier plus ou moins clerc qui ne puisse se flatter d'y avoir songé.

Tenter un grande réforme radicale n'est point encore une entreprise si extraordinaire; mais l'accomplir pour le vrai bonheur d'un peuple, voilà où commence la quadrature du cercle. Le chemin des révolutions est comme celui de l'Averne, facile à descendre. L'entrée en est ouverte nuit et jour; mais le remonter et revenir à l'air pur, là est la tâche pénible, là est le travail[1].

Au mois de décembre 1810, vingt-deux députés des provinces s'étaient réunis à la junte de Buenos-Ayres pour régler de concert avec elle les affaires du pays. Moins d'une année après, on reconnut qu'avec un tel nombre de gouvernants, l'administration était impossible. « Il n'y avait plus, dit un historien, ni commandement ni soumission; tout était en désordre. Le président de la junte s'enfuit de la salle des séances comme d'un champ de bataille, et les députés, abandonnés à leur stupide ignorance, déposèrent leur mandat avec autant de joie qu'ils en avaient éprouvé à le recevoir[2] ». A leur place, le cabildo constitua un pouvoir exécutif composé de trois membres. Chaque mois, l'un d'eux devait être remplacé. L'année suivante, nouvelle convocation de députés qui forment un nouveau pouvoir

[1] C'est Virgile qui l'a dit :

> Facilis descensus Averni
> Noctes atque dies patet atri janua Ditis,
> Sed revocare gradum, superasque evadere ad auras
> Hoc opus, hic labor est.

[2] *La América méridionale*, par D. P. AGRELA.

exécutif. En 1814, on s'aperçoit encore de l'inconvénient qui résulte des rivalités particulières de ces trois administrateurs, et l'on en vient à se replacer bénévolement sous l'autorité d'un chef unique qui porte le titre de directeur suprème des provinces unies de la Plata.

Posadas, qui le premier fut investi de cette dignité, est obligé de la quitter au mois de janvier suivant. Alvéar, qui avait eu l'honneur de déterminer la capitulation de Montevideo, et l'infamie d'en violer la première condition, la condition d'amnisitie générale, Alvéar fut appelé à l'âge de vingt-cinq ans au plus haut poste de l'État. Il passa trois mois à distribuer des grades à ses partisans et à ses flatteurs[1], à rédiger d'implacables décrets pour prévenir toute tentative de conspiration. Après ce court espace de temps, il fut en un instant si terrifié par une émeute, qu'il se hâta d'abdiquer son pouvoir et courut chercher un refuge sur un bâtiment anglais.

Ainsi, en moins de quatre ans, quatre formes différentes de gouvernement, plusieurs maîtres et des ambitions individuelles, et des haines de partis toujours croissantes, voilà ce qui succédait dans les provinces affranchies à la paisible unité du régime espagnol. On croira peut-être qu'au milieu de ces transformations administratives et de cette agitation des esprits qui en était la conséquence inévitable, le pays jouissait au moins d'une plus grande aisance matérielle et d'une plus large liberté que sous la loi du

---

[1] *Letters on South America*, t. II, p. 228. « Il ne pouvait, dit l'auteur de ces lettres, se garder de l'adulation. Il lui était impossible de ne pas accorder au capitaine qui s'approchait de lui avec humilité le grade de major, au major celui de lieutenant-colonel, et ainsi de suite. Il ne se montrait jamais en public qu'avec une escorte royale. »

monopole commercial et la censure des vice-rois. Non,
sous ce point de vue comme sous tant d'autres, l'histoire
de la révolution de Buenos-Ayres est identiquement la
même que celle de toutes les phases révolutionnaires à
différentes époques, en différents pays.

Après avoir violemment accusé les prodigalités de la
monarchie, et saintement gémi sur les impôts dont le peuple était accablé, la nouvelle régence de Buenos-Ayres, qui
devait à jamais déraciner ces honteux abus, désorganisait
les finances de telle sorte que pour subvenir au besoins de
l'État elle fut obligée de battre monnaie avec les taxes
inégales et injustes, avec les *emprunts forcés*, c'est-à-dire
exigés en quelque sorte à la pointe de la baïonnette[1]. Les
citoyens de Buenos-Ayres, y compris les étrangers, furent
d'une seule fois, sous cette douce administration, invités
militairement à fournir dans le plus bref délai une somme
de deux cent mille dollars (plus d'un million de francs).
Comme l'argent semblait fuir, ce stupide argent qui aime
la probité et s'attache à l'ordre, il fut ordonné aux écus
de rester dans le pays. Quiconque se permettait d'en exporter se rendait par là même passible des peines les plus
sévères[2].

Voilà pour les intérêts matériels. Quant à la liberté
morale, elle était exactement celle dont Figaro développe
les spirituels détails.

Alzaga, que nous avons vu s'allier à l'ambitieux cabildo

---

[1] *One might almost say , at the bayonet's point.* C'est l'expression de
M. Robertson, qui a parlé de ces événements avec un remarquable
esprit d'impartialité.

[2] Rosas a maintenu la même prescription. Chaque personne qui part
de Buenos-Ayres est fouillée sur le quai. Non-seulement l'argent

pour renverser Liniers, n'avait été condamné qu'à la déportation par le vice-roi contre lequel il soulevait le peuple. En 1812, il eut le malheur de conspirer contre le gouvernement républicain, et cette fois, ni le souvenir de la position distinguée qu'il avait occupée dans le pays, ni ses cheveux blancs, ni l'intérêt que devait inspirer sa nombreuse famille[1], ne purent le sauver. Il fut exécuté sur la place publique avec une dizaine d'autres conjurés.

Comme Alzaga était Espagnol, et qu'on n'était pas sûr d'avoir suffisamment terrassé ce parti, le gouvernement de Buenos-Ayres publia un petit décret ainsi conçu :

Art. 1er. Les Espagnols ne pourront, sous peine de mort, se réunir au nombre de plus de trois.

Art. 2. Ils ne pourront, sous peine de mort, circuler à cheval ni dans la capitale, ni dans les environs.

Art. 3. Si l'un d'eux tente de s'enfuir soit à Montevideo, soit dans quelque autre lieu occupé par l'ennemi, il sera à l'instant fusillé.

Cette ordonnance est courte, mais de bonne trempe, et laisse une large part à la délation. Je ne sache pas qu'en France, aux plus beaux jours de la Terreur, il n'ait rien été imaginé de plus édifiant.

Le 24 mars 1816, le congrès, qui jusqu'alors avait été convoqué à Buenos-Ayres, fut réuni dans la ville la plus centrale des provinces, à Tucuman. Le 9 juillet, il rejeta la vaine ombre de royauté qu'on avait encore la bonté d'accorder à Ferdinand VII. Il brisa le dernier fil qui par quelques formules officielles semblait lier encore la

qu'elle emporte est confisqué, mais elle doit payer une amende équivalant à la somme qui est trouvée sur elle.

[1] Il était âgé de soixante ans et père de quatorze enfants.

colonie à l'Espagne : il proclama la pleine indépendance des États de la Plata. Cette fois la révolution était de nom comme de fait entièrement accomplie, et ce fut une malheureuse révolution. Ceux-là mêmes le reconnaissent qui d'abord ont été séduits par ses prestiges et ont cru à ses promesses. Pour la comparer à celle de l'Amérique du Nord, il faudrait vouloir se faire illusion à soi-même, ou ne connaître exactement ni l'un ni l'autre de ces deux événements.

En premier lieu, comme l'a très-justement remarqué M. de Toreno, les circonstances dans lesquelles l'une et l'autre de ces révolutions s'opèrent étaient bien différentes. Les États-Unis se séparèrent de l'Angleterre lorsque ce royaume était dans toute sa force et sa puissance, et après lui avoir vainement adressé de justes requêtes. Les colonies espagnoles, au contraire, rompaient leur lien héréditaire au moment où la Péninsule était abattue, et lorsqu'elle les appelait à faire partie intégrante de la monarchie[1].

En second lieu, comme l'a parfaitement dit, non plus un historien espagnol qu'on pourrait accuser de prévention, mais un fils de la révolution américaine, la différence entre le caractère et la situation des deux colonies était encore plus grande. « Dans l'Amérique du Nord, la société démocratique, industrielle, marchande, était organisée, vivait de sa propre vie, de l'exercice de son intelligence et de sa richesse. Là, une entreprise publique ne pouvait être que le résultat de la nécessité et du mouvement de la majorité. Le lien qui rattachait cette contrée à la métropole était purement officiel. Le jour où il se

____

[1] *Historia de levantamiento de España*, t. II, p. 234.

rompit, la nation resta organisée comme auparavant. Rien ne lui manquait. Son œuvre était achevée. On n'y introduisait qu'un changement de formules dans les hautes régions administratives et dans les attributs de la souveraineté.

« Dans les colonies espagnoles, au contraire, la révolution n'était pas l'œuvre de la masse, mais les combinaisons de quelques hommes hardis, qui, connaissant les événements d'une autre partie du monde, profitaient d'une occasion particulière, d'un temps favorable pour réaliser leurs désirs d'émancipation.

« De là vint que ceux qui fondèrent notre indépendance n'osèrent d'abord déclarer ouvertement leur dessein. Ils continuèrent à professer un humble respect pour le trône qu'ils méditaient de renverser, et à placer en tête de leurs actes le nom du monarque dont ils allaient scinder la couronne et démembrer l'empire [1]. »

Je n'essayerai pas de retracer en détail les divers incidents de l'histoire des États de la Plata, depuis le jour où le congrès de Tucuman proclama leur indépendance jusqu'à celui où Rosas les asservit à son absolutisme. C'est l'une des chroniques les plus tristes, les plus misérables qui existent. La désorganisation d'une vieille race usée, décomposée, prenant pour un signe de force son agitation fébrile, présente le même spectacle que celle de ce jeune peuple qui s'éveillait aux premiers cris de liberté.

De 1816 à 1829 (13 ans), Buenos-Ayres n'a pas eu moins de vingt gouverneurs. Et ces nombreux changements n'ont point eu lieu par suite de quelques accidents

---

[1] *Apuntes historicos*, par D. André Lamas, Montevideo, 1849, p. 19.

naturels ou d'un des articles de la constitution, mais par
l'effet des rivalités individuelles, des haines de partis,
des luttes à main armée. C'est Balcarce qui conquiert le
titre de gouverneur à la tête de ses troupes, comme au
temps de la dégradation de Rome les généraux con-
quéraient la pourpre impériale. Sarratea, dont il prenait la
place, assemble des soldats, le chasse, et a la joie d'exercer
encore le pouvoir pendant trois mois. Son successeur est
expulsé par le général Soler, qui, la semaine suivante, est
expulsé par les insurgés de Santa-Fé.

Comme si ce n'était pas assez de cette ardente concurrence des ambitions pour perpétuer le désordre, le
cabildo et la junte aggravent encore le mal par leur
division. En 1820, la junte ayant choisi pour gouverneur
Martin Rodriguez, le cabildo veut faire annuler cette
nomination, et pour y parvenir met sur pied deux mille
hommes. Rodriguez effrayé s'enfuit; bientôt il revient
avec l'armée qu'il a été recruter dans la campagne. La
bataille s'engage même dans l'enceinte de la ville. Rodriguez,
victorieux, prend possession de son siége de président.
Parmi ceux qui l'accompagnaient dans cette belle expédition se trouvait Rosas, à la tête de quelques centaines de
gauchos. C'est la première fois que le futur dictateur
apparaît sur la scène publique.

En 1826, Rivadavia, qui avait exercé avec une remarquable habileté les fonctions de ministre, sous les ordres
de Rodriguez, fut sans lutte aucune et sans contes-
tation aucune appelé à la présidence. C'était là enfin
non plus un batailleur et un soldat de fortune, mais un
homme distingué de toute façon, et par un esprit éclairé,
et par ses vues administratives, et par l'élévation de son
caractère. Il n'eut qu'un tort, celui de se faire une trop

haute idée de la contrée qu'il était chargé de régir, de croire qu'il suffisait de quelques décrets pour la doter des établissements scientifiques et des libérales institutions de l'Europe; noble erreur que la génération actuelle de son pays doit au moins honorer. Il crut aussi que pour fortifier le gouvernement des États de la Plata, il était nécessaire de le centraliser. Il fut le chef de ces unitaires dont le nom aujourd'hui s'applique à quiconque n'adore point Rosas et ne respecte point ses satellites. Les députés des États réunis en un nouveau congrès général avaient l'intelligence trop bornée pour comprendre la sage pensée de Rivadavia. Chacun d'eux se fit un devoir de défendre l'indépendance de sa province, en d'autres termes l'organisation du pays en districts fédéraux. Rivadavia, ayant contre lui la majorité de l'assemblée, ne voulut ni renoncer à sa conviction, ni engager une lutte coupable comme la plupart de ses prédécesseurs.

Il donna sa démission et fut remplacé par un homme pacifique et respectable, Vicente Lopez, qui aurait pu faire le bien si on lui en avait laissé le temps. Mais il ne passa qu'un mois au pouvoir. La junte, à qui il fallait des émotions guerrières, nomma pour le remplacer Manuel Dorrego. Elle ne pouvait mieux réussir. A peine Dorrego avait-il été installé dans ses hautes fonctions que voici venir Lavalle avec une troupe de soldats de la Bande orientale. Il entre à Buenos-Ayres, rallie à lui une partie de la garnison, met en fuite Dorrego et devient gouverneur.

Dorrego s'en va dans la campagne rejoindre les gauchos de Rosas, et se prépare à rentrer par la puissance des baïonnettes dans son infidèle capitale. Lavalle marche à sa rencontre et lui livre une bataille sanglante. Rosas, qui tient à sa vie, comme s'il avait le pressentiment de ses hautes destinées, se sauve à travers les champs. Dorrego est pris et fusillé.

Un an après, Lavalle, abandonné par ses partisans, en est réduit à rentrer en négociation avec le plus ardent auxiliaire de son ennemi, avec Rosas. Bien plus, il a la douleur d'apprendre que ce même Rosas est élu président par l'assemblée, et de le voir conserver ce poste pendant trois ans (1829 à 1832).

A l'expiration de son mandat, Rosas, qui a compris que son vrai jour n'était pas encore venu, se fait placer à la tête d'une expédition militaire contre les Indiens. Il s'en va dans les plaines sauvages des Pampas comme Napoléon dans les plaines d'Égypte, laissant comme Napoléon s'user en son absence les ressorts d'une administration débile. Il revient en 1835, et rentre à la présidence, non plus comme autrefois, sous l'insupportable contrôle d'une junte mobile et turbulente, mais appuyé sur un vote de l'Assemblée des représentants qui lui délègue un pouvoir absolu, *temporairement*, dit la candide Assemblée. Ce mot ne l'inquiète guère. Il fera d'une situation exceptionnelle et passagère une condition permanente. Il foule aux pieds quinze années de rêves de liberté, de systèmes républicains. Il a pris le sceptre du despotisme, et ne soyez pas en peine de lui, il le gardera.

Ce serait commettre envers le souverain des États argentins une offense de lèse-majesté, que d'indiquer en quelques lignes son avénement au pouvoir comme nous venons de le faire pour ses devanciers. Il mérite au moins un chapitre à part. Nous essayerons de le décrire.

VIII

BUENOS-AYRES.

Après Rio-Janeiro, Buenos-Ayres est la plus grande ville de l'Amérique méridionale. Elle a commencé par n'être qu'un misérable assemblage de tentes et de cabanes qui ne pouvaient résister à un assaut d'Indiens sauvages. Elle est devenue la métropole d'un pays immense.

Carlsruhe, Darmstadt, Berlin, Pétersbourg et la plupart des villes des États-Unis sont d'une remarquable régularité, mais je ne connais rien de comparable à la régularité de Buenos-Ayres coupée en ligne droite, divisée par carrés (*quadros*) d'égale grandeur, cent cinquante mètres sur chaque face. Quand vous demandez là où demeure telle personne, on vous répond : C'est à deux, trois quadros et demi de distance, et vous avez à un mètre près une mesure exacte. Le même esprit d'uniformité qui a réglé la largeur des rues a présidé à la construction des maisons. Presque toutes sont bâties sur le même plan. Un rez-de-chaussée avec des fenêtres grillées en fer sur la rue; au delà de cette enceinte livrée dans la plupart des rues au commerce, un *patio* carré sur lequel s'ouvrent les appartements intérieurs, puis un corridor et quelquefois un second et un troisième patio ombragés par des treilles de vigne, décorés de catalpas qui, du dehors, font un effet charmant. On dirait autant de retraites de poëtes fermées aux bruits de la rue, éclairées par un beau ciel, voilées par des guirlandes de fleurs et des massifs de verdure. Chaque maison a son toit plat, son azotea, où le soir, à heure fixe, on voit apparaître d'un côté des groupes de constellations qui pourraient détrôner la chevelure de Bérénice, tandis que de l'autre montent une quantité de jeunes astronomes passionnés pour l'étude de ces étoiles brillant entre deux bandeaux de cheveux noirs sous une mantille de dentelle. Ce qui se passe sur les aériennes terrasses entre ces astres vivants et leurs adorateurs, je l'ignore. Nul docte guide ne m'a conduit parmi ces ombres élyséennes de la cité argentine, et les Arago de ces observatoires ne révèlent point au monde attentif le résultat de leurs découvertes. J'ai tout lieu de croire pourtant que les astres terrestres de Buenos-Ayres ne sont pas muets et inflexibles comme ceux du ciel, et qu'il s'échange entre eux et leurs fidèles sectateurs plus d'un incontestable témoignage de sympathie.

Les femmes de Buenos-Ayres... Mais à ce mot qui fait palpiter tant de cœurs, je pense que je vais trop vite entreprendre une aquarelle qui mérite d'être plus sérieusement étudiée. Daignez donc m'accorder quelques instants de réflexion et redescendre des hauteurs éthérées de l'azotea au rez-de-chaussée de la maison. L'habitation de la famille argentine est, comme dans toutes les cités des contrées méridionales, disposée d'une façon qui, pour l'Européen habitué au comfort d'un mobilier septentrional, ressemble à du dénûment; un sol carrelé, des murailles peintes à la chaux, deux ou trois chaises en bois de fabrique américaine, une table et un miroir, voilà tout. Cependant chaque chef de famille un peu aisé tient à honneur de posséder un salon tapissé de papier peint, entouré de fauteuils. C'est là qu'il s'empresse de conduire ses visiteurs, et il observe avec un naïf orgueil la surprise qu'ils doivent éprouver à la vue d'une console de Boule ou d'une étagère. Si l'étranger malavisé passe devant ces raretés sans jeter le cri d'admiration qui doit à chaque pas s'exhaler de ses lèvres, le bon propriétaire l'arrêtera de meuble en meuble comme un horticulteur de plante en plante dans le jardin qu'il cultive avec passion, et lui dira que de peines il a eu à se procurer telle et telle ébénisterie, par quel navire il l'a reçue et combien de piastres elle lui a coûté. Respectez cette candeur. Il n'y a pas longtemps que les dignes citoyens de Buenos-Ayres en étaient encore aux premières lettres de l'alphabet de notre civilisation, et chaque objet de luxe qui passe ici au tarif de la douane est comme un jalon de conquête du génie industriel de la France : heureuse conquête, plus attrayante que celle de la guerre et plus sûre que celle qui peut être opérée par les négociations des diplomates.

De cette demeure où l'on est accueilli avec une politesse parfaite , nous redescendons sur le trottoir de la rue, trottoirs en briques assez fatigants, longues rues étroites , comme je vous l'ai dit , qui avec leurs rangées de maisons basses pareilles à des dés, peintes à la chaux, ou couvertes d'une teinte grise par le souffle des vents humides, ressemblent aux murs d'une ville inachevée. Celles qui avoisinent le port sont parsemées d'une quantité de boutiques et de magasins : quincailliers et tailleurs, bijoutiers et modistes. Toute la vive invention parisienne y est représentée pas ses mille fantaisies en bronze et en or, en feutre et en soie. Au delà de ces régions brillantes, s'étendent de vastes quartiers si mornes et silencieux qu'en y pénétrant on se sent saisi d'un indicible sentiment de tristesse. Là , chaque quadro est composé d'un amas de chétives maisons pareilles à celles des fellahs d'Égypte : une porte basse et une fenêtre, et par cette fenêtre , on aperçoit des enfants à moitié nus gisant sur le sol, un gaucho en pantalon éraillé , assoupi par les verres de caña ou par le maté, et une femme à la figure flétrie repassant quelque vieux linge. L'herbe croît sur les trottoirs comme en plein champ, et le milieu de la rue totalement dépourvue de pavé est un ravin qui en été forme des tourbillons de sable, qui en hiver devient un étang infranchissable. Il y a une de ces rues entre autres à laquelle on a donné , par je ne sais quel oubli ou quelle intention épigrammatique, le nom de *Calle de los Estados Unidos* (rue des États-Unis), et qui est l'un des cloaques les plus affreux qu'il soit possible d'imaginer. Si M. Harris, ministre actuel du congrès de Washington, n'avait pas trop d'esprit pour être méticuleux, il aurait déjà réclamé contre l'injure faite à son pays par la dénomination appliquée à un tel amas d'immondices.

Ces quartiers sont les limbes d'un monde où commence à s'épandre la lumière européenne ; c'est là dernière ligne de transition entre le mouvement de la ville et le morne silence des pampas. Le pouvoir de Rosas n'a pas encore daigné s'abaisser sur cette misérable moitié de sa capitale, et, sur les fonds dont la junte lui abandonnait si complaisamment le libre emploi, il n'a rien pu épargner encore pour aplanir ces trottoirs, nettoyer ces égouts.

En revenant vers le centre de la ville, je voudrais bien, chemin faisant, vous montrer un de ces édifices tels que les Espagnols, dans leur ferveur religieuse ou leur faste royal, en ont fondé sur tant de points du globe. Je l'ai vainement cherché ; il n'existe pas. Les églises de Buenos-Ayres ne sont remarquables que par la profusion de leurs ornements, et les autres bâtiments publics, tels que l'Université, la Bibliothèque, la Maison des représentants, sont tout ce qu'il y a de plus vulgaire.

Il n'est pas un étranger cependant qui n'ait entendu quelques Buenos-Ayriens parler avec une admiration ingénue de la place de la Victoire et des monuments qui l'entourent. Là est la Recoba, longue ligne d'arcades peintes à la chaux, que l'on décore du nom de construction mauresque ; le Cabilda, autre rangée d'arcades surmontée d'une tour et d'un clocheton que les gens du pays comparent volontiers aux anciens hôtels de ville de Paris ou de Bruxelles ; un obélisque en briques qui pourrait valoir celui de Luxor, et une église avec des pilastres inachevés, un dôme écrasant, une façade hideuse, que l'on doit officiellement considérer comme un chef-d'œuvre d'architecture.

Oublions ces petites vanités. Elles naissent d'un défaut

de savoir qui mérite l'indulgence, ou d'une illusion de
patriotisme qui doit être respectée.

Je n'ai vu dans tout Buenos-Ayres qu'un seul bel édifice :
la maison de Rosas. Elle a été construite sur le plan
général des autres maisons de la ville, mais par un architecte habile, dans des dimensions dont l'étendue n'altère
point l'élégance. Elle forme à elle seule tout un quadro.
Nulle barrière n'en défend l'approche, nul corps de garde
n'en indique l'entrée. Seulement des groupes de soldats
en *chiripas* rouges accroupis dans le patio annoncent par
leur présence que cette demeure n'est point celle d'un
simple particulier. Il s'est passé là, il y a quelques années,
un drame qui a eu dans le pays un long retentissement.
La maison était à peine finie, et Rosas venait à peine de
s'y installer, lorsqu'un jour la nouvelle se répand dans la
ville que le restaurateur des lois, le sauveur de la patrie
a été menacé d'un danger effroyable. Une machine infer-
nale plus terrible que celle de la rue Saint-Nicaise et que
celle de Fieschi était dirigée contre lui ; une mine creusée
sous ses appartements devait le faire sauter en l'air avec
toute sa famille. Par bonheur, la Providence veillait sur
les jours de celui qu'elle a pris, comme un autre Saül,
dans un de ses exercices d'équitation pour la gloire
d'Israël, c'est-à-dire de la république Argentine. Les
cloches ont sonné, les églises se sont ouvertes pour rendre
grâce à Dieu de ce salut miraculeux. On a chanté des *Te
Deum*, on a fait des harangues et des proclamations,
celles-ci gonflées de sentences hyperboliques, celles-là
remplies de paroles de sang. Pendant qu'un de ces discou-
reurs s'épuisait à trouver des termes assez emphatiques
pour proclamer à la face du monde la grandeur de Rosas,
pendant qu'un autre s'écriait que son bras ne se lasserait

pas de verser le sang immonde des sauvages caraïbes, *id
est* des ennemis du dictateur, l'active police ne perdait
pas son temps. Elle cherchait l'infâme auteur d'un complot dont l'idée seule faisait frémir les cœurs les plus im-
passibles. Et il s'est trouvé, le croirait-on? que ce monstre
abominable était un honnête négociant nommé Stegman,
fort estimé jusque-là de tous ceux qui le connaissaient,
vivant d'une vie paisible et jouissant d'une considération
particulière dans son quartier. Bien entendu que cet hypocrite a été immédiatement saisi. En vain il protestait
contre l'accusation qui pesait sur lui, en vain il affirmait
que de sa vie il n'avait creusé la moindre parcelle de terrain. Il demandait même, tant était grande son impu-
dence, qu'on lui fît voir au moins une partie de la
fameuse mine, afin de démontrer mathématiquement que
jamais il n'avait pu entreprendre un tel travail. La police
argentine n'est point assez sotte pour se laisser ébranler
dans son devoir par de telles niaiseries. En dépit de ses
requêtes et de ses protestations, Stegman fut conduit
dans ces plombs de Venise qu'on appelle la prison de Santos-Lugares, et il y est resté longtemps, et il en est sorti
parfaitement ruiné. Il y a des gens qui affirment que son
crime était de posséder près du palais de Rosas une
modeste habitation qui gênait les idées d'architecture du
dictateur, et de tenir à cette propriété, comme le meunier
de Sans-Souci à son moulin. Dans les diverses démarches
qui furent faites pour obtenir la concession de son terrain,
peut-être se disait-il, comme l'honnête meunier de Pots-
dam, qu'il y avait des juges à Berlin. On lui a fait voir
que Buenos-Ayres n'était pas Berlin.

Si les longues lignes des maisons de Buenos-Ayres avec
leurs façades grises ou blanches, leur soubassement peint

en rouge pour plaire à l'œil fédéral de Rosas, forment par l'uniformité de leur construction et de leur couleur un tableau assez monotone, en revanche, il y a là une population d'une variété curieuse et d'un caractère original : d'abord les Espagnols, fils des conquérants du pays, qui ont imposé à cette contrée l'usage de leur langue et la plupart de leurs noms, puis les colons d'Europe, Anglais, Allemands, Français, Sardes, Basques et Béarnais, puis des nègres qu'une loi a affranchis sans secousse et sans trouble, puis des mulâtres, des Indiens, et enfin des gauchos.

J'ai été plus d'une fois, en diverses contrées, frappé de la scène que présentait sur un même point un assemblage de plusieurs races hétérogènes. Mais ni les Lapons errant avec leurs longs cheveux noirs et leurs vêtements de peaux de renne dans les villes septentrionales de Suède et de Norvége, ni les Kalmouks, les Tartares et les Circassiens passant entre les palais de Pétersbourg, ni les Européens mêlés aux Turcs dans les bazars de Smyrne et de Constantinople, ni les Juifs et les Arabes descendant des hauteurs de la vieille ville sur la place d'Alger, ne m'ont frappé par un contraste aussi saillant que celui qui, a chaque pas, surprend les regards de l'étranger à son arrivée à Buenos-Ayres.

Pour m'aider à vous montrer quelques-unes de ces images journalières, supposez que vous voulez bien un instant me faire l'honneur de m'accompagner dans une promenade pédestre à travers quelques quartiers de la ville. Nous entrons dans la rue du Pérou. A droite et à gauche, vous ne voyez que le luxe des inventions de notre pays : marchands de meubles, bijoutiers, coiffeurs. Voilà les dernières soieries venues de Lyon, les rubans les plus frais de Saint-Étienne, les formes les plus récentes de corsages ou de chapeaux ; une jeune fille prépare derrière cette fenêtre grillée une guirlande de fleurs artificielles qui figurerait très-honorablement dans un salon du faubourg Saint-Germain ; un tailleur applique aux vitres de sa boutique la nouvelle gravure du *Journal des modes*, qu'il a reçue hier par le paquebot du Havre, et devant laquelle s'arrêteront les élégants ; un libraire range méthodiquement sur ses tablettes une collection de livres. Vous l'embarrasseriez sans doute beaucoup en lui demandant les œuvres de Garcilasso de la Vega, ou de quelques autres anciens historiens d'Espagne. Mais il est prêt à vous fournir les romans de Dumas, de Sandeau, et les poésies d'Alfred de Musset. C'est un coin de Paris, allez-vous dire, c'est une copie avec accompagnement de gilets écarlate comme on en voyait flamboyer à Paris immédiatement après notre fameuse révolution de Février.

Nous faisons un léger détour, et en passant devant des magasins anglais, devant l'atelier du spirituel Fabvier, qui fera avec la même grâce votre portrait à l'huile ou au daguerréotype, nous touchons au Cabildo, prison de la ville, siége de la police. Ici, la scène change tout à coup. Vous étiez en Europe, vous voici dans l'Amérique primitive, dans la région des Pampas. Il y a là sous les arcades un amas de soldats qui ne ressemblent à rien de ce qui existe sur notre continent, nègres et blancs en uniformes et sans uniformes. Celui-ci se drape dans un poncho indien, cet autre a la poitrine et les bras incarcérés dans une veste britannique. Il en est qui couvrent leur tête d'un mouchoir, d'autres d'un bonnet pointu ou d'un chapeau rond, selon leurs caprices ou leurs accidents de fortune. C'est une heureuse liberté. Sur un point seulement de leur personne, ils doivent, si je ne me trompe, être astreints à un ordre régulier : ils ont tous le pantalon effrangé ou éraillé à ses extrémités et les pieds nus. Je crois que dans les troupes de Rosas les grades se distinguent par cette partie inférieure du corps : pour les soldats, le simple épiderme dont la bonne nature pourvoit tout homme en le mettant au monde; pour le sergent, la paire de souliers : pour l'officier, la botte en cuir ordinaire, et pour les généraux, la botte en cuir verni. C'est une façon de régler la hiérarchie militaire qui me paraît beaucoup plus sage que la nôtre, car pour reconnaître le rang de son supérieur, le subalterne doit de la sorte toujours avoir les yeux baissés.

Pendant que vous vous amusez à observer l'insouciante nonchalance avec laquelle ces défenseurs de la patrie montent leur garde et portent leurs fusils, le bruit du fer résonne sur le pavé. Un cheval arrive au grand galop, la crinière flottante, les naseaux fumants, impétueux et fier comme s'il bondissait encore dans sa force indomptée; puis soudain, sous la main vigoureuse qui le domine, il s'arrête comme si ses jambes étaient fixées au sol. C'est le cheval des vastes estancias, et celui qui le monte est le gaucho. Voilà le vrai soldat de l'Amérique du Sud, voilà le fils des pampas dans toute sa mâle beauté. Le fantassin du Rio de la Plata a la démarche lourde, l'air gêné, l'air humilié d'un homme qui subit une punition. Pour lui rendre ses forces, il ne faut pas, comme à Antée, le contact de la terre, il lui faut les flancs du cheval qu'il a lui-même *lacé* dans un troupeau sauvage, et subjugué avec audace. Moins léger que le Bédouin, moins gracieux que l'Arabe, moins imposant que le Turc avec son large turban et ses draperies flottantes, le gaucho a un costume et

une attitude qui frappent singulièrement les regards.
Sous son sombrero en paille blanche, apparaît une virile
figure bronzée par le soleil, encadrée dans une masse de
cheveux noirs. Une veste de couleur brillante couvre sa
poitrine, un poncho en laine tissu dans la Chacra flotte
sur son dos, laissant un libre mouvement à ses bras. Sur
ses reins est une ceinture de cuir portant d'un côté le
large couteau dont il se servira avec la même aisance
pour dépecer un bœuf ou égorger un ennemi, constellée
de l'autre par les patacons[1] ou les armes d'or qui sont sa
fortune. Dans les jeux des pulperias, si le sort lui est
funeste, il détachera successivement avec son couteau
chacune de ces pièces d'or ou d'argent et les jettera sur
la table jusqu'à ce qu'il ait épuisé son trésor ambulant.
Ses cuisses sont enveloppées dans le chiripa rouge, espèce
de manteau oblong noué à sa taille et retombant en plis
triangulaires sur ses genoux; de ces plis sortent les bandes brodées ou effrangées de son pantalon blanc. Quelquefois, au bas de ces franges, pendent deux pieds nus
tannés au grand air; quelquefois il se mire dans des
bottes européennes. Le plus souvent il se conforme à
l'antique usage du pays : il détache, au moyen d'une
incision circulaire pratiquée à la hauteur du genou, la
peau des jambes de son cheval, la fait passer sur le sabot,
la broie avec du sable pour l'assouplir, et se fait ainsi une
paire de bottes sans couture qui, reployée à moitié, lui
couvre les mollets, la plante des pieds, et laisse seulement
à découvert l'orteil, par lequel il s'appuie sur son étrier.
Ainsi équipé, que lui manque-t-il pour jouir de la plénitude de la vie? N'a-t-il pas de l'argent pour goûter les

[1] Pièce d'argent de cinq francs trente centimes.

charmes de la pulperia, un poignard pour se défendre, un cheval pour l'emporter dans l'immense espace, un recado, selle et couverture, pour lui faire un oreiller, une couche en pleine campagne ! Il n'a rien à envier aux conceptions artificielles de la civilisation. Il est l'homme libre par excellence, il est le roi de la nature sauvage. Dans les longues ondulations des pampas, tous ces gauchos peuvent s'écrier comme les corsaires de Byron dans l'enceinte des mers :

« Over the glad waters of the dark blue sea. »

Tous les habitants de Buenos-Ayres participent, en ce qui tient à l'équitation, des habitudes du gaucho. Le cheval est à peu près l'unique moyen de locomotion qui existe à Buenos-Ayres. Le médecin fait ses visites à cheval. Le courtier de marine s'en va de comptoir en comptoir à cheval. Chaque femme, chaque jeune fille a, dès son bas âge, appris à monter à cheval. On rencontre à tout instant dans les différents quartiers de la ville des chevaux stationnant, immobiles, au pied du trottoir. C'est celui d'un avocat qui vient d'entrer chez un client, d'un jeune amoureux qui va porter un bouquet de camélias à sa novia, d'un grave négociant qui organise avec un de ses confrères le chargement d'un navire. Le maître, en posant pied à terre, jette la bride sur le col de son cheval, et le fidèle animal attend patiemment dans la rue que son seigneur ait terminé son traité de commerce ou son roman d'amour. Dans cette innombrable cavalerie, il arrive de fréquents accidents. La plupart des chevaux ont les jambes de devant brisées par l'impétuosité avec laquelle on les lance au galop ou au grand trot, et la violence avec

laquelle on les arrête tout à coup sur place. Il ne se passe
pas un jour où l'on ne rapporte dans sa demeure quelque
malheureux écuyer avec un membre rompu ou une côte
brisée. Ces catastrophes n'ont ici pas plus d'action que les
explosions de bateaux à vapeur aux États-Unis. On continue à monter à cheval, comme si de rien n'était, et celui-
là même qui a été victime de son ardeur ou de son imprudence, dès qu'il est remis de sa chute, n'a rien de plus
pressé que de retourner à la Caballeria. Le fait est que,
par la disposition particulière de ses maisons, dont chacune
ne renferme guère qu'une seule famille, cette ville de
Buenos-Ayres, qui ne compte pas plus de cent vingt mille
âmes, occupe un énorme espace, et qu'à moins de perdre
un temps considérable à s'en aller d'un point à l'autre, on
ne peut y circuler à pied. Or, il n'y a ici ni omnibus, ni voitures de place. Quelques riches négociants seulement possèdent comme un rare objet de luxe une voiture. Quelques carrossiers gardent sous leurs hangars un ou deux
remises frappés d'un arrêt de réforme dans les ateliers de
Paris, et le pavé de Buenos-Ayres est si raboteux et si
inégal, creusé par tant de ravins et de monticules, que
c'est une dure fatigue de le parcourir dans ces voitures,
qui ont bercé à la porte du Luxembourg ou dans la cour
des Tuileries les ministres du Directoire ou les généraux
de l'Empire.

La république Argentine a ses voitures indigènes que
nulle autre ne peut encore remplacer. La première, c'est-
à-dire la plus élégante, est la galère (vraie galère!), monstrueuse caisse en bois posée sur de monstrueux brancards.
On y attelle huit à dix chevaux comme dans les plaines de
sable de la Valachie, et c'est avec ce véhicule qu'une
troupe de voyageurs s'en va dans quelque lointaine estan-

cia. La seconde est la voiture de transport ou carreta, mastodonte de la charronnerie que l'on dirait exhumé des couches séculaires de l'ancienne barbarie gauloise. On emploie un arbre d'une seule venue, une poutre entière à en faire le timon, une autre poutre à l'essieu, et je ne sais combien de branches épaisses aux jantes et aux rayons des roues qui ont dix pieds de diamètre. Sur cet essieu, on construit, comme pour y recueillir en cas de naufrage toutes les races animales, une arche gigantesque recouverte en peau de bœuf, fermée de trois côtés, ouverte seulement comme une vaste cuve sur le devant. C'est là que le charretier entasse toute la cargaison qui lui est confiée. A ce lourd convoi il attelle à une longue distance l'un de l'autre trois couples de bœufs, s'asseoit au milieu des derniers, les jambes croisées sur le timon, armé d'une perche avec laquelle il aiguillonne tour à tour ses animaux. S'il est fatigué de ce siége, il monte dans sa charrette, à la voûte de laquelle est suspendue, comme un mât de beaupré, une autre perche qui, au moyen d'un facile mécanisme, se meut à volonté et atteint jusqu'aux flancs du premier couple de l'attelage.

Ceux qui ont vu les primitifs convois des steppes de Russie ou du cap de Bonne-Espérance peuvent seuls se représenter sous leur véritable aspect les caravanes argentines, dix, quinze, vingt charrettes cheminant lentement à la file l'une de l'autre dans les ornières profondes, dans les chemins poudreux, ou dans le vaste espace désert qu'on ne peut parcourir sans le secours d'un guide expérimenté. Le long de cette ligne de chariots voltige un cavalier à cheval qui préside aux mouvements de la troupe et règle les campements. Ce qu'on a dit du chameau est parfaitement applicable à ces charrettes. Ce sont les navires des pampas. Un négociant les frète comme des navires à Mendoza, à Santa-Fé, les charge de bois, de fruits, de cuirs, ou d'autres denrées du pays, et les expédie à son consignataire à Buenos-Ayres, qui les renvoie avec une cargaison d'étoffes, de meubles, de liqueurs. C'est ainsi que les produits de l'industrie européenne s'en vont des bassins du Havre, des quais de Liverpool jusqu'au pied des Andes.

La caravane ne fait pas plus de cinq à six lieues par jour. Le soir, elle s'arrête dans un pâturage, et prend toutes ses dispositions pour se garantir de deux races d'ennemis : les Indiens et les tigres. Les charrettes rangées en cercle forment une palissade, au milieu de laquelle on allume le feu pour rôtir l'azado et effrayer les animaux féroces. S'il y a quelque apparence de danger, deux ou trois hommes sont tour à tour placés en sentinelle, tandis que leurs compagnons dorment sur la terre nue ou dans le chariot. A leur arrivée à Buenos-Ayres, tous campent de même. Il y a dans cette ville quatre ou cinq grandes places qui sont comme autant de rades où ces bricks terrestres viennent jeter l'ancre en dénouant les câbles qui enlacent leurs bœufs. Le charretier reste là tranquillement sans se soucier de voir l'obélisque de la place de la Victoire ou les magnificences de la rue du Pérou. Sa charrette est son toit et son magasin. Le jour, il travaille à la décharger et à la recharger ; la nuit, il y repose. Quelquefois il amène avec lui sa femme qui lui fait rôtir en plein air son quartier d'agneau ou lui prépare son mâté. En ses heures de loisir, il se rapproche de ses compagnons, qui ainsi que lui restent fidèles à leurs tentes nomades. Il est rare que dans la cohorte ambulante il n'y ait pas quelque musicien qui chante une chanson populaire en promenant ses doigts sur les cordes d'une guitare. Si à ce concert, qui tient

tous les auditeurs attentifs et provoque souvent parmi eux
de longs éclats de rire, on peut ajouter les délices d'une
bouteilles de caña, voilà des gens vraiment heureux, si heureux que leur bonheur se répand comme un fluide électrique
autour d'eux, et se communique à ceux qui les approchent.

Souvent, dans les philosophiques flâneries qui me conduisaient de côté et d'autre avec mon bon docteur danois
Saxild, je suis resté fasciné par l'effet singulier de ce pittoresque tableau. Quels costumes et quelles figures dignes
du pinceau de Callot! Quel éclat dans leurs yeux noirs,
quelle franche explosion de gaieté à chaque répétition d'un
refrain burlesque! Chacun de ces hommes me semblait, du
reste, avoir une physionomie honnête, hélas! et ce sera
pour moi un douloureux regret de n'avoir pu m'embarquer avec eux, pour les suivre à travers les différents incidents de leur marche dans une de leurs lentes traversées.

Charretiers et gauchos, voilà la partie la plus pittoresque de la population de Buenos-Ayres. Essayons pourtant de voir les autres. Il y a dans cette ville environ cent
vingt mille habitants, dont plus de la moitié se compose
d'étrangers de différentes nations. Il est si difficile d'avoir
à cet égard des renseignements officiels exacts, que je ne
puis faire cette statistique que par approximation. J'ai vu
les zélés agents de notre gouvernement sollicitant depuis
deux mois à la capitainerie du port, à la police, le dénom-
brement positif de nos compatriotes établis à Buenos-
Ayres, sans avoir encore pu l'obtenir. Il paraît certain
qu'en comprenant les Basques et les Béarnais travaillant
dans les saladeros [1], notre colonie française est ici de dix-

---

[1] C'est ainsi que l'on nomme les établissements où l'on dépèce, où
l'on sale les animaux.

neuf à vingt mille individus. Le consul sarde m'a affirmé
que celle de son pays s'élève à vingt-quatre mille. Les Anglais, les Américains, les Allemands et quelques Scandi-
naves forment une masse d'au moins vingt-cinq mille
âmes.

La population française, qui m'intéressait par-dessus
tout, occupe dans cette capitale une position sérieuse et
honorable. On n'y rencontre point, comme en Orient et
aux États-Unis, de ces détachements vagabonds d'industriels qui, dans leur fatale audace, s'en vont au delà des
mers chercher dans de honteuses pratiques le moyen
d'exister qu'ils ne savent plus confier à un honnête travail. Cette colonie se compose de négociants, d'ouvriers.
Elle représente toutes les professions libérales ou manuelles
de la société, depuis le médecin qui a conquis ses grades
dans nos Facultés jusqu'au tailleur élève de Belin ou de
Staub, et au coiffeur sorti frais émoulu du Palais-Royal.
Dans les dernières années, cette colonie s'est accrue par
l'émigration de Montevideo, où nos pauvres marchands,
assiégés depuis sept ans, voyaient jour par jour leur
capital se fondre dans leurs boutiques désertes, entre
la ligne d'Oribe, qui fermait toute communication avec
la campagne, et le port abandonné. J'ai souvent causé
avec ces marchands, et je n'en ai pas rencontré un
seul qui ne considérât Buenos-Ayres comme un lieu
d'exil, qui n'aspirât à retourner au plus vite, dès que les
circonstances le permettraient, dans son cher Montevideo,
où la vie, disent-ils, est si douce et si facile, où avant
la déplorable crise dans laquelle nous sommes si triste-
ment engagés, chacun faisait, pour employer leur langage, des affaires d'or. La république Argentine leur est
cependant très-favorable. Rosas, qui traite les estancieros

de sa libre république à peu près comme Méhémet-Ali
traita dans son omnipotence les fellahs d'Égypte, Rosas
s'est fait une loi d'entourer d'une protection particulière
les étrangers. Lorsque la diplomatie européenne entre
en négociation avec lui, c'est là un de ses principaux
arguments : « Voyez, dit-il au ministre d'Angleterre,
voyez, dit-il au ministre de France, ce que je fais pour vos
nationaux. Ne jouissent-ils pas ici de tous les priviléges
d'une bonne bourgeoisie? Éprouvent-ils la moindre injustice et la moindre vexation? »

Malgré cette politique bénigne, très-exactement suivie,
il est vrai, par Rosas envers les étrangers, il paraît que
Montevideo a, pour tous ceux qui y ont vécu, un charme
particulier que les aménités de la police argentine ne
peuvent faire oublier. Je reviendrai sur cette question.

On distingue dans les rues de Buenos-Ayres les indigènes
des étrangers au ruban rouge qui éclate autour de leur
drapeau, à la cinta rouge flottant à leur boutonnière,
signe d'union, disent les courtisans du dictateur. Mais il
n'est pas un être sensé qui n'y voie un signe de vasselage
infligé par un homme qui s'annonce comme le président
d'un État libre à toute une population épouvantée depuis
vingt ans par sa cruauté, asservie par son astuce.

Cette population, qui reste si patiemment la tête courbée
sous le joug qu'elle s'est elle-même forgé, est l'une des
meilleures races humaines que j'aie jamais rencontrées
dans mes voyages. Les Porteños joignent à la courtoisie
des Espagnols les habitudes hospitalières des pays du nord,
et les Porteñas sont charmantes. Elles ont un type particulier qui tient à la fois de la vivacité enfantine des Anda-
louses, de la gracieuse nonchalance des Havanaises, un
visage ovale d'une coupe fine, comme celle d'un camée

antique, le teint blanc, les yeux noirs, et des cheveux d'un éclat, d'une abondance superbes. Leur éducation ressemble peu à celle des jeunes filles d'Europe, qui de bonne heure ont l'aiguille à la main et se trouvent par une mère vigilante ou par une maîtresse de pension sévère entourées de livres et de cahiers, comme si elles devaient se préparer à un examen de bachelières ès lettres. Les Porteñas travaillent peu et apprennent peu de chose. Leur journée se passe dans une molle indolence et dans un commode négligé. Vers le soir seulement se développe leur activité. Elles nattent alors avec soin leur belle chevelure, elles y enlacent avec art le ruban rouge, dont Rosas a fait un stigmate et dont elles font une parure coquette, apparaissent comme des belles de nuit écloses au coucher du soleil, dans les rues, dans les magasins, sur les azoteas, ou dans leurs salons. La conversation avec elles est, je dois le dire, restreinte dans des bornes très-étroites. Les incidents, les petites chroniques des tertulias, autrement dit des soirées de famille, en forment la base essentielle. Le récit d'une promenade à la campagne, d'un accident dramatique, l'annonce d'un bal, ou l'ouverture d'un nouveau magasin, sont autant d'événements sur lesquels chacun se jette avec ardeur, et dont on tire tous les fils possibles pour broder l'uniforme canevas du tissu journalier. La discussion politique étant considérée comme fort malsaine dans des cercles où plane sans cesse l'ombre inquiète du dictateur, on trouverait en d'autres pays, avec la même appréhension, un immense sujet d'entretien dans les questions d'art et de littérature. Mais les aimables Porteñas ne savent pas le premier mot de ces questions académiques et n'y portent pas la moindre curiosité. Pour elles, le monde commence et finit à Buenos-Ayres. Au pre-

mier abord, ce défaut d'éducation littéraire, tempéré çà
et là par la lecture de quelques romans, produit une étrange
impression sur le voyageur habitué aux vifs et larges
tournois des salons parisiens, où le dard de la parole s'attaque hardiment à tous les temps, à toutes les contrées,
à tous les systèmes, sûr d'être applaudi, ou du moins
d'exciter l'intérêt, pour peu qu'il ait de portée ou d'ori-
ginalité. Plus tard on finit par trouver je ne sais quelle
espèce d'agréable quiétude dans l'ignorance et dans la satisfaction d'ignorance des Porteñas. On n'essayera plus
de leur parler de Shakespeare, ni de Gœthe, et l'on se dira
qu'il n'est pas besoin de songer aux fictions des poëtes
devant ces réalités de la poésie, images vivantes de la
féerique Miranda, de la tendre Clara ou de la noble Cor-
delia. Rien de plus gracieux du reste et de plus expansif
que l'accueil des Porteñas. Elles viennent à vous en vous
tendant la main, elles vous adressent dès la première
visite que vous leur faites les paroles les plus affectueuses :
« *Soy muy dicha de ver usted. La casa es toda à la disposicion
de usted. Saré muy agradecida se usted quiere venir frequen-
tamente à visitar nosotros.* » Ces compliments finis, on vous
apporte le maté, et la bombilla que vous avez mise entre
vos lèvres passe successivement d'une bouche à l'autre.
Il y a dans le libre abandon, dans la *franqueza* des gens
du pays des usages plus singuliers encore. A la seconde
ou à la troisième soirée que vous passerez dans une maison argentine, vous pourrez voir une femme rompre de
sa main une tartine de baba et vous en présenter sans
façon un morceau du bout de ses doigts. Une autre, pour
s'assurer que votre thé est suffisamment sucré, puisera
dans votre tasse avec la cuiller dont elle vient de se servir
pour goûter le sien. A dîner, tandis que les hommes vous

proposeront à la manière anglaise de boire avec eux un verre de vin de Madère, la maîtresse de maison, ou une de ses filles, piquera sur son assiette un morceau de choix et vous l'enverra par un domestique au bout de sa fourchette. Sous peine de passer pour un homme fort malappris, vous ne pouvez vous refuser à cette civilité. De deux petites mains blanches, de deux lèvres roses auxquelles la fourchette a touché, cette politesse argentine n'est pas difficile à accepter. Mais quelquefois!... enfin, c'est une des lois du pays, et il est du devoir du voyageur de se soumettre aux lois des contrées qu'il visite.

Dans son entrée au sein des familles de Buenos-Ayres, dont le langage, les manières ont immédiatement un caractère si cordial, plus d'un étranger inexpérimenté aura pu se croire conduit de prime abord vers le sentier fleuri d'une bonne fortune et construire dans sa rêveuse pensée l'édifice aérien d'un joli roman. Pour peu qu'il ait de sagacité, il ne tardera pas à reconnaître qu'il s'est trop vite lancé vers les ailes de l'illusion dans les espaces imaginaires. Il reviendra le lendemain avec une vague agitation dans la demeure où se sont écloses ses espérances; il y reviendra régulièrement toute une semaine, tout un mois, et un beau soir, en posant la tête entre ses mains, en examinant de sang-froid sa situation, il sera forcé de s'avouer que, dès le premier jour, on lui a donné à peu près tout ce qu'on voulait lui donner : paroles flatteuses, regards confiants, sourires affectueux. Rien de plus, rien de moins. Pour conquérir la place dont on lui a sans crainte ouvert les avenues, il faut que son roman devienne une histoire, que le sentier où il s'était mis à cheminer si gaillardement touche à l'église, qu'en un mot, il renonce à sa folle liberté de célibataire pour se soumettre aux consciencieuses obligations du pacte conjugal.

Les Porteñas, sans exception aucune, les plus frivoles en apparence et les plus avenantes, n'ont qu'un but, mais un but dont rien ne peut les faire dévier, le mariage. Tout ce qu'elles ont de grâces naturelles et de dons acquis doit être sagement employé pour les conduire le plus tôt possible au saint sacrement qui est leur espoir. Toutes les tâches exorbitantes que quelques-unes d'entre elles s'imposent, comme, par exemple, d'apprendre à bégayer le français ou l'anglais, à épeler un cahier de musique, à dessiner une fleur, sont destinées à leur donner une supériorité marquée sur leurs nombreuses rivales et à leur faire gagner plus vite la couronne nuptiale. Dans cette préoccupation perpétuelle d'une même pensée, chaque maison argentine ornée de quelques jeunes filles est comme un rond-point dans le bois où les belles chasseresses se tiennent à l'affût. Gare à l'oiseau nomade, à l'oiseau téméraire qui s'arrête trop près d'elles! Chaque rayon de leurs yeux est une flèche, chaque sourire de leur bouche vermeille une glu, chaque boucle de leurs cheveux un lacet.

Les douces et gracieuses filles! Il ne faut pas leur en vouloir de dresser ainsi sans cesse leurs petits piéges. En premier lieu, le désir du mariage, personne ne le contestera, est un désir louable, sanctifié par l'Église, couronné par la société. En second lieu, ce désir si naturel est si difficile à réaliser dans la cité de Buenos-Ayres! Imaginez d'abord qu'ici une personne non-seulement ne reçoit de ses parents aucune dot, mais qu'en quittant la maison paternelle elle y laisse tout ce qu'elle possédait, linge, bijoux, de telle façon que l'époux est obligé de lui refaire lui-même un trousseau complet. Imaginez, de plus, que les guerres civiles, les massacres de la Mashorca, les terreurs inspirées par Rosas et l'émigration qui s'en est suivie, ont enlevé à la ville une quantité de jeunes gens. De compte fait, il existe à Buenos-Ayres trois fois plus de femmes que d'hommes. Jugez de la concurrence. Aussi le titre de célibataire est-il ici, aux yeux de la plupart des familles, un titre de premier ordre, et celui-là qui s'aviserait de faire graver sur ses cartes de visite ce magique adjectif : *soltero*, célibataire, produirait certainement plus d'effet que s'il adjoignait à son nom une particule nobiliaire ou une couronne à trèfle.

L'étranger qui est présenté dans la société argentine avec cet heureux privilége de célibataire est sûr d'y devenir aussitôt l'objet d'une quantité d'ingénieuses conceptions et de tendres complots. Si dans un cercle de famille il paraît montrer quelque penchant pour une des jeunes sœurs dont chacune avait peut-être sur lui quelque secrète prétention, aussitôt, par un accord tacite, toutes s'unissent pour seconder dans sa campagne matrimoniale celle qui paraît avoir le plus de chances de succès. Indépendamment du sentiment d'affection qui doit les porter à souhaiter son triomphe, il y va pour elles d'un double intérêt. Elle mariée, c'est une rivale de moins, et la veille de ses noces, elles héritent de ses châles, de ses robes, de ses colliers. Si, malgré ses orgueilleux projets de liberté, le voyageur se trouve quelque jour enlacé dans ce réseau de conspirations, je ne crois pas qu'après tout il ait gravement lieu de le regretter. Il ne pourra, il est vrai, entretenir sa femme ni du savant mécanisme du système constitutionnel, ni de l'éloquence de Foy ou de Casimir Périer, ni de la philosophie de Kant ou de la poétique peinture de Scheffer, ni des antiquités de l'Italie ou des paysages de la Suisse,

toutes choses qui lui sont parfaitement étrangères, complétement indifférentes. Il aura de plus la douleur de voir
en quelques années la fleur de beauté qui l'a séduit se dessécher et se flétrir comme l'herbe des champs. Mais il
pourra trouver de douces compensations dans cet aride
banc de sable de l'esprit des Porteñas. On dit qu'elles sont
très-bonnes épouses et très-bonnes mères, deux vertus qui
en valent bien d'autres.

IX

LA BOCCA.

La rade lointaine où s'arrêtent les navires de quelques
centaines de tonneaux n'est pas le seul port de Buenos-
Ayres. Il en est un autre plus près de la ville, à une
demi-lieue environ du côté du sud. C'est celui où les *balan-
celles* vont chercher les divers produits des saladeros pour
les transporter à bord des navires de la rade, et c'est celui
où abordent les barques de cabotage qui font, par les
fleuves, le même service que les *carretas* par la voie de
terre. Certes, pour celui qui songe à l'étendue du Parana
et de l'Uruguay, à tous ces affluents de rivières qui, dans
leur réseau, embrassent une immense contrée, depuis le
Brésil jusqu'aux confins de la Patagonie, et depuis le Paraguay jusqu'aux limites de la république Argentine, pour
celui qui sait que quelques-uns de ces courants d'eau sont

parfaitement navigables à cinq ou six cents lieues de distance, que les autres le deviendraient à peu de frais, que quelques interstices de terrains pourraient être aisément rejoints par des canaux, c'est une triste chose que de voir le peu d'utilité que l'on tire de ces magnifiques dons de la nature. Rien peut-être ne fait mieux comprendre l'état d'enfance agricole et industrielle des provinces argentines, l'état de marasme où elles ont été plongées par les discordes civiles qui ont suivi leur émancipation, puis par l'atroce dictature de Rosas, dont le caractère peut se résumer en deux mots : férocité et imbécillité, férocité de la bête fauve, imbécillité sauvage, non en ce qui touche à l'accroissement de sa propre domination, mais en ce qui tient aux intérêts, à la prospérité de son pays.

A ne le prendre qu'au point de vue pittoresque, le petit port dont je parle, le port de la Bocca, est très-curieux à visiter. J'y ai été plusieurs fois, et c'est de toutes mes excursions au dehors l'une de celles qui m'ont laissé les plus agréables souvenirs. Il est vrai que dans ces promenades pédestres, j'avais pour compagnon un aimable et spirituel compatriote qui, dans les attrayants récits de ses nombreuses odyssées, m'entraînait tour à tour des plaines de la Picardie aux grands sites de la Nouvelle-Zélande, où il avait été possesseur d'une baie et d'une vallée, et du splendide panorama de Rio–Janeiro aux déserts de la Patagonie.

Une large route réunit le port de la Bocca à Buenos-Ayres. Dès le matin, elle est sillonnée par le courtier de marine ou le commis de magasin à cheval, par les charrettes de transport, par le laitier, assis les jambes croisées sur ses jarres en terre, et courant au grand galop porter

en ville sa denrée. C'était une nouvelle manière d'épaissir
le lait, et de le présenter aux bonnes femmes de la ville
comme une crème mousseuse. De chaque côté de la route
s'étendent des plaines marécageuses, incultes, où les troupeaux paissent dans un libre abandon; la nature sauvage
à côté de la vie sociale; c'est un contraste qu'on rencontre ici à chaque pas. Au milieu de cette même route
s'élève un poteau avec une inscription : *Puente de Rosas,*
pont de Rosas. J'ai cherché de tous les côtés l'édifice qui
se recommande ainsi à l'attention des passants, et après
avoir en vain promené mes regards à droite et à gauche,
j'ai fini par découvrir qu'une couche de briques recouvrait
en travers du chemin un fossé d'un pied et demi de largeur. C'est là le pont devant lequel il serait convenable de
s'incliner, comme les Suisses, du temps de Guillaume
Tell, devant le chapeau de Gessler. Rosas connaît les
grandes traditions. Quelque docte Buenos-Ayrien lui
aura appris sans doute qu'autrefois les généraux romains
attachaient leur nom aux travaux hardis qu'ils exécutaient
sur les rives du Rhin ou du Danube, et il suit l'exemple
des généraux romains.

Un peu plus loin apparaissent des cabarets en planches,
ouverts dès l'aube du jour aux voituriers et aux *chanda-*
gors, des cabanes d'ouvriers enclavées avec leur coral
dans une haie d'aloès. C'est ainsi qu'on arrive au port de
la Bocca. Il est formé par une petite rivière qui porte
encore le nom illustre de Solis et se jette dans le Rio de la
Plata. De l'autre côté de cette rivière on ne voit que quelques chétives habitations bâties avec les tiges de bambous
qui viennent du Paraguay, couvertes en roseaux, pareilles
à celles des pauvres indigènes de l'archipel indien. Solitaires et mornes entre les deux rivières qui enlacent leur

plage humide, ces habitations semblent étrangères à tout
ce qui les environne. Mais du côté de la ville, il y a un actif
mouvement et une étonnante variété de tableaux. L'embarcadère en bois, construit au bord de la rivière, est rempli
de marchands affairés, de portefaix qui déchargent les
cargaisons de cuirs et de laine de Corrientes, les bois du
Paraguay, les caisses de raisin de Mendoza, les plumes
d'autruche et les peaux de tigre des pampas. En face du
port s'étale le village dont chacun citoyen a bâti sa demeure qui de ci, qui de là, selon sa fantaisie ou sa provision de piastres, avec un profond dédain pour la monotone régularité des villes, avec un merveilleux esprit
d'indépendance. Près de la vaste Fonda de la marine, où
un chef d'office français fricasse selon les règles de l'art
les tranches de mouton et les ailes de poulet, voici la modeste pulperia, boutique et taverne où le batelier trouve
à la fois la chemise de laine dont il a besoin, le verre
d'eau-de-vie qui le réconforte, et le morceau de bœuf rôti
selon son goût. Ici, un riche négociant s'est construit
une élégante villa où il vient aux jours de fête se reposer avec ses amis des fatigues du comptoir. A l'ombre
de cette aristocratique maison, un pauvre diable a
fait avec quelques branches d'arbres rejointes par de la
terre glaise un toit qui lui suffit pour s'abriter avec sa
famille à la fin de son rude labeur. Celui-ci, qui a probablement touché aux confins du Céleste Empire, a voulu
avoir, en mémoire de ses voyages, un pavillon chinois.
Celui-là a transformé en une demeure paisible la carcasse
d'un navire fatigué des orages de mer. Cet autre plus
modeste s'est contenté d'une dunette. Pour la préserver
de l'humidité, il l'a posée sur des pilotis; il y monte par
une échelle, et y trouve dans dix pieds carrés son lit, sa

table, et peut-être le bonheur de ses vieux souvenirs de
marin.

La plupart de ces habitations, si misérables en apparence, sont occupées par une population laborieuse, éco-
nome, par des Basques et des Béarnais, dont un grand
nombre, après quelques années de travail, possèdent dans
leur sombre réduit plus de belles onces d'or qu'il n'y en a
dans la caisse de l'élégant qui caracole devant leur porte
sur un cheval de choix.

Près de là sont les lavages où une partie de ces honnêtes
ouvriers est employée à tremper dans l'eau des masses de
peaux de mouton, et à les frapper à grands coups de
sabre pour en enlever les tiges et les aiguillons de char-
don mêlés à la laine dans les pâturages. Près de là sont
les barracas et les saladeros où d'autres travaillent à préparer pour le commerce les divers produits que l'on tire
des animaux. C'est ici l'un des principaux centres d'activité de cette industrie agricole qui fait la richesse du Rio
de la Plata. La barraca est l'établissement où l'on presse
les balles de laine, où l'on amasse les cuirs destinés à l'exportation. Le saladero réunit toutes les diverses opérations
de cette industrie. J'ai visité de point en point celui de
M. Cambacères, le plus vaste et le plus complet qui existe.
C'est une scène qui n'est ni gaie ni odoriférante, mais
curieuse. J'ai voulu la voir dès son commencement, et dès
son commencement j'essayerai de la décrire. A l'extrémité
d'un terrain immense occupé par des séchoirs, des
machines à vapeur, des magasins, est le coral où sont
réunis les troupeaux de bœufs condamnés à l'holocauste
de la journée. Un homme debout sur une planche jette sur
un de ces animaux son lasso dont l'extrémité roulant sur
une poulie tient à une corde à laquelle sont attelés deux

chevaux. Au signal de départ qu'il jette, les deux péons qui se sont rapprochés de lui éperonnent leur cheval, entraînent le lasso et obligent ainsi le bœuf qui résiste à céder au lien qui le presse, à trébucher dans un poteau où l'égorgeur lui plonge un couteau entre les cornes. Du premier coup l'animal expire. Aussitôt, le tréteau sur lequel il est tombé se détache, glisse sur des rails, et un autre péon armé d'un autre lasso jette le cadavre sur une autre estrade, où une couple d'hommes, les bras nus, les jambes nues, le couteau à la main, le dépècent en un instant. Le tréteau revient à sa place recevoir une nouvelle victime. Le massacre continue avec une effroyable rapidité. De sept heures du matin à une heure de l'après-demi, trois à quatre cents bœufs sont ainsi égorgés, disséqués.

Il y a dans cet établissement trois cents ouvriers divisés en différentes cohortes dont chacune a sa besogne particulière. Tandis que le lasso court, que le désengador pénètre d'une main assurée jusqu'à la moelle épinière de l'animal, que les bouchers, les pieds, les genoux dans le sang, enlèvent la peau, la tête de l'animal qui leur arrive sur un rail-way, d'autres transportent le cadavre sur un établi où l'on détache de ses côtes les bandes de chair pour en faire le tasajo. Puis le tout est soumis à diverses préparations. Le tasajo est jeté dans des couches de sel, après quoi on l'étale sur le séchoir. Les cuirs sont entassés dans la saumure et étendus en plein air. Les cornes sont dépouillées de leur enveloppe écailleuse. Le reste est livré à des machines à vapeur qui en extraient la substance. Des parties grasses on tire le suif, des pieds l'huile à brûler; le résidu de ces matières se vend pour engrais, les rognures de cuir servent à faire de la colle; jusqu'à la plus petite parcelle, tout est employé. C'est la plus complète exploitation de l'animal par l'homme. A mesure que le commerce s'accroît, que de nouveaux débouchés s'ouvrent de côté et d'autre à l'exportation, chacun de ces produits est plus strictement élaboré et ménagé. Autour du village des barracas, on voit des ponts, des murs de clôture, des digues de plusieurs pieds de hauteur tout entiers faits avec des masses de cornes de bœufs. Depuis que le nombre des machines à vapeur s'est accru, ces cornes, ainsi que les os calcinés, sont mises à part pour allumer les fournaises et brûler le corps dont elles ont fait partie. Avec une telle série de procédés économiques, on comprend que les propriétaires de saladeros puissent réaliser des bénéfices considérables, et payer à un haut prix leurs ouvriers. Il y a tel homme qui dans un travail de six à sept heures gagne vingt-cinq à trente francs. C'est, il est vrai, un horrible travail, sans cesse le corps penché sur un cadavre les mains plongées dans une chair encore palpitante, les jambes noyées dans une mare de sang. L'habitude rend parfaitement indifférente à ceux qui s'y livrent cette tâche dont tous les détails révoltent les sens de celui qui l'observe pour la première fois. Le soir, ce même homme qui viendra d'égorger et de déchiqueter quelques centaines de bœufs, lavera ses souillures, s'en ira chez lui prendre un solide repas, se promènera comme un bon bourgeois, ou fera sauter ses enfants sur ses genoux, en se disant qu'il vient encore de gagner pour eux plusieurs patacons.

Le dimanche, des bruits joyeux retentissent dans le village des barracas; gais propos des buveurs autour de la table des pulpérias, jeux de boule et de paume dans les rues, courses à cheval dans la plaine. Sur le balcon en bois d'une demeure aimée, un jeune Béarnais soupire en s'accompagnant de la guitare un chant du pays natal, peut-être l'élégie populaire de Despourrins,

Là haut sus la montanos.

Plus loin un magnifique violon donne le signal de la valse ou du quadrille. De tous côteés apparaissent les foulards aux couleurs brillantes qui servent de coiffure aux vives Basquaises, les bérets bleus des Pyrénées, les corsages étroits, les vestes rondes qui dessinent des membres alertes et des formes élégantes. On se croirait sur les bords du Gave ou dans les villages des Pyrénées. Les familles de Basques, de Navarrais qui viennent s'établir ici, gardent leur gaieté native, leur langue, leurs mœurs nationales. En même temps, elles n'oublient pas qu'elles ont entrepris un long voyage dans l'intention de faire fortune, dans l'espoir de retourner quelque jour, enrichies par leur travail, près de leur belle ville de Pau ou de leur cher Bayonne. Elle sont, comme je l'ai dit, laborieuses et économes. Elles se soutiennent entre elles, envoient de l'argent en France et placent le reste à Buenos-Ayres, non point dans d'aventureux comptoirs qui leur promettraient dix-huit ou vingt pour cent d'intérêt, mais au modeste taux de cinq ou six pour cent sur de solides garanties. On évalue à près de huit millions de francs l'argent que cette industrieuse et honnête population possède en ce moment dans l'enceinte et dans les environs de Buenos-Ayres.

En sortant des barracas, et en faisant un détour pour rentrer en ville, je me suis arrêté plusieurs fois à observer une autre population intéressante, celle des propriétaires de quintas, des jardiniers qui approvisionnent la ville de fruits et de légumes. Leurs enclos ne présentent point le charmant aspect de ceux que l'on voit aux environs de Paris, où chaque parcelle de terrain a son emploi, où chaque plate-bande est si méthodiquement cultivée, dans chaque allée ratissée et sablée. Aux environs de Buenos-Ayres la main de l'homme n'apporte point dans le classement des diverses productions végétales tant d'ordre ni tant de coquetterie. Arbustes à fruits, fleurs et légumes, tout pousse un peu pêle-mêle à la volonté de Dieu, avec exubérance. Si l'on ne peut ici faire prospérer une partie des plantes de l'Europe ou des tropiques, en revanche, toutes celles qui s'adaptent à la nature du sol et au climat sont d'une force étonnante. Les lames aiguës d'aloès qui bordent les fossés et servent de barrières à la plupart des quintas, s'élèvent comme des branches d'arbres épaisses à dix ou quinze pieds de hauteur. De leurs troncs s'élance une tige droite et menue comme un peuplier. Des forêts de pêchers croissent à l'état sauvage et donnent en abondance un fruit un peu dur, mais sain et savoureux. L'orange croît aussi sur ce sol en pleine terre, seulement elle n'a pas le parfum et le suc liquoreux de celle de Malte et de la Havane. Le plus beau des arbres du Rio de la Plata est l'ombu. Il appartient essentiellement à ce pays, et s'y développe avec une grandeur étonnante. Avec son tissu spongieux, il ne peut être employé comme bois de construction, il ne peut pas même servir de combustible. La nature, dans une de ses admirables prévisions, l'a jeté à travers les vastes pampas pour servir d'abri aux pâtres nomades, pour répandre son ombre sur les troupeaux. Sa sommité arrondie est comme un large dôme qui préserve également le gaucho des torrents de pluie et des ardeurs du soleil. Son tronc noueux, composé

d'énormes membranes comme des racines qui sortiraient
de terre, ressemble à un monticule de roc. J'en ai
mesuré un qui, à sa base, n'avait pas moins de quarante-
cinq pieds de circonférence.

Il suffit de voir quelques-unes de ces plantes gigan-
tesques pour comprendre tout ce qu'il y a de puissance
de végétation dans les champs argentins. C'est en effet
un sol d'une rare fertilité qui ne produit que peu de fruits
et de moissons par la raison qu'on n'a pas encore senti le
besoin de le mieux cultiver.

Les fructueux jardins des environs de Buenos-Ayres
sont occupés par des Allemands ou des Irlandais qui ont
l'habitude du travail. Les autres appartiennent à des
Argentins dont le caractère, naturellement léger et indolent, garde souvent une frivole indifférence en face
des choses les plus sérieuses, ou, s'il est passionné, tombe
parfois tout à coup dans un excès brutal.

J'ai vu un triste exemple de cette double manifestation.
Pour pouvoir pénétrer dans l'intérieur des maisons où je
n'avais aucun moyen d'entrer et que je désirais connaître,
j'accompagnais quelquefois dans ses visites de médecin un
de ses amis. Un jour il me conduisit dans une quinta où
une jeune fille d'une dizaine d'années était gravement
malade. Pour la guérir de je ne sais quelle affection, il avait
fallu lui faire sur la poitrine des frictions avec des spiritueux. Son frère, qui matin et soir s'acquittait avec tendresse de cette tâche, approcha une fois par malheur la
bougie tout près des compresses inflammables. Le feu s'y
mit, la pauvre enfant eut le sein brûlé, et peu à peu ses
plaies, résistant à tous les remèdes, s'élargirent de telle
sorte que mon ami commençait à désespérer de ses efforts.
A notre arrivée, la mère s'approcha de lui pâle et trem-

blante, et sans pouvoir proférer une parole, nous fit entrer dans la chambre où la pauvre enfant était étendue sur son lit de douleur. Pendant que le médecin enlevait l'une après l'autre les bandelettes de la malade, pendant que la mère était là près du lit immobile et muette, l'étudiant d'un œil inquiet et n'osant l'interroger, pendant que l'enfant, pour laquelle le contact du doigt le plus délicat était une souffrance, murmurait d'une voix timide et languissante : *Ah! querido doctor, che duelo, che duelo*, cinq à six porteñas du voisinage assises sur un banc causaient et riaient comme si elles eussent été à une tertulia. L'une d'elles m'adressa la parole, et j'étais tellement révolté d'une telle légèreté, en face d'une telle angoisse, que je m'éloignai d'elle sans lui répondre. Tout à coup un homme au visage rouge, à l'œil ardent, franchit le seuil de la porte en trébuchant, s'appuya contre la muraille, jeta un regard sur le lit de la malade, poussa un cri lugubre et s'enfuit. C'était le père de la jeune fille dans un horrible état d'ivresse.

Lorsque nous fûmes sortis, mon ami me dit : Il y a dix ans que je suis le médecin de cette maison, et ce malheureux que vous venez de voir abruti par la boisson est l'un des meilleurs pères de famille que j'aie connus. Honnête, laborieux, rangé, jusqu'au mois dernier, il n'avait peut-être jamais passé une heure dans une taverne. La vue des souffrances de sa fille l'a jeté dans un sombre désespoir. Pour oublier le spectacle qui le désole, pour s'oublier lui-même, il s'est mis à boire. Dès le matin il s'en va à la pulperia et n'en sort qu'à la nuit.

Quelques jours après, le médecin me dit que la jeune fille était morte. « Et le père, lui demandai-je, que fait-il? — Au dernier moment, il a maudit avec fureur l'égarement auquel il s'était laissé entraîner. Il est venu se placer au chevet du lit de son enfant et ne l'a plus quittée. Je viens de le voir assis là près du lit mortuaire, les mains jointes, les lèvres muettes, la tête penchée sur sa poitrine. On va, on vient autour de lui; les gens de la maison travaillent aux préparatifs de l'enterrement. Pour lui, il ne voit, il n'entend rien. Il ressemble à un être inanimé. »

X

SANTOS LUGARES.

A la porte des villes de Syrie est le morne aspect des campagnes incultes parsemées de pâles oliviers, sillonnées de loin en loin par quelque caravane de chameaux, ou par quelque Bédouin à cheval, armé de sa longue lance. A la porte de Buenos-Ayres, de plusieurs côtés, est le même tableau monotone et triste, la vaste plaine livrée au pâturage, çà et là l'ombu au tronc colossal, la *chacra* avec son toit de joncs, la carretta roulant paisiblement dans son bourbier ou dans des flots de sable, et le gaucho poursuivant au galop sa course solitaire.

A part la route royale qui va de la ville à la quinta de Rosas, et celle qui aboutit à la Bocca, ce qu'on appelle ici un chemin n'est qu'une large raie tracée par les charrettes, coupée par des ravins, traversée par des étangs ou des ruisseaux sans pont. C'est ainsi que l'on s'en va à la Chacarita, qui est à deux lieues, et au camp de Santos Lugares, qui est à quatre lieues seulement de Buenos-Ayres.

La Chacarita est un ancien édifice des missions construit auprès d'une forêt de pêchers. Les missionnaires catholiques ont été les premiers civilisateurs de ce pays. La conquête que les gouverneurs espagnols essayaient de faire par la force des armes, les missionnaires l'accomplissaient par la douceur et la persuasion. La croix à la main, la charité dans le cœur, la parole onctueuse sur les lèvres, ils allaient au-devant de l'Indien, assouplissant par leur mansuétude sa nature indomptée, et en gagnant sa confiance l'amenaient peu à peu à des principes d'humanité, à des habitudes d'ordre et de travail.

Au milieu de la tribu sauvage, ils bâtissaient une chapelle, signe de paix, premier point de réunion abrité sous la pensée de Dieu. Près de la chapelle bientôt apparaissait le jardin avec ses fruits, le champ labouré avec sa moisson, puis la grange et le grenier. Eux-mêmes mettaient la main à la bêche, et conduisaient la charrue. Ils devaient tout enseigner à leurs néophytes et joindre dans leur patient professorat la pratique à la doctrine, l'exemple au précepte. Contents de leur noyau d'établissement, ils se formaient un cercle de familles. Le labour productif succédait à l'oisiveté du pâturage. L'Indien apprenait à défricher le sol, à mieux soigner ses bestiaux. Le commerce qui aujourd'hui enrichit la république argentine a été fondé par ces colonies religieuses. De deux côtés des Andes, des rives du Sacramento à celles du Rio de la Plata, les Jésuites ont été les premiers agriculteurs et les premiers estancieros. Partout où ils se sont fixés, ils ont réuni les germes de la prospérité. La politique ombrageuse les a bannis de la contrée à laquelle ils avaient donné tant d'utiles leçons, et la tâche qu'ils laissaient inachevée, ceux qui les proscrivaient n'ont pu la continuer. Dans la Nouvelle-Californie, au

Mexique, au Chili, et dans plusieurs provinces de la république Argentine, qui dit mission, dit un large district agricole, une église, un village jadis florissant, et maintenant ruiné, abandonné.

Les philosophes ont fait beaucoup de belles phrases sur l'ambition démesurée des Jésuites. Pas un des éloquents défenseurs des libertés humaines n'a eu la noble pensée d'aller dans le désert contre-balancer par ses enseignements cette fatale ambition, faire au péril de sa vie, parmi les races sauvages, la propagande de la raison. Quelques reproches que l'on ait adressés aux Jésuites, il est un avantage qu'on ne peut du moins leur contester, c'est d'avoir su entrer très-avant dans le cœur de ceux qu'ils asservissaient, dit-on, au joug de la superstition. Il n'y a pas beaucoup de gouvernements libéraux qui puissent se vanter d'un tel succès.

La Chacarita a été un de ces beaux édifices tels que les Jésuites en élevaient autrefois dans les plaines désertes de l'Amérique, un vaste corps de logis en briques, avec un patio carré entouré d'arcades; plus loin un autre corps de logis avec un second patio, un coral, des écuries. A l'entrée est la chapelle, d'une structure gracieuse et imposante. Les sages administrateurs qui ont proscrit le dogme des Jésuites n'ont sans doute pas voulu se servir de leurs œuvres architecturales, et d'année en année, la Chacarita tombe en ruine. Le toit de l'église est brisé, le plafond ouvert à la pluie et au vent, l'autel dépouillé de ses ornements. Sous les arcades campent quelques soldats de Rosas, et dans les caves on voit grouiller des familles d'Indiens à moitié nus, qui vivent d'une chétive aumône au lieu même où leurs pères étaient protégés par une autorité paternelle et enrichis par un utile travail.

A Santos Lugares, il y a une autre population d'Indiens bien plus nombreuse et non moins misérable. On y compte encore dix-huit cents individus établis dans des huttes en terre glaise, couvertes en joncs, près desquelles la plus chétive cabane des *Nybyggares*, de la Suède septentrionale, paraîtrait une demeure superbe. Ce sont les échappés des tribus sauvages, que Rosas a effrayés par ses menaces ou subjugués par ses promesses, et qu'il a amenés au trébuchet de son camp, où ils se trouvent gardés de telle sorte qu'ils ne peuvent plus songer à s'évader, encore moins à se révolter. Ces Indiens vivent dans la condition la plus abjecte. Arrachés au mouvement de leur existence aventureuse, asservis au pouvoir auquel ils se sont confiés, ils vivent d'une sorte de vie animale, sans élan et sans force, comme des troupeaux de bêtes fauves dont on aurait énervé les muscles, coupé les griffes, arraché les dents. Nul être compatissant ne s'occupe d'éclairer leur intelligence ou d'améliorer leur état matériel. Les femmes seulement, plus fermes et plus résignées dans toutes les circonstances extrêmes, ont conservé des habitudes de travail : elles tissent des ceintures, des ponchos, sur une trame dont elles rejoignent lentement avec la main chaque fil l'un après l'autre, de la même manière que les femmes arabes fabriquent en d'innombrables heures d'un patient labeur le tapis et le burnous. Les hommes ne font rien. Rosas leur donne des rations de chair de cheval, et ce tribut leur suffit. L'idée ne leur vient pas de se créer une autre ressource par la culture du sol qui entoure leurs cabanes, et s'ils vendent quelques ouvrages de leurs femmes, c'est pour en employer aussitôt le prix à la satisfaction d'un instinct brutal. Dans une de ces cabanes, j'ai acheté pour cent piastres (trente-trois francs) une couverture de laine qu'une malheureuse Indienne n'avait pu faire en moins de six mois. L'officier qui m'accompagnait et qui régla lui-même le marché, me dit en sortant : Vos cent piastres vont être converties ce soir même en verres de cana.

Jamais encore je n'avais eu l'exemple d'une telle dégradation morale et d'une telle indigence. Rien de plus hideux, du reste, que cette race en haillons, avec son teint cuivré, ses pommettes saillantes, ses cheveux noirs longs et plats, et ses yeux de Mongols dont la servitude a éteint le rayon,

De chaque côté des Indiens se déroulent les ailes du camp formé il y a dix ans par Rosas. Il s'étend sur un espace de deux lieues et renferme environ cinq mille hommes, divisés en trois divisions : infanterie, cavalerie, artillerie, commandées par trois colonels et un général.

Nul établissement guerrier de l'Europe ne ressemble à celui-ci, ni les colonies militaires fondées par l'Autriche à l'extrémité de la Hongrie, ni l'armée agricole organisée en Suède par Charles IX, ni les camps temporaires de la Russie ou de la France. Dans les camps de Russie et dans ceux qui, sous le règne de Louis-Philippe, occupaient pendant quelques mois les plaines de Lunéville ou de Saint-Omer, on a vu le plus brillant spectacle : d'immenses lignes de tentes rangées dans un ordre parfait, exercices pompeux, manœuvres superbes. Dans les colonies d'une partie de l'armée suédoise, l'exploitation du sol est jointe aux prescriptions du service militaire. L'aisance matérielle, les jouissances de la vie de famille adoucissent les arrêts de la discipline. Chaque soldat a une demeure décente qu'il se plaît à embellir, près de laquelle est son champ et son bétail. Chaque officier jouit d'une maison confortable et d'une étendue de terrain proportionnée à son grade, dont il dirige la culture. J'ai trouvé dans plus d'une de ces maisons l'argenterie, le

piano, les meubles de luxe des grandes villes, et partout
des livres, et partout, jusque dans l'habitation du simple
fantassin, quelque moyen d'étude, et un désir manifeste
d'instruction.

A Santos Lugares, on ne voit rien de pareil. Le soldat
y vit à peu près dans la même misère que son voisin
l'Indien. L'État lui donne un vêtement par année, c'est-
à-dire la veste, le chiripa et le pantalon de toile. Quant
aux chemises et à la chaussure, il n'en est pas question.
L'État lui donne en outre une ration de viande le matin,
et vingt piastres par mois (environ six francs cinquante
centimes). Il n'est pas question non plus de rations de
bois et de pain. Avec quelques branches d'arbre, de la
terre glaise, il se bâtit lui-même une cabane. Il y amène,
sans se préoccuper de la permission de l'Église, une
femme complaisante qui partage sa pauvreté, et gagne
de son côté quelques piastres en raccommodant ou blan-
chissant le linge des chefs de la légion.

Le lieutenant est possesseur d'une chambre construite
à peu près de la même façon que celle du soldat, mais
plus large et décorée de deux ou trois chaises. Il reçoit
également une ration de viande et cent quarante piastres
par mois.

Tout en parcourant les lignes de huttes de soldats,
décorées, comme un étal de boucher, des quartiers de
viande de la journée suspendus à la porte, nous cher-
chions une modeste chambre d'auberge pour nous reposer
et déjeuner. L'auberge n'existe pas dans cette cité guer-
rière de cinq mille hommes. Il n'y a que la sale et étroite
pulperia, sans cesse occupée par les heureux guerriers
qui peuvent payer séance tenante ou prendre à crédit le
verre de cana. A défaut d'un lit et d'une chaise, nous

nous étions résignés à aller nous asseoir à l'ombre d'un arbre, pour y faire notre églogue comme des bergers de Virgile, quand un de nos compagnons se rappela qu'il connaissait un colonel. Ce haut fonctionnaire nous a reçus avec une courtoisie empressée. Un de ses adjudants a pris nos chevaux pour les conduire au pâturage. Un autre a couru nous ouvrir la porte du salon de réception. Quel salon ! Le sol nu, les murs blanchis à la chaux, un banc d'un côté, deux chaises de l'autre, une table en bois de sapin au milieu. Bien nous a pris d'avoir apporté avec nous du pain, du vin et quelques autres provisions. Il ne nous manquait que les ustensiles nécessaires à un déjeuner, quand on n'a pas comme en Turquie l'habitude de manger avec ses doigts. A force de fouiller dans une armoire, la femme du colonel, aidée de deux servantes, a fini par découvrir quelques fourchettes rouillées, deux ou trois couteaux, cinq verres de différentes dimensions, et à voir le plaisir avec lequel cette bonne personne buvait notre vin dans la même coupe que son mari, et puisait dans notre boîte de sardines, il m'a paru que de longtemps elle n'avait fait un repas si raffiné.

Ce colonel, avec lequel nous avons passé plusieurs heures dans cette confraternité, doit être par exception un honnête homme, car tout indique chez lui un état de gêne, et l'on sait que les colonels de Rosas, qui ne reçoivent que quatre cents piastres par mois, en dépensent ordinairement avec un joyeux abandon quatre ou cinq mille. Ils se partagent les cuirs des animaux que l'on tue pour la consommation du camp, ils trafiquent des rations qui excèdent le nombre effectif de leurs troupes. Ici comme en Russie, la modicité des traitements porte les fonctionnaires à l'exaction et à la rapine. Dans l'administration civile comme dans l'administration militaire, l'once ou le billet glissé sous le manteau est l'apostille la plus recommandable d'une pétition, le meilleur appui d'une démarche officielle. Rosas, qui a l'oreille de Denys de Syracuse, la gueule du lion de Saint-Marc, l'œil ouvert sur tout ce qui se passe, n'ignore point ces abus du pouvoir, mais il a souvent des raisons particulières pour ménager ses agents. Puis, après tout, qu'est-ce que cette plèbe de bourgeois, de négociants, sur laquelle s'exerce la main rapace d'un fonctionnaire?

> Cancres, hères, et pauvres diables.
> .... Vous leur faites, seigneur,
> En les croquant beaucoup d'honneur.

Les chefs du camp de Santos Lugares sont chargés de deux missions qui obligent Rosas à avoir pour eux des ménagements particuliers. D'abord, ils gardent, comme nous l'avons dit, la nombreuse tribu d'Indiens, dont plusieurs doivent être quelquefois fort tentés de retourner aux belliqueuses aventures de leur vie sauvage. En outre, ils gardent un poste beaucoup plus important, le principal édifice de la politique de Rosas, la prison. C'est là que sur une dénonciation ignoble, sur un mot, sur un signe du dictateur, l'Argentin suspect enlevé à sa famille est conduit par un détachement de soldats, confondu avec les voleurs et les assassins, condamné à fabriquer des briques pour le service du gouvernement ou de ses officiers. Une fois qu'il a passé ce pont des soupirs, on ne sait plus rien de lui. Il est comme le malheureux Russe que la kibitka conduit en Sibérie, séparé du monde entier, privé de toute communication avec ses amis. Nulle réclamation ne lui est permise, nul avocat ne peut prendre sa défense. Il a été enfermé là par la volonté de Rosas, et il n'en sortira que par la même volonté, en un jour de clémence, en une heure de caprice du tout-puissant législateur. L'étranger ne pénètre point dans cet affreux repaire. On n'en voit qu'à distance les larges et hautes murailles. On ne sait ce qui s'y passe que par de sombres rumeurs et de sourdes révélations. Mais on sait qu'il y a dans cette enceinte des centaines d'honnêtes citoyens qui n'ont violé aucun article du code commercial ou criminel, qui n'ont été appelés devant aucun tribunal, des hommes même dont la police de Rosas a fini par oublier le crime supposé, et qui languissent dans leur captivité, jusqu'à ce que le maître bénin, en entendant prononcer leur nom par hasard, ordonne de les faire sortir, comme ils sont entrés, sans autre forme de procès.

Tel est le doux état de justice assuré aux citoyens de la libre république Argentine sous le gouvernement du sauveur de la patrie, du restaurateur des lois, du grand et magnanime Rosas.

XI

LA CAMPAGNE.

Ancienne étendue de la vice-royauté de Buenos-Ayres. — Division
actuelle des provinces argentines. — Population. — Topographie. — Solitude imposante. — Les pâturages. — Voyage dans
les grandes plaines. — Le vaquero. — Le gaucho. — Les
troupes de Rosas. — Les chefs de la campagne et les juges de
paix. — Comment on ruine un propriétaire.

L'Espagne, dans l'immensité de ses possessions, confiait autrefois à l'autorité de ses vice-rois des contrées
d'une étendue à laquelle, en nos jours de morcellement
universel, on peut à peine croire. La vice-royauté du
Pérou s'étendait depuis Guyaquil jusqu'au cap Horn sur
un espace de plus de 55 degrés de latitude, comprenant
les régions les plus diverses sous les climats les plus
opposés, sous les feux de la zone torride, sous la douce
et vivifiante action de la zone tempérée, sous les orages
et les froids brouillards de la zone glaciale.

La vice-royauté de Buenos–Ayres s'étendait du 22ᵉ au
41ᵉ degré de latitude sud, d'un côté, depuis les Andes

jusqu'à l'océan Atlantique ; de l'autre, depuis le Brésil jusqu'à la Patagonie. En détachant de cette contrée le Paraguay et la Bande orientale constitués en États indépendants, reste le territoire de la république Argentine ou des provinces-unies du Rio de la Plata dont la surface est de plus de 240,000 lieues carrées, bornées au nord par la Bolivie, à l'ouest par le Chili, à l'est par le Paraguay, la Bande orientale et l'Océan ; au sud par la Patagonie.

Il y a là treize provinces, dont en Europe on ferait d'assez jolis royaumes, et dont plusieurs ne comptent pas tant d'habitants que nos plus petits arrondissements.

En voici la nomenclature avec le chiffre approximatif de leur population, car, pour un chiffre exact, il ne faut pas y songer, dans ce pays où gouvernants et gouvernés s'inquiètent si peu de toute œuvre de statistique :

Prov. de Buenos-Ayres. , ...	230,000
Santa-Fé	20,000
Entre Rios.	35,000
Corrientes . . . . . . · .	45,000
Cordoba.	110,000
Santiago.	50,000
Tucuman.	48,000
Salta.	60,000
Catamarca.	38,000
La Rioja.	25,000
San-Juan.	30,000
Mendoza.	48,000
San-Luis.	45,000
	784,000

On se fait en général une idée inexacte de la configuration de ces provinces. D'après les récits de quelques écrivains, il semblerait que la république Argentine n'est qu'une plaine uniforme qui, du pied des Andes, se déroulerait comme un tapis de trois cent cinquante lieues de largeur jusqu'aux flots de l'Océan. On parle souvent des pampas, et l'on applique cette désignation à des districts qui n'ont nullement le sombre caractère du désert des pampas.

Quoique je ne sois qu'un fort pauvre apprenti dans les sciences géométriques, j'essayerai de rectifier quelques-unes de nos erreurs habituelles en ce qui concerne la topographie de la république Argentine.

Sur la carte de la république Argentine, il y a trois lignes distinctes à établir, trois régions à reconnaître. A l'extrémité occidentale, une région de montagnes descendant à l'est de San-Juan et de Mendoza. Au centre, une région de collines, de sierras ou sierritas, coupées par de larges vallées enlaçant dans leurs ramifications une partie du territoire de Cordoba touchant aux cités septentrionales du Tucuman, du Salta, du Juguy. La région des plaines se divise en deux parts ; au nord de Buenos-Ayres, entre le Rio-Paraguay et le Rio-Salado, est le grand Chao, sol inculte, mais fertile, traversé en diagonales par le Rio-Vermijo, couvert d'une abondante végétation et destiné à être quelque jour l'une des contrées les plus belles et les plus populeuses du globe.

A très-peu de distance de la pointe méridionale de ces longs ilanos taillés en triangle, est l'immense circonférence de terrain plat qui de l'est à l'ouest, c'est-à-dire de Buenos-Ayres jusque dans le voisinage des Andes, occupe plus de 10 degrés de latitudé, et du nord au sud plus de

8 degrés de longitude. D'un côté, les contours argentins de cette vaste plaine sont parsemés, à soixante lieues de distance, de chacras et d'estancias exposés seulement aux dangers d'une sécheresse qui peuvent être prévenus par des travaux d'irrigation ; de l'autre, elle s'étend à travers la sauvage Patagonie. Au centre sont les réelles pampas, la terre que nul ruisseau n'arrose, et où nul bétail ne peut subsister ; la terre possédée par des tribus d'Indiens nomades comme les Tartares des steppes, armés de longues lances comme les Bédouins de Syrie, rapaces et sanguinaires comme les Indiens du Nouveau-Mexique.

Quand on a essayé de tracer avec la plume ces lignes géographiques, quand on a franchi plusieurs milles avec la galera ou avec le cheval impétueux lancé à fond de train, on s'arrête au milieu de ces interstices trigonométriques, le cœur saisi par le vrai, par l'unique, par l'imposant caractère de ce pays, par le sentiment de son immensité, immensité des fleuves qui, des montagnes du Brésil, amassent sur leur route les eaux de leurs larges affluents se jetant comme un océan dans un autre océan ; immensité des sierras qui, par des gradins successifs, s'élèvent jusqu'au sommet du merveilleux amphithéâtre de la Cordillère ; immensité des lagunes inondées par les flots du Parana comme le delta d'Égypte par les débordements du Nil ; immensité des plaines dont nul coteau, nul accident de terrain n'interrompt la plate surface ; immensité de l'horizon dont le cercle vaporeux se déroule autour de ces champs sans fin comme autour de la mer, immensité de la pensée de solitude qui subjugue l'âme de l'homme au sein du désert, entre un ciel muet et une terre inanimée.

On éprouve cette grave et solennelle impression du désert dans les zones mêmes où fleurissent les estancias. Chacun de ces établissements est d'une énorme étendue. Il y en a de trente, de quarante, et plusieurs de soixante lieues. Au milieu est l'habitation du maître, souvent fort grossièrement bâtie et pauvrement meublée ; de distance en distance apparaît le *rancho* du peon ou du capataz, avec ses murs de sable et de limon et son toit de chaume. Nulle barrière n'entoure cette propriété, nul fossé n'en indique les limites. La plaine entière n'est qu'un pâturage, comme la terre biblique du temps des patriarches. Les animaux de chaque estancia circulent librement à travers ces domaines étranges. Les peons, en les perdant de vue, ne les oublient pas. Chaque estancia est, selon sa circonférence, divisée en plusieurs districts ; chaque district confié à la surveillance d'un certain nombre de peons sous la surveillance d'un capataz. L'office de ces pâtres américains est de rassembler le soir leur bétail dans l'enceinte de terre battue qu'on appelle le rodeo, et de le chasser le matin dans le pâturage. Les animaux habitués promptement à ce régime rendent cette tâche facile. Au coucher du soleil ils reprennent d'eux-mêmes par instinct le chemin de leur gîte nocturne et en sortent à l'aurore. De même que le Lapon connaît, à ne pas s'y tromper, la couleur, la forme, les signes particuliers de chacun de ses rennes, le peon peut énumérer à coup sûr la quantité de ses vaches, de ses génisses, et les signaler l'une après l'autre par un trait distinct. Chaque animal reçoit, du reste, dès l'âge d'un an, la marque du maître imprimée sur la cuisse avec un fer chaud. Quand vient le jour d'une vente, quand le peon veut avoir ses milliers de vaches au complet, il s'en va tranquillement dans l'estancia voisine chercher celles qui lui manquent et les ramène à leur sol natal.

Qu'on se figure, s'il est possible, les sensations étranges que le voyageur européen doit éprouver en s'aventurant à travers un tel pays. C'en est fait des ingénieux moyens de locomotion employés en d'autres contrées, des facilités de communication, des habitudes de confort qu'il a trouvées ailleurs à chaque pas. Ici, il n'y a ni ponts, ni canaux, ni diligences, ni auberges. L'intelligence du gaucho aurait de la peine à comprendre la route macadamisée, et la description du chemin de fer lui paraîtrait sans doute un conte peu croyable. Ici, on ne s'en va guère d'une province à l'autre sans un guide ou vagueano, qui reconnaît la direction qu'il doit suivre à la position des astres, à quelques flaques d'eau, à certains signes inexplicables pour tout autre que lui. Si malgré son expérience il se trouve embarrassé, il mettra pied à terre pour observer de plus près le sentier dans lequel il est engagé. Si l'on redoute l'approche d'une troupe d'Indiens, il se penchera sur le sol, et, comme les pionniers de Cooper, distinguera au froissement de quelques plantes, à une trace presque imperceptible, si la troupe hostile a été là, de combien d'individus elle se compose, et depuis combien d'heures elle a passé. La même nature, en soumettant les hommes de différentes races aux mêmes craintes et aux mêmes besoins, leur donne la même perspicacité. Il y a dans la pratique des lieux qu'il parcourt, dans la finesse de l'ouïe et la pénétration du regard, une similitude étonnante entre le chamelier arabe, le chasseur des Alpes, le pâtre nomade de la Laponie, le trappeur de l'Amérique de l'Ouest et le vagueano de l'Amérique du Sud.

Sous la conduite de ce guide, le voyageur, emboîté dans la caisse en bois de la galère, verra bondir devant lui, comme une chasse fantastique, une centaine de chevaux sans harnais, destinés à relayer de distance en distance ceux qui sont attelés à son lourd chariot. S'il est dans la carreta, il s'en ira pas à pas à travers la plaine, comme nos anciens rois mérovingiens dans leurs promenades indolentes à travers leurs cités barbares. S'il est assez alerte et hardi pour s'élancer sans crainte sur le cheval à demi dompté qu'il trouvera de loin en loin dans les cabanes qui servent de maisons de poste, il aura cette indicible émotion de vitalité et d'indépendance que l'on éprouve à se sentir emporté au galop d'un noble coursier dans le libre espace. C'est là le meilleur mode de voyager dans les pampas. Seulement il exige de la force et de l'habileté. Tantôt on arrive à un champ hérissé de chardons, pareil à une forêt de lances de six à huit pieds de hauteur, qu'on doit prudemment éviter, tantôt à un étang boueux où le cheval s'enfonce dans la vase jusqu'au poitrail, tantôt à une rivière qu'il faut traverser à la nage.

A la fin d'une de ces journées de marche difficiles et parfois périlleuses, le voyageur regarde à l'horizon, cherchant de côté et d'autre un toit pour s'abriter. Souvent il ne verra que la terre nue, il n'entendra autour de lui que le bruissement d'une volée de perdrix, le clapotement aigu et strident du *teroutero,* ou le cri de l'oiseau nocturne que les Indiens appellent yaya. Son nom, comme celui du *whippoorwill* dans l'Amérique du Nord, et du toucan dans les régions tropicales, lui vient de l'accentuation particulière des sons qu'il répète sans cesse. Il signifie dans le dialecte guarani : Allons, allons. On dirait d'un encouragement providentiel, qu'à l'heure du soir cet oiseau des régions désertes adresse à ceux qui ont à faire un long chemin.

Cependant le voyageur est las, et malgré les avis réitérés du yaya, il ne peut continuer sa route dans les ténèbres. A l'exemple de son guide, il débride son cheval, prend son recado, se fait un oreiller de sa selle, un tapis de sa couverture, s'étend sur le sol et dort en plein air, à la garde de Dieu. Si un autre soir il distingue dans l'ombre, au-dessus de l'herbe touffue, les murs en terre du rancho et le nuage de fumée tourbillonnant au-dessus du toit, qu'il s'approche sans crainte de la demeure solitaire, qu'il en ouvre la porte avec confiance. La famille du gaucho est là réunie dans une étroite enceinte. L'étranger entre en prononçant les saintes paroles qui, par une religieuse habitude, remplacent encore dans une grande partie de l'ancienne Amérique espagnole nos banales formules de civilité européenne. *Ave, Maria purissima,* dit l'étranger. A ces mots évangéliques, à ce signe de confraternité chrétienne, le gaucho répond : *Sin peccado concebida,* puis il se lève, s'avance au-devant de son hôte, et lui offre le seul siége dont on fasse usage dans sa primitive habitation : une tête de cheval dépouillée de sa peau.

La demeure du gaucho est éclairée par une petite lampe alimentée avec du suif. Aux murailles sont suspendus les brides, les éperons, les lassos et les bolas. Au milieu est le foyer, autour duquel les habitants couchent le soir, enveloppés dans leurs ponchos. A quelques pas de distance est une autre cabane servant de cuisine : c'est là que l'on rôtit la chair de bœuf traversée par une broche en fer ou en bois, que l'on tient dressée horizontalement devant le feu. C'est ce qu'on appelle l'*azado.* Le véritable azado est le quartier de bœuf cuit dans sa peau. Un vigoureux garçon apporte au bout de sa broche cet homérique rôti, et chacun en coupe tour à tour une tranche qu'il prend entre ses doigts et mange d'un bon appétit, ordinairement avec un peu de sel, presque toujours sans pain. Je suppose qu'un habitué du *Café Anglais* éprouverait un profond sentiment de pitié en entendant narrer les détails d'un tel souper, et pourtant je ne sais s'il y a dans les officines culinaires les plus renommées un disciple de Carême capable de composer avec toutes les ressources de son art, un mets plus savoureux que cette pièce de viande grillée dans son enveloppe de cuir. On me l'avait dit, et j'en ai fait plusieurs fois l'expérience avec un vrai plaisir gastronomique. Je dois ajouter qu'une course de plusieurs heures à travers champs, à l'air vif des pays argentins, est un puissant assaisonnement.

De même que, comme je l'ai déjà remarqué, nous nous faisons généralement en France une idée erronée de la topographie des provinces du Rio de la Plata, de même nous nous trompons sur le caractère du gaucho. Ce n'est point, comme on se le figure habituellement, un sauvage vagabond. C'est l'habitant de la campagne, c'est le paysan d'une contrée qui, par sa nature différente de la nôtre, donne à celui qui s'y fixe une différente manière d'être et d'exister. Il y a des gauchos propriétaires qui exploitent eux-mêmes leur estancia. Il y a des gauchos qui cultivent et ensemencent le sol ; il y en a dont le métier est de creuser des fossés. Ils construisent des palissades pour enclore les chacras et les quintas. Il y en a qui sont Anglais ou Allemands d'origine. La plupart cependant descendent des anciens colons espagnols, et sauf quelques altérations, parlent très-bien l'espagnol.

En dehors de ses habitudes de chasse ou d'équitation, le gaucho est indolent, c'est vrai, peu industrieux et peu porté au travail agricole, c'est vrai. Il ne sait ni lire

ni écrire, et ne s'en soucie point. Il ne lira ni le texte de
la nouvelle constitution française, ni les défis lancés par
M. Proudhon aux socialistes, et la réponse des socialistes
à M. Proudhon, ni la drôlatique histoire des *Sept Péchés
capitaux* par M. E. Sue, ni mes récits de voyage, et, chose
humiliante à dire, il n'en sera pas plus malheureux. En
labourant la terre féconde qu'il habite, en plantant des
arbres fruitiers, ou en se livrant à quelques autres occu-
pations très-sagement recommandées par les sociétés
philanthropiques, il pourrait, sans se donner beaucoup
de peine, augmenter son bien-être matériel. Mais il a peu
de besoins, et se contente du peu de ressources qu'il possède, des quelques piastres qu'il gagne dans ses courses
de peon ou son labeur de sanjeador, d'une ration d'azado,
d'une place le soir au foyer du rancho. Si par quelque
merveilleux hasard de fortune il en vient à tenir entre ses
mains une grosse somme d'argent, après en avoir employé une partie à renouveler son poncho et son chiripa,
à acheter une paire de longs éperons et une bride étincelante, il est embarrassé des patacons qu'il attache à sa
ceinture. A la première pulperia qui lui sourira sur son
passage, il éprouvera le besoin de jouer cet excédant de
richesse, et le jeu amène les querelles, les coups de
cuchillo, fatal emploi du temps !

Que voulez-vous ? son éducation est ainsi faite. Dès son
bas âge, l'enfant du gaucho s'exerce avec le lasso à
prendre les oiseaux ou les chiens qui passent devant sa porte.
Plus tard, il courra avec le même cordeau après les autru-
ches et les génisses du pâturage. Dès qu'il peut mouvoir
ses bras et ses jambes, son tendre père le hisse sur un
cheval. Peu à peu il apprend à user du mors et de
l'éperon, à lacer le tigre et le taureau. Lorsqu'il en est

venu à s'élancer sans crainte sur les flancs du cheval indompté, à traverser à la nage les courants d'eau les plus rapides, à manier avec un louable sang-froid le lazzo et le cuchillo, c'est un homme accompli. Son existence est assurée, et pour peu qu'il ait d'ambition, ses qualités de gaucho peuvent le conduire à un haut rang. C'est par là que les colonels, les généraux de la république Argentine, ces héros immortels, comme les appelle Rosas, ont commencé leur carrière, et c'est par là que Rosas lui-même, le grand Rosas, a révélé aux peuples du Rio de la Plata son génie providentiel.

Les vieillards qui se souviennent du temps passé disent que le gaucho de nos jours n'est déjà plus le magnifique gaucho d'autrefois. Hélas! tout s'altère dans ce monde, les mœurs les plus originales et les types les plus imposants. C'est en vain que les plaines de l'Amérique du Sud affectent dans leur sombre majesté un morne dédain pour les œuvres factices de la civilisation, en dépit de la longueur des distances, des rivières sans pont, des fleuves sans bateau, les philtres de la civilisation pénètrent jusqu'au sein des pampas. Ils y entrent avec les flacons de la pulperia, les objets de fantaisie de la cargaison du marchand. Ils pénètrent peu à peu dans l'intérieur des ranchos et en dénaturent les coutumes traditionnelles.

Il y a dans l'histoire séculaire des gauchos trois époques distinctes. Jadis, lorsqu'un gaucho égorgeait un de ses rivaux, il appelait ses compagnons à se réunir autour de sa victime gisant sur le sol, et jouait aux cartes sur le cadavre. Première époque. Plus tard, le gaucho allume des cierges de chaque côté de celui qu'il vient de massacrer et se met en prière. Deuxième époque. Nous en sommes à présent à la troisième époque, qui accuse une profonde dégénérescence. On peut voir le gaucho, assis auprès d'un de ses voisins, lui dire tranquillement en vidant un verre d'eau-de-vie : « J'ai envie de te tuer. — Pourquoi? reprend l'autre sans trop s'émouvoir. — Parce que je te hais! » Et les couteaux sortent du fourreau, et le sang jaillit, et en un clin d'œil il y a un homme de moins dans la république Argentine. Mais alors le meurtrier se hâte de monter à cheval, et s'enfuit pour échapper aux poursuites de la justice. O mânes de ses aïeux, couvrez-vous la face de vos deux mains pour ne pas voir cette fuite honteuse!

Souvent même, tant les temps sont changés, le descendant du gaucho, dont la main ne portait que des coups mortels, recule devant cet acte décisif, et se contente d'une blessure. « Je ne te tuerai pas, dit-il à celui qui l'a offensé; je me contenterai de t'imprimer ma marque. » Et du tranchant de son couteau, il lui balafre le visage.

Quand on a vu le genre de vie des gauchos, cet exercice unique des forces physiques, cette lutte perpétuelle contre les animaux, cet isolement dans lequel, par l'ignorance et l'oisiveté, se développent sans contre-poids les tendances les plus brutales, cet usage incessant du lasso et du cuchillo, tout jusqu'à ces quartiers de chair qui composent leur seule nourriture, il est aisé de comprendre qu'ils ne s'étonnent point d'un acte de violence, que dans un moment de colère ils fassent couler le sang de l'homme comme ils font chaque jour couler celui des bœufs.

Cependant ces scènes affreuses deviennent de plus en plus rares. On les raconte avec horreur, et l'on flétrit du nom de *malo gaucho* celui qui se laisse aller à ces féroces emportements. Le vrai gaucho est en général honnête et loyal, fidèle à ses amis, et très-hospitalier envers l'étranger. Il n'est personne qui, en entrant dans un rancho, n'ait été frappé du caractère de franchise et de dignité avec lequel le maître de l'habitation accueillera un hôte inconnu. Quelle que soit la pauvreté de sa demeure, il sait que c'est sa demeure. Elle lui suffit, et il y garde le sentiment de sa force et de sa liberté.

Si les missions des Jésuites avaient pu s'étendre sur un plus vaste espace, et surtout si elles n'avaient pas été si vite brisées dans ce pays par la défiante politique de l'Espagne, elles auraient éclairé cette race d'hommes dont les aïeux étaient de braves soldats. Abandonnés à eux-mêmes, sans guide, sans remontrance, dans les grossières conditions de leur solitude, ou emportés dans le désordre des guerres civiles, ils en sont venus à leur état de torpeur intellectuelle ou d'égarement moral. Mais de même qu'ils portent sur leur figure l'empreinte distinctive de leur noblesse espagnole, ils en ont encore le signe dans le cœur.

Pour être comprimé et assoupi, l'élément de vertu castillane n'en subsiste pas moins dans leur sein. Un jour, avec leur trempe énergique, avec l'appui et les enseignements de l'émigration européenne, ils formeront une grande et forte population.

Il y a dans les campagnes de la république Argentine des hommes plus redoutables que le malo gaucho et qui font beaucoup plus de mal, sans être obligés comme lui de se soustraire aux recherches de la justice, car ils représentent eux-mêmes l'autorité légale et la justice. Ce sont les fonctionnaires honorés de la confiance et de la faveur de Rosas : les chefs de campagne et les juges de paix.

Sous le prétexte qu'il doit toujours être en garde contre l'Europe, et se tenir prêt à opposer la puissance de ses armes à l'ambition de la France ou de l'Angleterre, Rosas un déploiement de troupes qui lui coûtent peu et qui lui sont fort utiles. Elles sont placées sous les ordres d'un commandant qui ne peut être que l'instrument docile des volontés du dictateur. A défaut d'une lutte contre la France, qui au lieu de se battre négocie, d'une lutte contre l'Angleterre, qui, ayant réglé ses intérêts avec la république Argentine, ne se bat plus et ne négocie plus, de temps à autre le susdit commandant se lance avec un escadron à la poursuite de quelques vagabonds indiens. Au retour de ces expéditions, on voit apparaître de pompeux bulletins dans lesquels il est dit que les vaillants soldats du dictateur ont livré un combat acharné à une armée de sauvages, que cette armée a été mise en déroute, laissant sur le champ de bataille trois hommes morts et plusieurs blessés. Rosas relate ces bulletins dans son message annuel, célébrant en termes emphatiques l'héroïque valeur de ses légions. Tout le monde sait cependant à quoi s'en tenir sur ces fameuses victoires, tout le monde sait que la mission des camps argentins ne consiste pas tant à former une sauvegarde contre les excursions des Indiens, qu'à soutenir la politique de Rosas et à courber ou abattre la tête de ceux qui lui portent ombrage. Mais le maître déclare que ses escadrons ont acquis à la face de l'univers un renom sans pareil, et le peuple soumis accepte en silence cette apothéose.

Il y a dans la province de Buenos-Ayres trois chefs de campagne : Prudencio Rosas, frère du dictateur ; Lucio Mancilla, beau-frère du dictateur ; Angel Pacheco, serviteur dévoué du dictateur. Dans chaque district, il y a plusieurs juges de paix dont le titre et les fonctions impliquent une idée de sage équité, et qui en réalité ne sont que les agents subalternes des chefs de campagne.

Voici un des épisodes assez fréquents de la vie de ces

fonctionnaires. Rosas fait venir un capataz et lui donne une lettre cachetée qu'il doit porter en toute hâte à un juge de paix. Cette lettre n'est pas longue. Elle renferme un ordre conçu à peu près en ces termes : « Je désire que tel propriétaire de votre ressort soit bientôt ruiné. » Au bas de ce suprème arrêt, le juge écrit : J'obéirai ; signe cette promesse de son nom, rend la dépêche au capataz qui la rapporte au puissant président. Il n'en existe aucune trace dans aucune archive. Personne ne connaît la trame qui vient de s'ourdir, personne ne peut en donner avis à celui qui va tomber dans ce filet gouvernemental.

Quelques jours après, l'œuvre de destruction commence. Une sentence du juge de paix enlève à l'estanciero ses meilleurs peons pour le service du camp. Ces peons partis, le bétail se disperse de côté et d'autre. L'estanciero vient exposer humblement au juge de paix le grand dommage que lui cause la perte de ses plus habiles gardiens. Le juge de paix, en compatissant d'un air hypocrite à ces plaintes, répond qu'il n'en peut mais, qu'il est obligé de se soumettre aux circonstances, qu'il doit même exiger d'autres sacrifices. Le lendemain, seconde sentence qui, au nom de la patrie, pour le service des troupes, enlève au même estanciero la carreta dont il a besoin, puis une troisième sentence qui, toujours pour le même service, décime ses bestiaux. Nouvelles réclamations d'un côté, nouvelles lamentations de l'autre sur les douleurs d'un devoir rigoureux. A la fin, le pauvre propriétaire, reconnaissant, quoique un peu tard, le complot formé contre lui, se résigne à son sort, recueille ce qui lui reste du troupeau qui était sa fortune, le vend au premier chaland qui en offre un prix raisonnable, puis s'en va, et le tour est fait.

Qu'il sache à n'en pouvoir douter par quelle manœuvre il a été graduellement ruiné, c'est chose certaine, mais il n'a pas la moindre preuve, pas le plus léger document officiel pour la démontrer. La main de Rosas n'a point paru dans la cruelle machination où, comme un oiseau pris au piége, il a laissé ses meilleures plumes, trop heureux encore d'en sortir vivant. Si jamais il osait accuser Rosas de son désastre de fortune, aussitôt la vertu de Rosas, justement indignée, lancerait après lui ses fidèles journaux, qui le déchireraient à belles dents comme un infâme imposteur. Le juge de paix ne reçoit aucun traitement, et il est convenu qu'on doit vanter en toute occasion le désintéressement de ces hommes, qui sacrifient avec un si généreux patriotisme leur temps au bien du pays. Cependant il n'est pas un de ces vertueux fonctionnaires qui, sans être riche, ne vive fort richement et n'augmente son patrimoine. Toute peine, a-t-on dit, mérite son salaire, et ces bons juges de paix ont tant de peines dans leurs gratuites fonctions! C'est bien le moins qu'il leur reste entre les mains quelques pièces du bétail qu'ils sont chargés d'enlever çà et là, ou quelques parcelles du terrain qu'il leur est enjoint de confisquer.

Le chef de campagne n'a, comme les autres officiers de l'armée, qu'une solde minime, mais il exerce un pouvoir despotique sur son district, frappe d'une contribution arbitraire chaque estancia dont le propriétaire n'est point son ami, fait un énorme commerce de rations de viande et de cuirs. Si avec ces faciles procédés il n'acquiert pas une grande fortune, c'est que vraiment il ne s'en soucie point. Pourvu qu'il reste soumis à Rosas, qu'il exécute ponctuellement ses arrêts de vengeance contre les sauvages unitaires, tout est bien. Pas un de ceux qu'il

opprime n'aura la hardiesse d'élever la voix contre lui.
C'est le pacha redouté d'un sultan redouté. Qu'il prenne
garde seulement de ne point faillir aux ordres qu'il reçoit
de Buenos-Ayres, surtout de ne point se laisser égarer par
une folle pensée d'ambition, car alors il pourrait bien un
soir rencontrer à sa porte, non pas deux muets avec un
cordon de soie, mais deux gauchos déterminés avec une
escopette et un poignard, dernière marque de souvenir de
son tendre maître Rosas.

XII

PALERMO. — ROSAS.

A une demi-lieue de Buenos-Ayres est la *quinta* de Palermo, que Rosas a construite pour s'y retirer l'été sous des ombrages idylliques, et dont il a fait depuis quelque temps l'*arcanum* habituel de ses hautes combinaisons politiques, le Versailles, le Saint-James du Rio de la Plata. La route qui y conduit est partout une très-belle route. Elle est aplanie comme une allée de parc anglais, éclairée le soir par deux lignes de réverbères, comme une avenue des Champs-Élysées.

Ce n'est point par un étroit sentiment d'égoïsme, pour son agrément particulier, que Rosas a tracé et nivelé ce chemin. C'est pour donner un bon exemple à ses sujets.

Car il est connu que dans toutes ses œuvres, Rosas ne songe qu'à la prospérité de son pays, et que lorsqu'il emploie les fonds publics à l'amélioration ou à l'agrandissement de ses propriétés, c'est par une tendre pensée d'affection paternelle pour ses sujets.

A moitié chemin de son palais champêtre, est un camp de cavalerie établi là en permanence. Et l'on dit que la quinta n'a ni gardes, ni sentinelles. Il est vrai qu'on y arrive sans y rencontrer une baïonnette, qu'on s'y promène sans difficulté. Mais dans cette confiante attitude, Rosas sait bien qu'il n'a qu'à frapper la terre du pied pour en faire sortir un escadron de *gauchos* dévoués.

La maison est bâtie dans de vastes proportions, avec plusieurs *patios* comme les maisons espagnoles, et des galeries à arcades comme les mosquées turques. Au delà s'étend un jardin fait à grands frais dans un terrain marécageux. Au milieu est un canal sur lequel Rosas passe de longues heures à se bercer dans une chaloupe sous les rameaux touffus des saules. A l'extrémité est un navire qu'un coup de vent lui a jeté du sein des vagues orageuses et qu'il a recueilli comme une épave. La coque de ce navire, fixée à terre par des câbles et des pieux, a été transformée en un salon. Souvent Manuelita y reçoit ses visites, y donne des bals. Ce bâtiment, amarré au bord du Rio de la Plata, au sein d'un massif d'arbres, est comme un emblème de la puissance que Rosas exerce sur la terre et les eaux.

A voir la situation désagréable de la quinta de Palermo, la nature ingrate de ce terrain qu'il a été si difficile d'affermir et de cultiver, on se demande ce qui a pu déterminer l'habile président, qui ne fait rien sans raison, à choisir cet emplacement plutôt que la riante colline qui,

à quelque distance, domine le panorama de la ville et de
la rade de Buenos-Ayres. A cette question, les flatteurs
de Rosas répondent d'une voix mélancolique, qu'il y a
dans l'enceinte du jardin une modeste maison habitée
autrefois par son père. Rosas n'a pu se résoudre à l'abandonner, et dans sa piété filiale, s'est fait une joie de
l'embellir. D'autres qui se prétendent non moins bien
informés, disent que cette maison a appartenu à sa chère
femme, à son *incomparable Encarnacion*. Ces deux histoires
sont fort touchantes. Elles n'ont qu'un petit défaut, c'est
d'être parfaitement fausses. Tout le monde sait que Rosas
fut très-mauvais fils, qu'il se souciait fort peu des vœux
de son père, et qu'il a fait publiquement flétrir la mémoire de sa mère. Tout le monde connaît la cruauté avec
laquelle il traita sa femme, tant qu'elle vécut, et l'indigne
rôle hypocrite qu'il se mit à jouer après sa mort. Quand
cette femme, qui lui avait rendu de très-grands services,
tomba malade, elle le pria de faire venir un prêtre, et le
prêtre ne vint pas. Plus tard, lorsqu'elle se sentit près de
sa fin, elle renouvela la même demande avec instance.
Désirs superflus! tentatives inutiles! Elle avait été le
témoin discret de bien des choses et pouvait faire à
l'heure suprême de cruelles révélations. Les médecins ne
furent admis qu'avec de grandes précautions, et les secours
religieux lui furent obstinément refusés. Mais à peine
avait-elle rendu le dernier soupir que Rosas pleura, se
lamenta et occupa le pays entier de son deuil. Par son
ordre, la complaisante Chambre des représentants décréta
que la noble épouse du président serait ensevelie pom-
peusement avec les honneurs funèbres accordés aux
capitaines généraux. Tous les habitants de la ville assis-
tèrent à ce splendide convoi. Il n'eût pas été prudent d'y

manquer. Longtemps Rosas resta paré, ou si l'on veut, armé de sa douleur. Elle lui servait de prétexte pour écarter de lui les affaires embarrassantes, et pendant plusieurs années elle l'aida à varier le couplet final de la comédie dont il récrée périodiquement la république. En suppliant, dans son message annuel, la junte de le délivrer du fardeau du pouvoir, il disait qu'il était brisé de corps et d'esprit par la douleur que lui causait la perte irréparable de son adorée Encarnacion. Ce thème attendrissant, dont personne n'a été dupe un seul instant, a fait faire de belles phrases aux orateurs dévoués de la junte.

Pour ceux qui connaissent la vie intime de Rosas, il est évident qu'il n'a consacré Palermo à aucun pieux souvenir. On ne peut attribuer cette difficile création qu'à une de ses nombreuses bizarreries de caractère, ou au désir d'avoir comme Louis XIV son dispendieux Marly.

Ce Marly où il se passe journellement des scènes incroyables, et d'où partent très-souvent des arrêts monstrueux, est peut-être protégé contre la malédiction de Dieu par une noble créature, par la fille même de Rosas, par la señorita Manuelita. Plus heureux que Cromwell, auquel il ressemble par la ruse et l'opiniâtreté, Rosas n'a point vu grandir près de lui une enfant rebelle, une lady Claypole ennemie de ses fatales grandeurs, dévouée à un parti vaincu. Manuelita est sans réserve soumise aux volontés de son père, Manuelita est la première de ses victimes, pauvre victime résignée qui porte sans se plaindre le joug qui lui est imposé, pauvre riche señora qui de la fortune n'aura connu que les angoisses, et du pouvoir que les douloureuses agitations; pauvre fille à qui la jalouse politique de son père n'a point permis de se marier, qui n'aura point goûté le bonheur d'être femme, ni celui d'être mère.

Elle n'est plus jeune, et je ne crois pas qu'elle ait jamais été vraiment jolie. Cependant elle a de beaux yeux, de beaux cheveux, et la grâce indéfinisable de la *desinvoltura* italienne, et dans l'accueil qu'elle fait aux étrangers le charme parfait de la *franqueza* espagnole. Il est impossible de la voir sans être touché du désir qui sans cesse l'occupe de recevoir courtoisement ceux qui lui sont présentés, et de leur rendre agréables les heures qu'ils passent dans son salon.

Depuis qu'il a commencé le cours de ses longues, astucieuses négociations avec la France, son père a voulu qu'elle apprît le français, et elle a appris le français, ce qui a mis fort en émoi la légation britannique. Lord Southern, blessé de cette préférence pour un idiome étranger, s'est offert à venir lui-même enseigner à Manuelita la langue mélodieuse de Th. Moore. Il en a été sans doute référé à Rosas, et Rosas n'a point accepté la bienveillante proposition du ministre plénipotentiaire. Je ne serais pas étonné que cette affaire philologique ne fût pour l'inquiet esprit de M. Palmerston un grief de plus contre la France dans la question de la Plata.

Rosas a voulu que sa fille aimât la musique, et elle paraît beaucoup l'aimer. Enfin il a voulu qu'elle reçût intimement ses maîtresses, et elle les reçoit l'une après l'autre, tant que dure leur règne éphémère. Louis XV reculait devant cette dernière rigueur. Rosas se moque de la faiblesse de Louis XV, et chaque soir, à Palermo, on peut voir la charitable Manuelita assise avec un doux sourire entre les Cléopâtres du voluptueux Antoine, entre le caprice de la veille et celui du lendemain.

C'est, je le répète, la première victime du despotisme inflexible de son père, et que de fois je me suis dit, en la voyant animer de sa vive gaieté un cercle de visiteurs, combien il serait triste de sonder ce qu'il y a d'amères réflexions et de songes pénibles cachés sous ce masque rose d'un instant !

« Tu t'éveilles, dit le poëte allemand Kerner, tu t'en vas dans la prairie; sur toute la contrée s'étend un ciel d'un spendide azur.

« Tandis que tu dormais dans un calme heureux, ce ciel a cependant jusqu'au matin versé une pluie abondante.

« Combien d'êtres qui dans la nuit pleurent en silence, et qui le matin, quand tu les regardes, semblent avoir le cœur joyeux ! »

C'est peut-être par ses propres souffrances que Manuelita a appris à compatir à celles des autres. Chaque matin, les galeries de Palermo sont remplies d'une foule de solliciteurs qui placent en la señorita leur espérance. Les uns sont des négociants qui ont subi d'injustes exactions; d'autres des propriétaires réclamant la levée du séquestre qui par suite d'une odieuse dénonciation leur enlève la jouissance de leurs biens; d'autres qui ne possèdent plus rien et qui tendent humblement la main à l'aumône. A ceux-ci Manuelita ouvre sa bourse, à ceux-là elle adresse les paroles qui rassurent et consolent. Elle écoute d'une oreille attentive toutes les plaintes, et lit avec une consciencieuse pensée toutes les requêtes qui lui sont remises. Dans la cruelle république du Rio de la Plata, elle tient le portefeuille d'un ministère qui n'a pas encore été inventé dans les théories gouvernementales de l'Europe, le portefeuille du ministère de la commisération. Les hauts fonctionnaires de l'État se soumettent à ses justes remontrances, et son père lui-même incline devant

cette douce vertu sa tête altière. Plus d'une fois, elle a
fait réparer des actes d'injustice, et soustrait à un arrêt
de mort des hommes dont le crime ne méritait pas une
simple réprimande. Au milieu des sentiments de haine et
d'horreur qui en tant de lieux s'attachent au nom de
Rosas, une pieuse image s'élève entourée d'un cercle de
bénédictions, l'image de Manuelita.

Il y a trente ans que Rosas remplissait les fonctions de
capataz dans une estancia de la province de Buenos-Ayres.
Il y en a une vingtaine qu'il gouverne la république.
C'est maintenant un homme de cinquante-huit ans, agile
et vigoureux, quoique parfois il affecte, dans une de ses
innombrables roueries, de se plaindre d'une infirmité pré-
coce, disant qu'on a bien tort de s'inquiéter de lui, qu'il
n'a plus la force de régner et qu'il n'aspire qu'au repos.
Il a une noble physionomie, et de beaux yeux doux et
clairs dont il a, par ses habitudes de colère ou d'hypocrisie, faussé l'expression, et des traits d'une élégante
régularité, stigmatisés par un de ses exercices de gaucho.
Un jour, dans ses prouesses d'écuyer, qui ont été la
première base de sa fortune, il voulut monter sur un
cheval sauvage en le prenant par la queue. Le fier coursier,
justement indigné d'une telle outrecuidance, lui lança un
coup de pied qui lui a laissé au front une marque indélébile.

En 1840, un des émigrés distingués de la république
Argentine, Domingo de Oro, écrivait : « La nature a donné
à Rosas une constitution robuste qu'il a développée par
son existence active et qui l'a soutenu dans le terrible
rôle qu'il joue. Dans un cercle d'hommes en qui il a confiance, ou dont il désire gagner la sympathie, il sait se
montrer très-agréable. Il écoute alors avec une attention

flatteuse celui qui lui parle. Dans les autres occasions, il apparaît grossier dans ses manières, bizarre dans son langage ou très-taciturne. Rarement il regarde en face la personne à laquelle il s'adresse. De temps à autre seulement il jette sur elle un rapide coup d'œil pour observer l'effet que produisent ses paroles. Du reste, jamais son visage ne trahit ses émotions, et à le voir, on ne pourrait deviner les brutales passions qui s'agitent dans son sein. Cependant, quoiqu'il ait la dissimulation de Tibère, et quoiqu'il possède assez de courage dans les circonstances graves, au moment du danger la crainte le fait pâlir, la crainte trouble ses facultés et le jette d'abord dans une sorte de torpeur stupide. Rosas est extrêmement sobre, et il l'était avant d'avoir à redouter un empoisonnement. Peu d'hommes sont aussi pensifs et aussi laborieux que lui. Mais il n'a aucun sentiment moral et religieux. Toutes les facultés de son âme sont soumises à ces deux uniques passions : celle du pouvoir et celle de la vengeance. Dans l'histoire moderne, il n'y a pas d'exemple d'une cruauté aussi réfléchie que celle de Rosas. L'activité fébrile avec laquelle il travaille dégénère à ses heures de loisir en folie ou en férocité. »

A ceux qui connaissent leur Rosas, cette brève esquisse suffit. Pour beaucoup d'autres, il est nécessaire d'y joindre quelques détails. En essayant de tracer les principaux traits de ce caractère sans pareil peut-être dans les annales des gouvernements, je ne me dissimule pas les difficultés d'une pareille tâche. Pour peindre un tel homme, il faudrait un Tacite, et je ne suis pas un Tacite. Mais je raconterai des faits dont le lecteur lui-même tirera la conclusion.

On doit rendre cette justice à Rosas, qu'il s'est fait lui-même ce qu'il est devenu, le plus habile des diplomates et le plus ferme des despotes. Fils d'un obscur estanciero qui, dans sa rustique demeure, au sein de ses pâturages, se souciait fort peu des lettres, Rosas arriva à l'âge de quatorze ans sans avoir tenu un livre entre les mains. A cette époque, il fut placé comme apprenti chez un marchand de la campagne qui lui donna quelques leçons d'écriture. On dit, mais je n'ose l'affirmer, qu'un acte d'indélicatesse, un larcin, le fit renvoyer de cette maison. Il rentra chez son père, qui, renonçant à lui faire poursuivre la carrière commerciale, le chargea de surveiller les travaux de son estancia, sous la direction d'un mulâtre qui en était le capataz. Plus hardi dans le domaine paternel qu'il ne l'avait été dans la boutique de son honnête patron, le jeune Rosas détourna des revenus de la famille tant et tant de *patacons,* que ses parents durent y mettre ordre. Forcé d'avouer ses soustractions qu'il avait d'abord essayé de nier, il s'échappa après cette confession et ne reparut plus sous le toit domestique. Il avait alors dix-huit à dix-neuf ans. Comme on le voit, c'était un garçon résolu. Pendant plusieurs mois, il erra à l'aventure dans la campagne de Buenos-Ayres, passant quelques jours par-ci, quelques jours par-là, dans une maison d'estanciero ou dans une pauvre chacra, confiant dans le caractère hospitalier des gens du pays et dans les avantages d'une jolie figure, cette bonne recommandation, a dit Gœthe, qu'on emporte partout avec soi.

Dans une de ses vagabondes excursions, il fit connaissance avec un propriétaire assez riche, Louis Dorrego, qui, s'intéressant à lui, le plaça dans une de ses estancias. Là, il eut occasion de voir Vicente Maza, l'un des futurs présidents de la junte argentine. Maza prit en affection ce

jeune aventurier, dont le regard et la physionomie annon-
çaient une nature intelligente. Il le fit venir dans sa demeure, lui inspira le désir de s'instruire et le guida dans
ses études.

Voici de quelle façon Rosas a témoigné sa reconnaissance à ses deux protecteurs : il a proscrit Dorrego et a
assassiné en pleine assemblée législative le vénérable
Maza.

Ce fut pendant qu'il occupait l'emploi de capataz dans
l'estancia de Dorrego, que le sage et vaillant Rosas, qui
devait être un jour le Lycurgue et le César de son pays,
commença à se faire un parti parmi les gauchos. Il était
jeune, beau, robuste et d'une rare adresse dans tous les
exercices du corps qui font l'orgueil des peons. Nul ne
s'élançait avec plus de hardiesse sur un cheval sauvage et
ne domptait d'une main plus habile son ardeur impétueuse; nul ne jetait avec plus de prestesse le nœud du
laço ou les lourdes bolas.

Le premier qui fut roi fut un soldat heureux.

Pour les gauchos témoins de ses hauts faits, Rosas devint le premier des hommes. En se mêlant à leurs courses,
en prenant part à leurs luttes, il acquit sur eux l'ascendant
que la force et l'adresse exercent toujours sur une masse
d'individus ignorants et grossiers.

Dans leur simplicité et leur franchise de caractère, en
cédant à son influence, ils ne voyaient pas poindre son
ambition. Lorsqu'ils se rallièrent à son appel et le suivirent sur le champ de bataille, ils ne se doutaient pas qu'ils
le portaient alors eux-mêmes sur l'échelle du haut de
laquelle il les regarde aujourd'hui avec un suprême dédain.

Jusqu'en 1820, Rosas resta étranger aux divers événements qui agitaient les États argentins. Il ne s'enrôla point sous les drapeaux de la république. La première fois qu'il prend les armes, c'est pour soutenir l'insurrection de Rodriguez contre le cabildo de Buenos-Ayres, et sa vie militaire commence par l'invasion de la capitale. De là date son élévation, d'abord son titre de chef de campagne, dont il a bien usé dans ses intérêts, puis celui de général de l'expédition contre les Indiens, qui n'a pas peu contribué à sa fortune.

Depuis le jour où Rosas a commencé à entrer dans la vie publique, on ne lui a pas connu un seul ami. Nulle tendre pensée ne l'a détourné de sa route ambitieuse, nulle douce affection n'a pénétré dans son âme de bronze. Soldat, il n'a point eu de camarades; chef du pouvoir, il n'a point eu de conseillers. Dans l'armée, il ne s'est fait que des séides, et dans l'administration du pays il n'a formé que des valets. Ses ministres ne sont pour lui que des scribes dont il n'admet pas les conseils, et les plus hauts fonctionnaires de l'État des serviteurs qui, sous les épaulettes de général ou sous la toge de magistrat, doivent être également soumis à ses volontés. Un seul homme s'est rencontré qui, par on ne sait quelle fascination, éprouvait pour lui un intérêt de cœur, et le suivait dans sa marche politique avec une sorte de sollicitude paternelle. Cet homme était Maza, président de l'assemblée des représentants, et Rosas l'a assassiné avec trois sicaires dans la salle même où le vénérable vieillard avait sans cesse, de son fauteuil de président, dirigé ou appuyé les motions dictées par le dictateur.

En 1830, Rosas n'était encore, si ce n'est de fait, au moins de nom, que le gouverneur républicain de la province de Buenos-Ayres, entravé par la constitution, enlacé dans les lois du pays. En 1835, il se fait donner par la junte un pouvoir illimité, et répond au décret de l'assemblée par une harangue qui est une des authentiques expressions de sa nature hypocrite et de ses haines implacables ; car cette harangue a été imprimée en entier dans son journal officiel, la *Gaceta mercantil :* « Lorsque je me suis décidé, dit-il, au *terrible sacrifice* que j'ai fait en montant sur le siége du gouvernement dans les circonstances où se trouve notre malheureuse patrie, lorsque pour arracher notre pays à l'abîme de malheurs où nous l'avons vu submerger, j'ai accepté le *pouvoir sans limites,* que malgré son odieux fardeau je considère comme absolument nécessaire dans mon entreprise, ne croyez pas que mes espérances ne reposaient que sur mes faibles capacités. Non, je confie mes espérances à la protection spéciale du ciel. »

Voilà l'hypocrisie. Voici la haine féroce, les deux signes distinctifs du dictateur argentin.

« Personne n'ignore qu'une nombreuse faction d'hommes corrompus qui font parade de leur impiété, de leur avarice, de leur infidélité, qui se mettent en guerre ouverte avec la religion, l'honnêteté et la bonne foi, ont introduit partout le désordre et l'immoralité. Nous sommes résolu à les combattre. Que cette race maudite, cette race de monstres soit anéantie ; que la vigueur avec laquelle nous la persécuterons devienne pour l'avenir une épouvante. Rien ne nous arrêtera dans cette œuvre, ni le danger, ni la crainte de nous tromper dans nos moyens de persécution. »

Dès cette époque décisive, qui dit la confédération Argentine dit la plus étonnante imposture gouvernementale qui ait jamais existé.

En 1826, Rivadavia, vaincu par le parti sur lequel s'appuyait Rosas, avait abdiqué la présidence. Rivadavia voulait réunir en un seul corps, en une seule administration, les diverses provinces dont se compose la confédération Argentine. Ses adversaires demandaient pour ces mêmes provinces une organisation fédérale à peu près dans le même genre que celle des cantons helvétiques. De là, les noms d'unitaires et de fédéraux que l'on entend si souvent retentir dans le Rio de la Plata et dont la signification primitive est aujourd'hui complétement dénaturée. Aujourd'hui, les esclaves de Rosas portent le titre de fédéraux; quiconque blesse son orgueil ou éveille ses craintes est flétri du nom d'unitaire, et comme tel promptement jugé.

L'administration des provinces du Rio de la Plata a été organisée selon le système fédéral. Chacune d'elles doit former un État indépendant avec une libre junta et une libre constitution. Il est convenu seulement que les affaires de la politique extérieure doivent se traiter à Buenos-Ayres. Mais sous ce manteau de fédéralisme, Rosas a complétement réalisé le fait unitaire dont l'honnête Rivadavia n'a pu soutenir la théorie. Les juntes des diverses provinces sont bridées par lui comme celle de Buenos-Ayres. Les gouverneurs sont nommés selon ses instructions, et soumis à son pouvoir.

S'il en est un dont la nomination lui déplaise, ou qui plus tard ose regimber sous le frein auquel il doit obéir, on peut être sûr qu'il ne gardera pas longtemps son poste de gouverneur. Rosas a plusieurs ingénieux moyens pour se délivrer de ces sortes de personnages. Au besoin, il suscitera contre le malencontreux fonctionnaire une insurrection à la suite de laquelle la junte mieux éclairée procédera à une autre élection.

14.

En 1838, la province de Santa-Fé choisit pour gouverneur Domingo Cullen, et Rosas donna un complet assentiment à cette nomination. Cullen était un de ses dévoués, un de ses complices dans l'assassinat de Quiroja. Par malheur il avait entre les mains quelques papiers secrets, quelques ordres diaboliques sans doute que Rosas voulait tenir en sa possession. Ces papiers furent d'abord demandés à Cullen en termes affectueux, puis d'un ton plus pressant, puis enfin il lui fut impérieusement enjoint de les livrer. Cullen les refusa. Alors Rosas le déclara traître à la patrie, souleva contre lui une émeute dans la ville de Santa-Fé, et pour plus de sûreté jeta au milieu de l'insurrection son fidèle Pacheco avec une partie de ses troupes. Cullen s'enfuit et se retira chez Ibara, gouverneur de Santiago, qui était un de ses anciens amis. Aussitôt Rosas s'adresse à celui-ci et le prie et le conjure de lui remettre l'indigne Argentin réfugié dans sa demeure. Après plusieurs négociations, comme Ibara ne voulait point consentir à violer les lois de l'hospitalité, Rosas allait probablement encore recourir aux armes, quand il lui vint une lumineuse idée. C'était de persuader à Ibara que l'infâme Cullen, dans ses habitudes de félonie, conspirait contre Ibara lui-même, contre l'ami qui lui donnait un si généreux asile. L'imbécile Ibara crut ou feignit de croire à cette perfidie et livra son hôte.

Cullen fut garrotté et remis à un détachement de soldats pour être conduit à Buenos-Ayres. Rosas, redoutant ses indiscrétions, n'attendit pas son arrivée dans la capitale. Il lui expédia un de ses séides, qui l'assassina en pleine campagne.

Tel est le libre gouvernement des douze provinces secondaires de la république argentine. Quant à la province de Buenos-Ayres placée immédiatement sous la main de Rosas, c'est encore plus simple. Ici Rosas est tout, uniquement, absolument tout, l'idée et le fait, l'arrêt et le glaive. A l'entendre, il a cependant un grand respect pour la constitution, et il soumet avec respect l'examen de ses actes à la haute appréciation de la junte. Le brave homme !

La junte est composée de quarante-quatre députés, tous choisis parmi les parents, les amis et les serviteurs de Rosas. Les votes sont libres, personne n'oserait dire le contraire. Seulement, à chaque élection, on peut se rappeler cette énergique harangue d'un colonel de Napoléon : « Soldats, il s'agit de savoir si nous ferons du premier consul un empereur. Je ne veux point violenter votre conscience. Vous avez le droit d'exprimer votre opinion, mais je dois vous dire que je casse la tête au premier gredin qui votera contre l'empereur. »

Dans la province de Buenos-Ayres, chaque électeur est obligé de montrer au juge de paix son vote au moment même où il le fait inscrire, et malheur à celui qui oserait tromper ce respectable fonctionnaire !

La junte, ainsi composée, se réunit chaque année au mois de janvier, et il se passe alors entre elle et le chef de l'État le plus bouffon des spectacles. Jamais démonstrateur d'une galerie de figures en cire n'a de sa voix glapissante annoncé la grande, la magnifique scène que l'on allait voir en termes plus pompeux que ceux que Rosas emploie pour narrer ses œuvres à l'ouverture d'une session. Jamais polichinelle n'a, de son bâton, si rudement frappé avec un rire sardonique sur la tête de son voisin et sur celle de son ennemi.

Le message que Rosas adresse périodiquement à sa fidèle assemblée se compose d'un volume in-octavo de deux cent cinquante à trois cents pages. Le bon dictateur y raconte toutes les petites affaires de son gouvernement et toutes celles des autres provinces avec une magnificence de langage pareille à celle des héros d'Homère. Voici le début de son dernier discours d'ouverture. Il est assez curieux pour que je le traduise en entier. Qu'on excuse la répétition des même expressions emphatiques, que je ne puis éviter si je veux rendre fidèlement cette page du discours argentin.

« Je vous salue avec grand plaisir. Vous commencez votre importante session dans des événements favorables à la confédération. L'honneur national resplendit avec gloire. L'indépendance de la république s'ennoblit par vos conseils et par ses œuvres. Après une longue anarchie, après des attaques réitérées de l'étranger, l'ordre se consolide, et la glorieuse souveraineté du pays s'élève avec dignité. La confédération, méritant la bonne opinion du monde et les ardentes sympathies des États américains, persévère avec un majestueux succès dans la défense de ses droits. Les circonstances dans lesquelles ont brillé son courage et son nom touchent à une fin heureuse. Cette gloire illustre appartient à votre sagesse, à votre patriotisme élevé. Dieu, notre Seigneur, a pris sous sa tutelle vos délibérations et vos actes éclairés. Les deux républiques de la Plata[1] ont, par leurs faits splendides, par leur magnanime modération dans leur juste défense d'une même cause, soutenu glorieusement leur indépendance res-

---

[1] Celle qu'il gouverne, et celle que son lieutenant Oribe cherche à maintenir en face de Montevideo dans les campagnes de la Bande orientale.

pective, leur honneur, leur vieille renommée. Le gouvernement et les peuples confédérés, fermes dans l'héroïque sentiment de leurs prérogatives souveraines et du pacte fédéral de la république, poursuivent avec une loyauté et un honneur immortels leur noble but. L'opinion du pays et celle de l'Amérique entière font fléchir la tête des sauvages unitaires.

« En contemplant la grandeur et l'immense honneur de nos succès grandioses, je reporte au Très-Haut l'humble et cordial tribut de ma gratitude pour sa protection et ses bienfaits ineffables.

« Vous vous êtes assemblés pour délibérer sur les affaires publiques. Pénétré de la connaissance de votre mérite éminent, je vous adresse mes respectueuses félicitations. Je soumets à votre souveraine sentence les actes de mon administration. Dans votre haute rectitude, dans votre amour de la patrie, jugez mes erreurs et mes faits. Daignez considérer que, dans mes désirs et mes intentions, je n'ai eu en vue que la prospérité, la dignité de la nation, et le soin de concilier nos propres intérêts avec les intérêts généraux du monde. »

A la suite de ce prologue, le même harangueur, qui vient de se poser devant les représentants de la province de Buenos-Ayres dans une attitude si modeste, relate avec une touchante bonhomie les témoignages de bienveillance qu'il a reçus des gouverneurs des diverses provinces. C'est la province de Cordoba, qui déclare que l'odieux abus du pouvoir des plus puissantes nations du monde n'a servi qu'à faire mieux éclater l'héroïque fermeté du grand Rosas; c'est la province de Santa-Fé, qui rend hommage aux sentiments délicats du général Rosas, dignes de sa grande âme; c'est enfin tout le troupeau de moutons de

Panurge, *crians et bellans en pareille intonation.* Et Rosas sourit d'un air paterne à ces véridiques manifestations des provinces, et Rosas loue la noble énergie de tel gouverneur, l'esprit de celui-ci, la prudence de celui-là, l'excellente conduite de tous.

A la fin du long mémoire dans lequel il a chanté comme dans un poëme épique la prospérité de son pays, la vaillance de ses soldats, la gloire immortelle de son drapeau, à la fin de ces strophes enthousiastes vient la petite ritournelle élégiaque où, d'un air lamentable, il se plaint des fatigues que lui cause le poids des affaires, des souffrances physiques et morales auxquelles il est en proie, en conjurant l'assemblée de prendre pitié de lui, et de le délivrer d'un fardeau que sa faiblesse ne lui permet plus de supporter. Chacun connaît d'avance cette touchante péroraison du message, et chacun sait quel en sera le résultat.

L'assemblée, après s'être extasiée sur chacun des actes soumis à son impartial jugement, après avoir épuisé les superlatifs espagnols, pour apprécier en termes équitables la haute, la grande, la sublime administration de Rosas, se lève avec un mâle courage, pour lui déclarer en face qu'au risque d'encourir sa colère, elle ne peut accéder à ses vœux de retraite, qu'il est tenu, coûte que coûte, de se sacrifier à sa mission céleste, d'assurer par son gouvernement la félicité de la patrie. Et le bon Rosas, dont la vie entière est une vie de dévouement au bien public, courbe la tête et se résigne à cette nouvelle violence.

Avec cette brave assemblée de Buenos-Ayres, on n'a point à se préoccuper des vilaines questions de minorité croissante, de majorité indécise, qui si souvent jettent le trouble dans les États constitutionnels. On n'a pas à s'inquiéter non plus de ces discours téméraires qui, dans leur large envergure, touchent à des questions extrêmes, ni d'une de ces perfides propositions qui sous le doux velours de plusieurs considérants parfaitement monarchiques, cachent le serpent révolutionnaire. Non, non, grâce à la tutelle de Dieu si pieusement invoquée par Rosas, les représentants de la province de Buenos-Ayres ne sont jamais tombés dans de tels égarements. Les affaires se traitent parmi eux avec une placidité charmante, et se résolvent avec un tendre accord.

Rosas, le grand Rosas, les a formés à ces aimables habitudes. Jadis Moïse trouvait, par une révélation miraculeuse, la plante qui changeait en eau douce la source nauséabonde du désert. Rosas, plus habile, a découvert le moyen de dégager le système réprésentatif de sa fatale amertume, et d'en faire pour son usage une agréable boisson.

Que si l'on demande par quels procédés il en est venu à un tel résultat, c'est la moindre des choses. Quelques milliers d'emprisonnements, de confiscations, d'arrêts de mort et d'assassinats, voilà tout. Quand il s'agit de sauver la patrie et de rétablir l'empire des lois, un grand homme doit-il se laisser ébranler par quelques vulgaires scrupules? Et Rosas n'est-il pas le sauveur de la patrie et le restaurateur des lois, *restaurador de las leyes?* Comme il représentait à lui seul la grandeur et l'avenir du pays, quiconque semblait ne pas comprendre parfaitement sa sublime mission, quiconque jetait sur sa route un grain de sable, quiconque offusquait son regard par une trop grande fortune ou un nom trop honoré, était aussitôt rangé dans la classe des *sauvages unitaires*, et à ce titre, jugé, proscrit ou égorgé avec une merveilleuse promptitude.

A défaut d'un tribunal assez actif, d'une cohorte d'agents assez nombreuse, on vit, en 1840, s'organiser la société de la *Mas horca*, qui par son nom indiquait assez son ardeur d'exécution[1]. Pour purger le sol argentin des sauvages unitaires qui l'infestaient encore, ces sicaires de Rosas, ces septembriseurs de Buenos-Ayres entraient dans les maisons qu'ils déclaraient maisons suspectes, pillant, violant, massacrant tout ce qui s'offrait à leurs féroces passions. Des jeunes gens d'un honnête caractère, appartenant à des familles respectables, étaient obligés pour leur propre sûreté de s'adjoindre à ces bandes affreuses. Par une généreuse condescendance, on ne les entraînait point dans les expéditions sanguinaires, on les forçait seulement à outrager les femmes qui ne portaient pas dans leurs cheveux le ruban rouge, signe de ralliement prescrit par Rosas. Pendant un mois entier, la Mas horca répandit la honte, le sang et la terreur dans les rues de Buenos-Ayres. Le dictateur, non content de voir sa capitale livrée au fer exterminateur, voulait que le même mode de salut public s'étendît aux autres provinces. En 1741, il écrivait au gouverneur de Cordoba : « Il faut que la république soit purgée de tant de *traîtres immondes*[2]. Ils ne méritent aucune indulgence. Les ménager serait un crime. Dans leurs personnes comme dans leurs biens ils doivent éprouver les terribles conséquences de leur iniquité, de leur traîtrise, de leur *sauvagerie*. »

Le 30 octobre, pour glorifier par un acte de magna-

[1] *Mas horca*, plus de potence, ou pour parler plus clairement, des potences et encore des potences. Un journal officiel de Buenos-Ayres a dit que cette horde monstrueuse était une société d'hommes pacifiques et respectables.

[2] *Gaceta mercantil*, 24 janvier 1844. Il ne faut pas oublier que ces épithètes de *sauvages unitaires*, de *traîtres immondes* et autres aménités, ne désignent que les rivaux ou les ennemis particuliers de Rosas.

nimité le mois qui portait son nom (*mes de Rosas*), le dictateur rendit un décret par lequel il était défendu de *mas-*
sacrer davantage sans l'ordre écrit de l'autorité compétente.

En 1842, ce doux arrêt était cependant mis de côté, et
la Mas horca recommençait ses exploits avec une nouvelle
fureur, lorsque les ministres de France et d'Angleterre,
MM. de Lurde et Mondeville, intervinrent pour mettre fin
à ces drames horribles.

Leurs protestations énergiques arrêtèrent les mains des
bourreaux, et Rosas, le bon Rosas, déclara qu'il ne savait
rien des atrocités commises journellement sous ses yeux.

Tandis que la Mas horca portait ainsi le deuil et l'épouvante dans les maisons de la capitale, la justice du dictateur s'étendait plus loin.

Elle atteignait de la pointe de son glaive Quiroja dans
les plaines de la confédération argentine, et le noble, l'excellent Varela dans les rues de Montevideo. Elle frappait à
coups de dague en différents endroits, elle faisait des
holocaustes journaliers dans les prisons de Santos-Lugares.
Les soldats de ce lieu de supplice fusillaient leurs victimes
au son de la *Resbalos*, jolie petite chanson composée tout
exprès pour les égayer dans leur exécution. Si le condamné se résignait à la mort sans murmurer une parole
malsonnante, c'en était bientôt fait de lui. Si, au contraire,
il proférait un mot offensant pour Rosas, on suspendait la
fusillade pour quelques minutes, le temps de lui couper
la langue, puis l'officier commandait le feu.

C'est ainsi que Rosas a aplati sous sa main une population de huit cent mille âmes. C'est ainsi qu'il a soumis la
confédération Argentine à un état d'abaissement, de servitude dont il n'y a d'exemple que dans les pages les plus
ignominieuses de l'histoire ancienne. A un peuple jeune,

arrêté brusquement dans sa séve vitale, il a infligé la même
dégradation que les Caligula et les Héliogabale à la décrépitude du peuple romain. Ainsi que ces hommes maudits,
non content d'être redouté comme un maître terrible, il
veut être vénéré comme un dieu. Son portrait, placé sur
une voiture à laquelle se sont attelées les femmes les plus
distinguées[1] de Buenos-Ayres, a été conduit en triomphe
à l'église de la Merced, et placé sur le maître-autel, et les
prêtres ont dû mêler avec respect à leurs sermons le nom
de ce nouveau saint.

Qu'il y ait des haines profondes et des sentiments de
vengeance inextinguibles amassés autour de cet homme
qui, après avoir foulé aux pieds tous les principes d'humanité, viole encore, par son orgueil, le sanctuaire de
Dieu, c'est ce dont il n'est pas possible de douter. Mais ces
haines sont muettes, ces sentiments de vengeance enfermés
dans le cœur. En attendant qu'ils éclatent, on ne dit sa
pensée sur Rosas qu'à voix basse, dans un cercle intime,
si toutefois on ose la dire; on courbe la tête devant lui,
on obéit sans se plaindre à chacun de ses décrets et à chacune de ses fantaisies.

La sentence d'extermination dont il a fait la devise nationale de sa république est imprimée en tête de tous les
actes officiels et de toutes les correspondances administratives. Pas un Argentin n'oserait sortir de chez lui sans
la longue cinta rouge flottant à sa boutonnière avec les

---

[1] Parmi elles se trouvait la veuve de Quiroja, assassiné par l'ordre
de Rosas. En rentrant chez elle, après cette ignominieuse cérémonie,
elle trouva sur sa table une boîte en or envoyée par le reconnaissant
gouverneur, et dans cette boîte, une touffe d'herbe des pâturages,
afin qu'elle n'ignorât point qu'elle venait de faire le service d'une
bête de somme.

paroles sacramentelles : *Viva la confederacion argentina!
Mueran los salvajes unitarios!* Les prêtres mêmes sont
obligés de les porter sur leur poitrine. Les acteurs, au
commencement de chaque représentation, profèrent en
chœur ce cri de vie et de mort, et les serenos le répètent
le soir, de quartier en quartier, en annonçant de leur voix
nasillarde chaque heure qui sonne.

La couleur rouge étant la seule couleur orthodoxe des
vrais Argentins, Rosas a été fort contrarié que la nature
persistât à se parer de bleu et de vert, ainsi qu'un sauvage
unitaire. Comme il n'était pas possible de condamner la
terre à la prison de Santos-Lugares, ni de pourfendre le
ciel avec les sabres de la Mas horca, il a bien fallu se résigner à voir le sol de la république se couvrir d'une verdure
perpétuelle, et l'horizon de la contrée se dérouler en un
cercle d'azur. Mais l'honnête peuple argentin a du moins
fait tout ce qu'il a pu pour éloigner des regards de Rosas
l'apparence d'une teinte odieuse. La France et l'Angleterre
ont fabriqué pour ce pays des étoffes particulières, point
de vert ni de bleu, et rien qui s'en rapproche, mais une
masse de draps et de satins éclarlate ou tout au moins
amarante. Les bijoutiers et les modistes ont suivi cet exemple. Nul autre émail que celui d'un pur vermillon n'a pu
être apposé sur une bague ou sur un bracelet, et les intel-
ligentes fleuristes de Paris, pour conserver leur clientèle
dans le monde élégant de Buenos-Ayres, ont inventé une
nouvelle botanique. Elles ont fait des bouquets sans feuilles,
et des roses montées sur des tiges dont aucun Jussieu ne
pourrait reconnaître l'espèce.

Voilà une des impériales fantaisies du républicain Rosas.
Il y en a d'autres. Vers la fin du mois d'avril dernier, l'envie lui vient de voir sa capitale remise à neuf. Beaucoup

de souverains constitutionnels ou absolutistes peuvent éprouver le même désir sans qu'il leur soit possible de le réaliser. Rosas ne connaît point d'obstacle. Buenos-Ayres, dont chaque maison, comme je l'ai dit, renferme plusieurs patios, et n'est en général habitée que par une seule famille, occupe un très-vaste espace. Il y a là un grand nombre d'habitations qui n'ont pas moins de deux cents pieds de largeur sur chaque face. Le plus simple badigeonneur se paye fort cher, dix francs par jour au moins. N'importe. Ordre est donné aux propriétaires d'avoir à faire recrépir en entier et blanchir à la chaux la façade de leur maison; bien entendu qu'à sa base elle portera de plus la bande rouge. Le tout doit être achevé pour le 25 mai, jour anniversaire de la révolution du Rio de la Plata, c'est-à-dire dans l'espace d'un mois. Là-dessus, grande rumeur dans chaque quartier. On ne pense pas une seule minute à représenter au suprême gouverneur la difficulté de faire une telle lessive en si peu de temps. On ne s'occupe que de trouver au plus vite des ouvriers, et les ouvriers quêtés, priés, comprenant du premier coup la bonne aubaine qui leur tombe entre les mains, mettent leurs services à un haut prix. J'ai vu un négociant qui, ayant acquitté dès le 1ᵉʳ janvier sa taxe de douane et de municipalité, se reposait dans la satisfaction d'un devoir accompli, et à qui ce petit décret du dictateur imposait tout à coup une dépense imprévue de sept à huit mille francs.

Sur le clocher du cabildo est une horloge mal entretenue dont la capricieuse aiguille courait ou s'arrêtait avec une parfaite indépendance sur son cadran. Rosas, outré des affronts que les régulateurs des horloges de la ville faisaient chaque jour à ce misérable cadran, fait un matin convoquer ces industriels chez le chef de la police. Là,

il leur est enjoint de n'avoir plus désormais à s'occuper
ni de leurs insolents chronomètres, ni de leurs arrogantes
observations astronomiques. Ils doivent regarder la pen-
dule du cabildo, et mesurer la marche de leurs montres
sur celle-là. Maintenant, quels que soient les écarts du
cabildo, il n'en donne pas moins l'heure légale. Plus
puissant que le valeureux Josué et que le pieux Ézéchias,
l'autocrate de la confédération argentine n'a pas besoin
d'un miracle de Dieu pour intervertir le cours des astres.
Il fixe lui-même le point du jour et le crépuscule de la
nuit.

Qu'on me permette de citer encore un exemple de
l'incroyable omnipotence de Rosas. Il y a de ces faits,
puérils en apparence, qui, dans l'histoire d'un pacha comme
celui-ci, ont une signification plus vive que des événements importants.

Un dimanche, Rosas, en assistant à l'exercice de ses
troupes, s'aperçut que d'impertinents spectateurs regar-
daient d'un œil peu respectueux les lourds mouvements
de ses fantassins. Il surprend çà et là des sourires sardo-
niques, il observe des groupes d'oisifs qui chuchotent
entre eux d'un air malséant. — C'est bien, dit-il, en reprenant le chemin de la quinta, attendez, messieurs les
curieux, je mettrai ordre à votre impertinence.

Le lendemain paraît un décret qui ordonne aux habitants de la ville d'avoir à se tenir strictement enfermés
dans leur demeure le dimanche, à partir de la minute
même où un coup de canon annonce le commencement
des exercices jusqu'à celle où un autre coup de canon en
proclame la fin. Non-seulement il est interdit à tout Argentin et à tout étranger de traverser la rue dans cet
intervalle, il ne peut même se tenir sur sa porte, ni

s'asseoir à sa fenêtre, ni monter sur l'azotea. J'ai gémi de l'ennui des dimanches dans les villes des États-Unis, et à présent ils m'apparaissent comme de joyeux et turbulents dimanches, comparés à ceux où la milice de Rosas parade sur la place de Buenos-Ayres. Ces jours-là, toutes les visites, toutes les relations d'amitié ou de parenté sont suspendues. Au premier coup de canon, chacun se hâte de courir à son logis. S'il en est trop éloigné, il demande asile dans la première maison ouverte sur son passage et s'y blottit jusqu'au signal de délivrance. On entend battre le tambour, siffler le fifre, résonner les crosses de fusil, sans oser les regarder. « Je vous ai invité à dîner pour demain à quatre heures, me dit un jour un négociant qui demeurait à quelques centaines de pas de mon hôtel; mais si vous voulez bien vous rendre à mon invitation, il faut que vous ayez la bonté de venir chez moi à une heure, car, passé ce moment-là, vous ne pouvez plus sortir. » Ni invitations ni affaires ne peuvent autoriser qui que ce soit à faire vingt pas dans la rue tant que dure le solennel exercice. Un notaire ne peut aller recueillir les dernières volontés d'un mourant, un médecin ne peut porter ses secours à un malade à l'agonie. D'une de ses extrémités à l'autre, à une demi-lieue même de la place où les héroïques enfants de la république apprennent à porter armes et à marcher au pas, la ville est complétement muette, inanimée. On dirait d'une ville surprise par une horde ennemie et abandonnée en entier par ses habitants.

Je suis convaincu que Rosas s'amuse souvent de ses ordonnances comme un enfant d'un hochet, et rit de la frayeur qu'elles causent à ses bons sujets. Ainsi que l'a très-justement dit M. Domingo de Oro, il n'y a en lui aucun sentiment de morale, de religion, et la marche tortueuse par laquelle il s'est élevé au pouvoir, les séides soumis à ses ordres, les basses flatteries dont il a été entouré, lui ont enlevé, si jamais il l'a eu, tout sentiment de considération pour l'espèce humaine.

Rosas méprise les hommes, et dans ce mépris foule impudemment aux pieds sa propre dignité. Sans respect pour les autres, sans considération pour lui-même, tantôt il se livre à des bouffonneries de paillasse, tantôt à un honteux égoïsme. Un soir, dans le salon où Manuelita était assise au milieu d'un cercle de femmes, on le voit entrer conduisant par la bride un âne richement caparaçonné sur lequel était assis un singe hideux. Il fait au petit pas le tour de la salle avec ces deux animaux, s'approche ensuite de chaque femme, adresse à haute voix à chacune d'elles une épigramme injurieuse ou des épithètes déhontées, puis s'en va.

Un autre jour, il arrive d'un air joyeux dans le même salon, et s'écrie : « Je veux vous donner une représentation d'une réception royale, je vais poser comme la reine Victoria, et toutes les femmes qui sont ici viendront me baiser la main. Allons, dit-il en s'avançant vers une jeune personne qui se tenait modestement assise à l'écart, commencez le spectacle.

— Je vous prie de m'excuser, répond la jeune fille d'une voix ferme, je suis soumise aux ordres de Votre Excellence, mais je n'ai jamais baisé que la main de mon père; il est mort, et je croirais offenser sa mémoire, si je donnais à un autre homme le même témoignage d'affectueux respect.

— Vraiment, dit Rosas, c'est là votre idée. Voyons, les autres. »

Toutes les autres se soumirent sans difficulté à ce nouveau caprice.

Après avoir achevé sa tournée, Rosas revient près de la jeune rebelle, et lui demande d'un ton impérieux si elle ne veut pas suivre l'exemple de ses voisines. Comme elle s'y refusait, il la fait prendre par un nègre grotesque qui est son Triboulet et la fait fouetter en plein salon. En racontant cette scène infâme, je supprime des détails qu'il n'est pas décemment possible de raconter.

C'est cet ignoble saltimbanque près de qui nous envoyons en ambassade de nobles officiers de marine, c'est cet homme couvert de sang et de boue avec lequel nous poursuivons patiemment le cours d'une interminable négociation, c'est ce gaucho que nous avons nous-mêmes grandi par notre condescendance et avec lequel la France traite pour ainsi dire d'égal à égal. Nous disons que notre honneur national est intéressé dans la question de la Plata. Si notre honneur est compromis, c'est dans les égards que nous avons depuis sept ans pour ce tyran de bas étage.

Chaque nouvelle négociation que nous engageons avec lui est comme un gradin de plus ajouté à sa pyramide. Toutes ses ruses sont alors employées à traîner de point en point, par une foule de discussions, d'ergoteries, l'affaire en longueur. Matériellement et moralement il n'a qu'à gagner à ces délais : matériellement, tant que Montevideo reste cernée par les troupes d'Oribe, il achève de ruiner cette ville qui lui est odieuse; moralement, il se dresse dans son arène comme un athlète que nulle main n'ébranle. Il dit à ses courtisans, il dit au monde entier dans ses dépêches, dans ses messages : « Voyez quel est mon pouvoir ! J'ai résisté aux forces réunies de l'Angleterre et de la France. L'Angleterre m'a demandé la paix, la reine Victoria m'appelle dans ses lettres son *grand et bon ami*. La France, plus tenace, m'envoie encore une ambassade appuyée par une escadre, et l'ambassade attend mon bon plaisir à Buenos-Ayres, et l'escadre avec son artillerie reste dans la rade de Montevideo. »

Les défenseurs de Rosas disent qu'il a rétabli l'ordre dans un pays livré il y a vingt ans à l'anarchie. Il est vrai qu'avant son règne plusieurs partis se disputaient le pouvoir les armes à la main, et que Rosas s'est si bien emparé du sceptre gouvernemental que personne n'ose plus chercher à le lui enlever. Il est vrai qu'après avoir énormément confisqué, pillé et égorgé, sa fortune étant faite et nulle tête ne le gênant, il a pris, comme il le dit lui-même, des goûts de clémence, et que depuis quelques années, sauf quelques petits assassinats par-ci par-là, et quelques proscriptions pour s'entretenir la main, il s'est montré assez débonnaire. Il est vrai encore qu'il s'est fait une loi de ne point molester les étrangers. C'est là un de ses grands moyens d'argumentation chaque fois qu'il se trouve relancé par la diplomatie européenne. Enfin, je dois dire, pour être juste envers lui, qu'il a constitué un assez bon service de police dans les rues de Buenos-Ayres, et que par suite de ses expéditions contre les Indiens, la route qui va du Rio de la Plata à la Cordillère est plus sûre qu'autrefois.

Mais quoi! cet homme qui s'est emparé d'une puissance absolue dans une des plus belles contrées du monde, peut-il se faire de bonne foi un mérite suffisant d'avoir, dans son intérêt, écrasé ou étouffé ses rivaux, d'avoir, par la force ou la séduction, subjugué quelques hordes d'Indiens, et défendu le meurtre quand il n'avait plus besoin de l'ordonner? Qu'a-t-il fait de plus, si ce n'est que pour tenir Montevideo dans sa dépendance, il a voulu lui imposer la présidence d'un de ses lieutenants, et que pour paralyser l'essor de cette ville qui menaçait de l'emporter bientôt sur Buenos-Ayres, il la tient en état de siége depuis sept ans? Où sont ses autres œuvres? Où sont les monuments d'un règne qui dure depuis près de vingt ans? Où sont les institutions destinées à améliorer la situation morale et intellectuelle de son peuple? Qu'on en cherche la trace. Elle n'existe nulle part. Il n'a pas construit d'autres monuments que sa maison gigantesque de Buenos-Ayres et sa villa de Palermo. Il n'a pas fondé d'autres établissements que ses estancias qui augmentent sa fortune, souvent au détriment de ses voisins. Il n'a pensé qu'à lui et n'a employé son pouvoir qu'à satisfaire son orgueil sans limite, ses haines sanguinaires et sa cupidité. On dit qu'une fois il a voulu se faire proclamer roi. Ce serait le roi de l'égoïsme.

Il existe à l'extrémité de l'Europe un gouvernement basé depuis des siècles sur l'absolutisme que Rosas a par ses manœuvres constitué au sein de sa république. Le tzar de Russie, en vertu de son titre héréditaire, dispose de la vie et des biens de ses sujets, comme le dictateur de la république Argentine en vertu de l'autocratie qu'il s'est arrogée. Mais quelle différence! L'empereur Nicolas, tout en exerçant une sévère surveillance sur toute espèce de manifestation politique, en maintenant autour de ses États une sorte de cordon sanitaire contre le libéralisme des autres régions, protége les arts, favorise les sciences, encourage l'industrie. Sous les rigoureux arrêts de la censure, on entend bruire une intelligente et vivace pensée, sous une administration dont nos journaux condamnent si fièrement l'esprit rétrograde, on voit de toutes parts s'élever dans le vaste empire de Russie des édifices splendides, de magnifiques institutions scientifiques et de très-beaux établissements industriels.

Tandis que les autres peuples se débattent dans l'étreinte de leur fièvre révolutionnaire, s'affermissant dans leur orgueil, à mesure que leurs pieds trébuchent et que leurs yeux s'aveuglent, faisant de leur agitation un signe de vie, de leurs rêves une révélation céleste, de leurs systèmes le nouvel évangile qui doit régler l'avenir de l'humanité; tandis que, comme les successeurs d'Alexandre, les valeureux généraux de l'Utopie se disputent les lambeaux d'un empire écroulé, la Russie, qui n'a point été atteinte par le fléau de ette ardeur de réformes, poursuit d'un pas ferme son chemin en ligne droite. La Russie est de toutes les nations européennes la seule qui ait réellement progressé, et depuis trente ans ses progrès sont immenses.

Rosas aurait pu conduire sur la même voie le peuple argentin, et pour accomplir cette grande œuvre, certes ce n'est ni la force qui lui a manqué, ni l'intelligence dont il a fait preuve en tant d'autres entreprises, ni les qualités du pays qu'il régente.

Je ne sache pas qu'il y ait au monde un pays meilleur que celui-ci, mieux fait pour attirer une nombreuse population. Par la nature de leur sol, de leur température, les États-Unis, où chaque année affluent tant de milliers et de milliers d'émigrants, ne présentent pas à beaucoup près les mêmes avantages. Au nord des États-Unis, l'hiver est rigoureux et l'été brûlant; au sud, il éclate presque chaque année de mortelles contagions. Autour des lacs qui commencent à se peupler, dans la vallée de l'Ohio et du Mississipi, la terre, hérissée de forêts séculaires, ne peut être défrichée sans un difficile et coûteux labeur.

Dans le Rio de la Plata, rien de semblable. Point de glace ni de neige en hiver, et une chaleur très-tempérée en été. A part la plaine du sud-ouest, qui seule doit porter le nom de pampa, et qui par sa privation de cours d'eau semble destinée à un long état de sauvagerie et d'abandon, tout le reste de la contrée est d'une culture facile et d'une fertilité admirable. J'ai vu à vingt lieues de Buenos-Ayres un colon allemand qui en labourant, ou plutôt en grattant la surface de ses champs avec un soc en bois, récoltait, sans employer aucun engrais, quatre-vingts fois la semence qu'il jetait dans ses légers sillons. Il y a là des céréales qui donnent deux récoltes par an. Les brebis errant dans les pâturages ont également deux portées par an, et le troupeau d'une estancia abandonné à lui-même se double en trois ans.

Du sud au nord, de l'ouest à l'est, toute la contrée est sillonnée par des ruisseaux et des rivières qu'il serait aisé de rendre complétement navigables. Le rio Vermejo et le rio Pilcomayo traversent le grand Chaco. Le Parana, enflé par ces affluents et par le Paraguay, le Parana, l'un des plus féconds, des plus magnifiques fleuves du globe, remonte jusque dans l'intérieur du Brésil et touche presque à la source de l'autre grand fleuve de l'Amérique du Sud.

Un de nos officiers de marine les plus distingués, M. de Montravel, qui fut chargé d'explorer le fleuve des Amazones, et à qui malheureusement le ministère n'a point donné le temps d'achever cette belle mission, espérait rejoindre le Parana par le fleuve des Amazones et envoyer à Buenos-Ayres une embarcation partie de l'extrémité septentrionale du Brésil et traversant ainsi par l'intérieur des terres la moitié du continent américain.

Au moyen de quelques travaux, il serait aisé d'aplanir les obstacles qui çà et là entravent la navigation de ces fleuves et de ces rivières, de les réunir l'un à l'autre par des canaux, et d'enlacer ainsi dans un immense réseau de barques et de navires ce pays six fois plus grand que la France, habité aujourd'hui par un million d'hommes, et assez vaste et assez fécond pour en contenir et en alimenter cent quatre-vingts fois autant.

Là se trouvent réunies toutes les productions des régions tropicales et des régions européennes. Au sud, le blé, le maïs, les plantes légumineuses, rendront au centuple la semence que le laboureur jettera en terre. Au nord et à l'est, les plus beaux bois de construction et les plus beaux fruits.

La province de Mendoza et celle de la Rioja donnent de très-bons vins.

Les provinces de Catamarca, de Jujuy, de Corrientes, produisent le tabac, le coton, la cochenille.

Dans la province de Tucuman, on récolte du sucre et du café meilleurs qu'au Brésil.

Il y a des carrières de marbre dans la province de Cordoba; des mines de fer, de cuivre, dans les districts montagneux voisins de la Cordillère; des mines d'or et d'argent dans les provinces de Cordoba, de Mendoza, de San Juan, de la Rioja et de Salta.

Faute de capitaux, faute d'une population suffisante, faute de moyens de communication, ces richesses agricoles et métallurgiques sont négligées. Les précieuses mines d'Uspallata, de Famatina, de la Rinconada, ne sont exploitées que par quelques centaines d'ouvriers qui y vivent au jour le jour du produit de leurs fouilles.

La terre argentine est là assoupie avec ses trésors, sous

le dais étoilé de son beau ciel, attendant l'heure où, sortant de sa léthargie elle apparaîtra aux regards étonnés dans toute sa force et sa magnificence.

C'est là une des conquêtes réservées au génie laborieux des peuples civilisés, c'est un des réservoirs providentiels de la population qui étouffe dans les étroites limites de l'Europe. Un jour viendra où le travail agricole animera ces plaines silencieuses, où l'industrie vivifiera ces fleuves abandonnés, ces vallées solitaires, ces montagnes désertes, où les États du Rio de la Plata s'élèveront au rang des États les plus florissants.

De même que les autres colonies espagnoles de l'Amérique du Sud, la république Argentine a eu le malheur de briser trop vite les liens qui l'attachaient à la royauté d'Espagne. Elle n'était pas assez forte pour se constituer en État indépendant, ni assez éclairée pour marcher droit à son but. De là, ses oscillations et ses crises orageuses. De là, les divisions de parti, les guerres civiles qui, pendant vingt ans, l'ont lacérée jusqu'à ce qu'enfin elle tombât haletante, opprimée, sous la main de fer de Rosas.

Dans l'état de compression violente, mais de stabilité, où Rosas l'a maintenue, il eût pu faire beaucoup pour la relever de son état de marasme, pour lui donner une heureuse impulsion, et, je le répète, il n'a rien fait. Il n'a pensé qu'à affermir sa domination par l'astuce ou la cruauté, jamais à l'ennoblir par une œuvre louable. Tous les hommes d'intelligence excitaient sa haine ou ses soupçons. Il les a persécutés, égorgés ou proscrits, et il eût été fort affligé d'en voir apparaître d'autres.

Son prédécesseur, Rivadavia, passionné pour les idées scientifiques de l'Europe, avait, avec une généreuse ardeur de caractère, créé des institutions qui dépassaient

la portée d'esprit du peuple argentin et ses ressources
matérielles. Plus tard cependant, il eût été facile de les
soutenir et de les faire fructifier. Rosas ne l'a point voulu.
L'université de Buenos-Ayres, basée sur le modèle des
universités dont s'honorent l'Angleterre et l'Allemagne,
est tombée de chute en chute dans une décrépitude mortelle. La bibliothèque publique, où Rivadavia avait déjà
réuni vingt mille volumes et à laquelle il avait affecté une
rente annuelle, a été dépouillée de ses subsides et abandonnée aux rats. Dans cette ville de cent vingt mille
âmes, loin de l'Europe, il n'y a pas une seule bonne
école, pas un établissement littéraire, si ce n'est peut-
être la société de lecture, où l'on reçoit une trentaine de
journaux et de recueils périodiques de France, d'Allemagne, d'Angleterre. Cette société se compose uniquement de souscripteurs étrangers. Il est défendu aux Argentins d'en faire partie.

La censure de Rosas, qui tolère ce club européen,
s'exerce en revanche avec rigueur sur tout ce qui tient au
pays. A Pétersbourg et à Moscou, j'ai pu acheter, au
moyen de quelques légères formalités, les livres les plus
hostiles au gouvernement du tzar. A Buenos-Ayres, on ose
à peine prononcer chez les libraires le nom d'un auteur
proscrit ou d'un ouvrage prohibé. De peur de se compromettre, ils n'ont pas même une œuvre de géographie ou
de statistique sur le pays. J'ai vainement cherché à me
procurer le livre de M. Woodbyne-Parish, et ce n'est
qu'après avoir fouillé dans plusieurs magasins que j'ai pu
parvenir à rassembler les trois volumes de l'*Ensayo historico* du chanoine Funez, qui est parfaitement inoffensif.

Il y a quatre journaux quotidiens, près desquels les plus
chétives feuilles de nos plus petites villes sont des trésors

de science. Ils ne touchent au terrain politique que selon l'intention du maître, et leur pensée est si contenue qu'ils n'osent pas même s'aventurer dans les domaines de l'histoire ou de la géographie, remplacer par le récit d'un fait scientifique la discussion qui leur est interdite. Ils traduisent seulement à qui mieux mieux nos romans modernes et remplissent d'annonces la moitié de leurs colonnes.

Rosas en est venu à subjuguer jusqu'à l'élan de la pensée. Si sous l'éteignoir de plomb qu'il a, comme un bedeau, posé sur chaque flammèche, il reste encore çà et là quelque lumière tenace, si sous le manteau de neige dont il a enveloppé la contrée, il y a des germes mystérieux qui se développent en silence, c'est ce qu'il serait difficile de ne pas croire; mais tant que Rosas gardera la plénitude de son omnipotence, je ne suppose pas qu'on puisse voir ces germes apparaître au grand jour, ni ces lumières briller sur la république.

XIII

LA BANDE ORIENTALE.

Situation géographique. — Étendue. — Productions. — Ancienne tribus indiennes. — Les Charruas. — Leurs mœurs actuelles. — Colonisation de la Bande orientale. — Guerres successives. — Fondation d'une république indépendante. — Administration de Rivera. — Présidence d'Oribe. — Guerres civiles. — Oribe et Rosas. — Défaite d'Oribe. — Invasion de la Bande orientale. — Siége de Montevideo. Décrets d'Oribe.

Elle est prise entre deux puissances hostiles, la pauvre république de la Bande orientale, petite-fille de l'Espagne, enfantée par la colonie de Buenos-Ayres. Elle est cernée d'un côté par l'empire du Brésil, qui, pour fixer ses limites par deux grands fleuves, voudrait avoir le Rio de la Plata pour complément au fleuve des Amazones; et de l'autre côté par la dictature de Rosas, gardant comme le lion rugissant cette contrée dont l'asservissement lui assure la domination absolue de la jonction du Parana et de l'Uruguay, et de l'embouchure de ces deux grandes rivières dans l'Océan.

Cependant elle n'est pas si petite, ni si dénuée de ressources qu'on pourrait le supposer, à voir son malaise actuel. Les luttes qu'elle a eu à soutenir pendant tant d'années l'ont affaiblie comme une longue suite de saignées appliquées à un énergique tempérament. Les divisions des partis ont paralysé son essor ; la fatale situation dans laquelle nous avons nous-mêmes contribué depuis plusieurs années à la maintenir, l'a plongée dans une sorte d'agonie où elle se débat encore avec une mâle énergie. Ce n'est pas l'agonie d'un peuple dont l'histoire va finir, dont les ressorts sont usés, l'agonie d'un peuple décrépit, qui aux approches de la mort prend pour un signe de vie un dernier tressaillement. C'est celle d'une jeune race qui dans l'action même de l'orage sous lequel sa tête s'incline, sentant sa séve et son avenir, s'écrie avec le poëte :

> Je ne suis qu'au printemps, je veux voir la moisson.

Le territoire de la république orientale a cent quatre-vingts lieues de longueur sur soixante de largeur. Dans les vastes espaces de l'Amérique, il peut paraître bien restreint. En Europe, ce serait un assez grand État. Au nord et au nord-est, il touche aux deux rivières de l'Yaguaron et du Cuareno ; à l'est, il aboutit à l'Océan ; au sud, il est borné par le Rio de la Plata ; à l'ouest, il s'étend le long de l'Uruguay, dont la source remonte jusqu'au vingt-sixième degré de latitude et qui se réunit vers le trente-quatrième au Panama.

A la pointe du delta formé par ces deux fleuves, qui par leur évasement à l'est et à l'ouest représentent les deux branches ouvertes d'un compas, est l'île de Martin Garcia, poste de guerre important, délicieuse retraite, couverte d'une végétation abondante, ombragée par les belles plantes des tropiques.

En 1846, nos troupes y débarquèrent par suite d'une de ces nombreuses conventions qui depuis une dizaine d'années occupent si sérieusement la France et amusent si gaiement Rosas. Bientôt cette île apparut si riante et si animée que les gens du pays se demandaient si c'était bien là cette même terre morne et silencieuse sur laquelle naguère ils daignaient à peine arrêter leur chaloupe. Nos soldats, avec cette habileté d'architectes, de terrassiers, qui les caractérise, et cette bonne humeur qu'ils ont portée des plaines de la Russie jusqu'au pied du mont Atlas, construisaient des cabanes, ouvraient des sentiers, perçaient des avenues. De tous côtés, on voyait des enclos de verdure, des massifs de fleurs, des allées mystérieuses serpentant sous de frais ombrages. On eût dit l'île charmante décrite par Fénelon, mais affranchie des orages du cœur, beaucoup de Télémaques et point de Calypso.

La république orientale possède dans l'Uruguay et dans le Rio de la Plata plusieurs îles incultes encore dont les plantes délaissées comme celle dont parle Gray, répandent dans les airs leurs inutiles parfums, mais qui un jour enrichiront de leurs dons l'actif laboureur. C'est l'île de Saint-Gabriel, placée à l'entrée du port de la Colonia ; l'île de la Liberté, qui forme un des points de défense de la rade de Montevideo ; l'île de Flores, qui par son phare sert de guide aux navigateurs ; l'île Lobos, où l'on fait une pêche abondante de loups marins.

Le sol oriental, plus accidenté que celui de la république Argentine, est sillonné par une quantité de ruisseaux qui le fertilisent et offrent au commerce les éléments d'un vaste réseau de voies de communication. Une grande partie de ce sol fécond n'offre encore aux regards que l'uniforme aspect du pâturage des estancias. On n'y voit que de loin en loin quelques jardins fleuris et quelques traces de culture. Une population plus nombreuse et plus active en changerait entièrement la face. Il suffit d'un léger travail pour y récolter de riches moissons de fruits et de céréales.

Au nord, on peut voir les productions des zones tempérées unies à celles des tropiques. Les bords de l'Uruguay, du côté d'Entre-Rios, sont couverts des plantes les plus variées. Là, les majestueuses colonnes de palmiers s'élèvent au milieu des peupliers à la tige légère, des saules au long feuillage. La liane s'attache à leurs racines, s'élance dans les airs, court de rameau en rameau, comme dans les forêts vierges du Brésil. Là, le laborieux oiseau qu'on appelle le charpentier frappe de son bec acéré sur les troncs noueux, et, dans sa naïve présomption, court, à chaque coup qu'il donne, de l'autre côté du géant des bois pour voir s'il ne l'a pas percé. Le *hornero* jaloux construit son nid en forme de corne, avec une entrée tortueuse et étroite, afin qu'aucun hôte impudent ne puisse pénétrer dans le sanctuaire de ses amours. Le *boyero*, avec la même défiance, suspend à une branche d'arbre, comme un hamac flottant, sa couche nuptiale artistement tressée avec de la paille, évasée à sa base, resserrée à son ouverture, comme une bourse bien remplie dont un avare tiendrait les cordons. Là résonnent dans l'air frais du matin, dans le calme religieux du soir, les gazouillements de la fauvette, les chants du chardonneret, les soupirs plaintifs du ramier. Là voltigent, comme des rayons de lumière, comme des fleurs animées, le cardinal avec sa crête et son capuchon écarlate, la perruche aux ailes vertes, l'oiseau-mouche ou *picaflor*, léger comme un papillon, brillant comme une émeraude, tandis que dans les plaines voisines du fleuve, l'autruche s'en va à pas lents broutant l'herbe odorante, et que le flamant, au bec argenté, à la poitrine semblable à un écusson de velours amarante, debout et immobile sur ses longs pieds, semble, dans son attitude rêveuse, observer comme un philosophe le spectacle qui l'entoure.

Au-dessus de ces paisibles régions planent l'aigle à la serre cruelle, l'épervier à l'œil farouche, la buse au vol pesant, et l'agile martin-pêcheur. Dans les champs inhabités, errent le lion et le tigre, le tapir au museau pointu, armé de fortes incisives avec lesquelles il broie, comme un brin de paille, les plus fortes racines, et le hormiguero qui de ses larges pattes couvre les remparts d'une forteresse de fourmis, et de sa langue glutineuse enlève d'un seul coup une centaine de ces pauvres insectes surpris par cet ennemi formidable dans leurs habiles retranchements. Qu'on ajoute à ces races d'animaux une quantité de cerfs, de daims, de chevreuils, des nuées de perdrix, de faisans, de cygnes du Nord et de canards sauvages; voilà le noble butin que la Bande orientale offre au Nemrod parisien poursuivant l'ombre d'un moineau dans la plaine Saint-Denis, et un pauvre chasseur provençal courant des bastides de Marseille jusqu'à Livourne après un chastre perfide.

Il n'y a guère plus d'un siècle que cette belle contrée était occupée par des hordes sauvages fort peu disposées à la paix et fort difficiles à expulser, par la peuplade des Charruas, qui, au milieu des Bohanos, des Chanas, des Aucas, des Guaranis et des autres tribus indiennes dispersées entre l'océan Atlantique et les Andes du Chili, s'étaient fait dans cette partie du continent américain un nom aussi imposant que les Iroquois dans le Canada et les Natchez sur les rives du Mississipi.

Le premier Européen qui pénétra dans le Rio de la Plata, Diaz de Solis, paya de sa vie l'honneur de sa découverte. Les Charruas le massacrèrent, et dès ce jour se tinrent hardiment en garde contre toute entreprise d'envahissement dans leurs campagnes. Plus courageux que les Indiens du Mexique, ils ne se laissèrent pas épouvanter à la vue du soldat espagnol, s'élançant contre eux au galop de son cheval: ils ne se jetaient point la face contre terre en entendant le tonnerre de la mousqueterie. Ils attaquèrent bravement la Colonia del Sacramento, le plus ancien établissement des Espagnols dans ces parages, et le détruisirent de fond en comble. Deux autres villages, fondés à l'embouchure de la rivière San Juan et au confluent du Rio San Salvador avec l'Uruguay, eurent le même sort.

Pendant près de deux cents ans, les Charruas anéantirent ainsi toute tentative de colonisation dans le pays, d'où ils avaient déjà écarté les autres tribus indiennes, et qu'ils voulaient posséder sans partage. Ils ne s'arrêtèrent qu'au dix-huitième siècle devant les remparts de Montevideo. A mesure que cette ville se fortifia comme le camp de Romulus dans un cercle de nations ennemies, elle fit fléchir l'orgueil des Charruas : elle les obligea d'abord à se tenir à une distance respectueuse de ses murs, puis elle conquit un plus grand espace de terrain, puis des postes militaires échelonnés sur plusieurs points. Tout en continuant jusqu'à la dernière extrémité leur lutte opiniâtre, les Charruas furent enfin chassés du sol qu'ils avaient, à l'exemple de leurs pères, si énergiquement défendu.

Décimée par la guerre, dépossédée de ses domaines, désespérée de sa défaite, cette tribu jadis si fière et si belliqueuse se dispersa en différents lieux. Les uns se réfugièrent dans les missions des Jésuites, d'autres se mêlèrent à la population espagnole de la province de Buenos-Ayres. Un petit nombre d'entre eux seulement se retira vers le trentième degré de latitude, à l'est de l'Uruguay, pour y vivre de la libre vie errante qu'ils avaient autrefois dans les plaines de la Bande orientale. Ils y sont encore pour l'instruction du philologue et de l'ethnographe. Ils ont conservé sans altération leurs mœurs et leur type primitifs. Mais il n'est pas nécessaire d'aller les chercher jusque dans leur dernière retraite. Parfois, un des caprices de leur vie nomade ou un désir de lucre en amène plusieurs sur les rives de la Plata, et pour celui qui n'a jamais vu d'Indiens, comme pour celui qui, en ayant vu de différentes races, désire avoir plusieurs points de comparaison, ces fils des vieux Charruas sont curieux à observer.

Le Charruas est en général d'une taille assez élevée. Il a des membres agiles et bien proportionnés, la main petite ainsi que le pied. Il marche la tête droite comme un homme qui a gardé le sentiment de l'ancienne supériorité de ses ancêtres. Son visage bronzé, ses yeux petits, mais noirs et étincelants, ont une singulière expression d'audace, et quelquefois de cruauté. Entre ses lèvres vermeilles brille une double rangée de dents d'une blancheur éclatante, et ces dents, acérées par la chair à moitié cuite qui compose son unique aliment, n'ont besoin ni d'eau de Botot, ni des instruments d'aucun Rogers. Il les garde pures et intactes jusqu'à l'âge le plus avancé. La barbe et les moustaches ne poussent point sur sa peau basanée. En revanche, il porte de longs cheveux noirs sur lesquels flotte, comme un panache, la plume d'un oiseau de proie.

Quand il se met en route pour venir voir la célèbre ville de Montevideo, il fait une grande concession aux exigences des Européens. Il se couvre les épaules d'un *poncho*, et noue à sa ceinture un vêtement qui ressemble presque à un pantalon. Dans sa demeure, il rejette loin de lui ce lourd accoutrement. Il se promène au grand air dans le simple appareil de notre père Adam avant la catastrophe qui lui fit chercher la feuille de vigne. Si le froid le saisit, il s'habille d'une espèce de chemise en cuir sans collet et sans manches, qui ne lui descend guère plus bas que la ceinture. Les femmes, plus décentes, portent ordinairement un *poncho* et une chemise en coton lorsque leur mari ou leur amant a eu le bonheur d'en dérober une, car pour la faire elles-mêmes, c'est une de ces choses auxquelles nulle d'entre elles ne peut songer. Du reste, pas la moindre idée élémentaire de propreté ; les belles dames sauvagesses ne se lavent ni les mains ni le visage. Je voudrais qu'il en fût autrement pour la satisfaction de ceux qui rêvent des romans excentriques sur le terrain des mœurs primitives. Mais il en est ainsi. Elles ne nettoient non plus jamais leur demeure. Il est vrai que ces demeures sont d'une simplicité qui exclut parfaitement l'usage du plumeau. Dans l'endroit où il veut se fixer, le Charruas coupe quelques branches du premier arbre qu'il rencontre, les plante en terre, les recouvre d'un cuir de bœuf, et voilà l'édifice où il repose avec sa femme et ses enfants. Si sa famille s'augmente, il reconstruit à quelques pas de distance une autre cabane de la même sorte. Il n'a point de devis d'architecte à payer, et point de journées de

maçon; il fait lui-même son gîte comme un castor, et y
entre par une ouverture étroite comme un lapin dans son
terrier.

Ces Indiens ne se soucient d'aucune notion d'agriculture
ni d'industrie. Ils ne se nourrissent que de la chair des
vaches sauvages qui se trouvent en abondance dans les
plaines qu'ils habitent, et la principale fonction domestique
des femmes consiste à préparer l'*azado*, c'est-à-dire à
faire griller d'énormes quartiers de viande traversés par
une broche en fer que l'on fiche en terre et que l'on
incline tantôt d'un côté, tantôt de l'autre, vers la flamme
du foyer.

Le docte Azara, à qui nous devons tant de précieux
renseignements sur le Paraguay et le Rio de la Plata, dit
que les Charruas ne connaissent ni danses, ni jeux, ni
aucuns de ces moyens de distraction que les voyageurs
ont remarqués chez les autres tribus sauvages. Tous leurs
mouvements sont contenus, toutes leurs passions cachées
sous une physionomie impassible. Ils ne rient que du bout
des lèvres et ne parlent qu'à voix basse.

On n'a pu découvrir parmi eux aucune trace de sentiment religieux, ni aucun principe de hiérarchie. Point
de Dieu dans le ciel et point de chef sur terre. C'est le
beau idéal de l'égalité. Chacun vit comme bon lui semble
dans sa tanière en cuir et n'agit que selon sa libre volonté.
L'intérêt seulement le rapproche de son voisin. A l'entrée
de la nuit, les pères de famille se réunissent pour délibérer sur les mesures de précaution que nécessite la
perspective d'un danger, ou sur un plan d'expédition.

Si cette expédition est résolue, ils commencent par
cacher leurs femmes, leurs enfants dans une forêt, puis
partent les uns avec leurs lances, d'autres avec leurs

flèches. A cinq ou six lieues de distance, ils sont précédés par des éclaireurs qui s'avancent avec précaution, couchés tout de leur long sur le dos de leurs chevaux. Quand les hommes sont près du poste que la troupe vagabonde se propose d'attaquer, ils mettent pied à terre, se glissent comme des serpents dans l'herbe des pâturages, mesurent d'un coup d'œil rapide et sûr toutes leurs chances de péril ou de succès et s'en vont faire leur rapport. Si l'attaque est résolue, les Charruas marchent à pas lents jusqu'au point indiqué, puis tout à coup se précipitent sur la maison qu'ils veulent piller en brandissant leurs lances, en poussant des cris formidables, en égorgeant chaque individu qu'ils rencontrent. Ils n'épargnent que les enfants et les femmes, qu'ils emmènent dans leurs demeures. Beaucoup de jeunes filles arrachées ainsi par la violence dans une scène de carnage au foyer paternel, ont épousé leurs ravisseurs, et peu à peu ont pris un tel goût à la sauvage liberté des Charruas que lorsqu'elles ont trouvé l'occasion de rentrer sous le toit natal, elles s'y sont refusées.

La dispersion de cette tribu féroce semblait devoir assurer une heureuse réussite aux Espagnols établis dans les champs de la Bande orientale. Le temps a fait voir qu'il peut y avoir des ennemis civilisés plus redoutables que les sauvages, et des combats plus désastreux que ceux qu'ils avaient si longtemps soutenus contre les hordes des Charruas.

Après un siècle et demi de colonisation, cette magnifique terre de la Bande orientale, si fertile et si attrayante, et aussi étendue que l'Angleterre, ne compte pas plus de quatre-vingt mille habitants. Mais depuis la fondation de sa première bourgade jusqu'à nos jours, n'a-t-elle pas été frappée d'un sort fatal?

Les contes qui ont fait la joie de notre enfance rapportent qu'autrefois, au temps où il y avait des fées disposant des dons de la terre et de la boîte de Pandore, ces puissantes magiciennes étaient appelées au baptême d'un prince pour l'enrichir à qui mieux mieux. Malheureusement, par une erreur de chancellerie, un des billets d'invitation était oublié ou perdu, et tout à coup, quand les bons parents se réjouissaient des présents faits à leur fils, on voyait venir une vieille mégère à l'œil fauve, à la physionomie farouche, qui, furieuse de n'avoir pas reçu sa royale cédule, détruisait d'un mot l'échafaudage de fortune et de bonheur construit par ses sœurs.

Hélas ! c'est ce qui est arrivé à la naissance de la colonie espagnole sur les bords de l'Uruguay. Plusieurs fées sans doute se sont réunies pour la doter de son beau ciel, de son doux climat, de ses fraîches rivières, de son sol fécond. Puis une autre est apparue, à laquelle personne ne songeait, et qui, jetant un regard envenimé sur cette jeune fille d'Espagne, lui a dit : « Tous les dons que tu as reçus te seront inutiles, car tu seras poursuivie, écrasée par le fléau de la guerre. »

Et que de guerres en effet elle a eu à subir, la malheureuse république orientale ! Guerre contre les Indiens et contre les Brésiliens, guerre contre les Argentins et contre les Anglais, enfin la plus effroyable de toutes, la guerre civile, la guerre qui arme l'un contre l'autre les hommes qui ont reposé sous le même toit, les enfants d'une même mère, et laisse derrière elle, sur la trace de son glaive, les furies des remords.

La plus ancienne cité de la république orientale est la Colonia del Sacramento, fondée en 1679 par les Portugais, qui voulaient étendre les frontières du Brésil jusqu'au

Rio de la Plata, et qui trouvèrent à la fois à Colonia un port sur ce fleuve et un point de défense. De là, les premières luttes entre les Brésiliens et les Orientaux. En 1680, Colonia fut prise par le gouverneur de Buenos-Ayres. Rendue aux Portugais l'année suivante, elle fut de nouveau assiégée par les troupes argentines et prise en 1705. Deux fois encore remise entre les mains des Portugais, deux fois reprise par les gouverneurs de Buenos-Ayres, elle resta dès l'année 1777 au pouvoir de l'Espagne. C'est maintenant l'un des ports importants de la république orientale, important surtout par sa situation en face même de Buenos-Ayres.

L'existence de Montevideo, dont un matelot de l'équipage du *Magellan* proclamait le nom en 1520[1], ne date que de 1723. Sur la pointe de terre couverte aujourd'hui par les murailles de cette ville, les Portugais, toujours déterminés à s'emparer de la rive gauche du Rio de la Plata, avaient entrepris de construire une forteresse. Le gouverneur de Buenos-Ayres, don Maurice de Zavala, les chassa de ce nouveau retranchement et fit du rempart brésilien une ville espagnole. Il commença par y placer dix canons et cent dix soldats. Sur le rapport qui lui fut fait de l'entreprise des Portugais et de la nécessité de garder la position de Montevideo, le roi d'Espagne envoya à la ville naissante deux cents hommes d'infanterie, deux cents hommes de cavalerie, vingt-cinq familles de la Galice et vingt-cinq des Canaries[2]. Tel fut le commence-

---

1 En apercevant la cime du Cerro qui s'élève à l'entrée de la rade, ce matelot s'écria dans son langage portugais : *Monte vide io* (je vois le mont).

2 Documents originaux publiés dans la Bibliothèque du *Comercio de la Plata*, t. II, p. 158.

ment de cette cité qui depuis dix ans a tant occupé la diplomatie européenne, et devant laquelle j'ai vu stationner quatorze bâtiments de guerre français.

Grâce à son heureuse position, à quelque distance de la mer, sur les bords de la Plata, et à la fertilité des champs qui l'environnent, la ville, peuplée par les quelques centaines d'individus que le roi d'Espagne lui envoyait, prit un rapide accroissement. En 1806, elle sauvait Buenos-Ayres de l'invasion des Anglais, et le roi lui donnait le titre de cité fidèle et conquérante (*ciudad fiel y reconquistadora*).

Tandis que ses soldats, sous le commandement de notre valeureux compatriote Liniers, enlevaient en un instant à Béresford la conquête qu'il avait faite en un instant par une habile manœuvre, une autre troupe d'Anglais s'emparait, comme nous l'avons déjà dit, de Montevideo, et une autre rentrait à Buenos-Ayres. Mais Liniers était là qui de nouveau accourait au secours de la capitale, et obligeait par la capitulation de Whitelocke l'escadre britannique à abandonner à la fois Buenos-Ayres et Montevideo.

Lorsqu'en 1810 la ville de Buenos-Ayres entra dans l'action révolutionnaire qui peu à peu la porta non-seulement à renier pour elle-même la souveraineté de l'Espagne, mais à porter les drapeaux de la révolte dans toute l'étendue de l'ancienne vice-royauté et jusqu'au delà des Andes, la fidèle cité de Montevideo garda noblement le serment fait à son drapeau. Elle vit ses campagnes envahies par les propagandistes d'une nouvelle foi politique, elle se vit cernée, pressée par l'armée qui, selon les enseignements de la démocratie de 1793, s'appelait l'armée des patriotes. Assiégée par Rondeau, elle lutta avec intrépidité dans son isolement contre les troupes argentines. Assiégée une seconde fois, elle se défendit encore pendant vingt-deux mois, puis enfin, accablée par le nombre de ses ennemis, n'ayant plus ni vivres ni munitions, et plus aucun secours à attendre ni des différents districts de la province occupée par les Argentins, ni de la cour d'Espagne qui l'abandonnait lâchement à elle-même, elle capitula. Sa défense avait été si admirable, et en déposant les armes la courageuse cité était encore si imposante, que le général Alvéar lui accorda une capitulation avec tous les honneurs militaires. Mais à peine avait-il, en vertu de ce traité, pris possession de la place, qu'il déclara qu'elle s'était rendue à discrétion et qu'il fit arrêter comme prisonniers de guerre cent cinquante officiers et sept cents soldats.

C'est ainsi que les patriotes argentins remerciaient la ville de Montevideo des secours qu'elle avait portés huit ans auparavant à Buenos-Ayres.

Obligée par la force des armes d'adopter le régime républicain, la Bande orientale essaya de constituer un gouvernement avec un président et une junte. Mais alors surgirent les prétentions ambitieuses des patriotes, que l'on a vus dans tous les temps et dans tous les pays se faire un religieux devoir de siéger sur les débris des trônes renversés par leur vertu. Les discussions civiles achevèrent de démoraliser ce pays épuisé par une guerre de quatre ans. Les Portugais, profitant de sa faiblesse, l'envahirent en 1817 et s'en emparèrent sans difficulté.

Au mois de juin 1821, un congrès réuni à Montevideo déclara la Bande orientale réunie au royaume de Portugal et de Brésil.

Cependant il existait un parti qui ne voulait point de

cette adjonction de la nouvelle république au Brésil, et prenait la résolution de la briser. Ce parti, soutenu par le gouvernement argentin, prend ouvertement les armes en 1825, envahit plusieurs districts, et organise dans le bourg de Florida un gouvernement provisoire qui déclare « à jamais nuls et sans valeur tous les actes d'incorporation et de soumission arrachés au peuple par la force, par la perfidie du Portugal et du Brésil ».

A la suite de ce mouvement suscité et ouvertement appuyé par la république Argentine, le Brésil déclare la guerre à cette petite république. Battu successivement sur tous les points, au Rincon de las Gallinas par le général Riveira, au Sarandi par Lavalleja, à l'île de Jungal par l'amiral Brown, à Ituzaingo par Alvéar, le Brésil demanda la paix.

L'Angleterre ayant offert sa médiation dans la question, un traité préliminaire fut rédigé de concert avec lord Palmerston.

Après quelques contestations de part et d'autre, les deux partis étant enfin d'accord, le 27 août 1828 le traité fut définitivement conclu et signé par les plénipotentiaires du Brésil et de la république Argentine. Nous verrons quel respect Rosas professa pour cette convention solennelle.

Le Brésil ne se décidait qu'avec peine à abdiquer ses prétentions sur l'Uruguay. En faisant cette concession, il voulait que la république Argentine, dont il connaissait les désirs ambitieux, en fît une pareille. Pour apaiser les susceptibilités politiques de ces deux puissances, pour prévenir une nouvelle collision, il fallait que la Bande orientale fût établie dans un état de neutralité et d'indépendance entre le Rio de la Plata et les frontières du

Brésil. C'est ce que lord Ponsomby avait demandé tout d'abord comme base première de la pacification. C'est ce qui fut admis.

Dans le premier et dans le second article du traité de 1828, il est dit : *Que la Bande orientale se constituera en État libre, indépendant de toute autre nation, sous la forme de gouvernement qu'elle jugera la plus convenable à ses intérêts, à ses besoins, et à ses ressources.*

Rien de plus net, de plus positif. Et cette déclaration est acceptée, confirmée par les plénipotentiaires du Brésil et de la république Argentine.

Le Brésil est resté fidèle à cet engagement. La république Argentine, ou pour mieux dire Rosas, qui à lui seul représente toute la république Argentine, l'a outrageusement violé.

Pour prouver cette assertion, les incrédules sans doute demanderont des faits. Les voici. Nous pourrions en rapporter un grand nombre, mais il faudrait un volume entier pour les énumérer en détail : nous n'en citerons que la partie la plus saillante.

Immédiatement après le traité, pendant que le nouvel État de l'Uruguay s'occupait à faire sa constitution, le général Lavalleja, qui s'était distingué dans la dernière guerre, fut nommé gouverneur de Montevideo. La constitution étant rédigée, puis sanctionnée par le Brésil et la république Argentine, le peuple fut appelé à élire un président et appela à cette haute fonction le général Riveira.

Lavalleja, qui probablement s'attendait à être investi par le suffrage universel du pouvoir suprême, quitte le pays, et comme un autre Coriolan se retire chez les Volsques, autrement dit chez les Argentins. Rosas, avec sa finesse de renard, devinant du premier coup d'œil le parti qu'il peut tirer des ressentiments de cet homme, l'appelle à soi, le flatte et lui propose de devenir son instrument.

Deux ans après, il le lançait sur la Bande orientale pour y jeter le trouble, la discorde et la désolation. Battu par Riveira, Lavelleja retourne à Buenos-Ayres, où Rosas le reçoit comme son ami. En 1834, il entre de nouveau dans l'Uruguay, annonçant dans une proclamation emphatique qu'il venait sauver la patrie, et pour la mieux sauver, décrétant de sa propre autorité la déchéance de Riveira. Cette fois il fut encore mis en déroute. Ses harangues, ses sentences pompeuses ne lui avaient pas attiré un seul partisan. Après sa défaite, il se trouva abandonné par ses propres soldats et s'enfuit à Buenos-Ayres, où Rosas, pour le consoler de son nouveau désastre, lui prodigua les témoignages de considération.

Riveira avait employé la plus grande partie de son temps de présidence à lutter contre le mouvement des factions suscitées par Rosas. A l'expiration légale de son pouvoir, fixé par la constitution à une durée de quatre ans, il eût pu, dans l'état de faiblesse du pays, à la tête de son armée victorieuse, obtenir sans peine la prolongation de sa magistrature, et avec un peu d'audace, s'emparer comme son habile voisin d'un pouvoir dictatorial. Il se fit au contraire un honneur de résigner ses fonctions. A la fin de 1834, il déposa le mandat qui lui avait été confié. Quelques fautes qu'on ait eu à lui reprocher, on ne doit pas oublier qu'ayant la force en main, il fut le premier à donner cet exemple du respect pour les lois.

Un homme avait été son ennemi ardent. Plus tard, par un indigne calcul d'égoïsme et d'ambition, ce même homme s'était rallié à lui et avait combattu avec lui l'insurrection de Lavalleja en 1832 et 1834.

Riveira n'ayant point pénétré au fond de cette ténébreuse conscience, ne voyant en son compagnon d'armes qu'un citoyen qui avait acquis quelque distinction dans des circonstances difficiles, le proposa pour son successeur à la présidence, et se réjouit de le voir élu.

Cet homme était Oribe. Plus froidement cruel que Rosas, mais n'ayant ni la même trempe énergique de caractère, ni, à beaucoup près, la même portée d'action et d'intelligence, Oribe était de tous les candidats à la présidence, le mieux fait pour servir la tortueuse politique du dictateur argentin. Aussi n'y a-t-il pas manqué. A son ambition de gaucho, il joignait un ressentiment invétéré contre celui-là même qui, après lui avoir donné le grade de général, l'élevait de ce rang militaire aux plus hautes fonctions de l'État. Les qualités de cœur de Riveira, ses services guerriers, tout jusqu'à sa générosité même avait jeté dans l'esprit d'Oribe un germe d'envie et de haine qui d'année en année n'avait fait que grandir, et qui devait éclater avec d'autant plus de force que pendant quelque temps il avait été plus contraint.

Rosas a su bien vite reconnaître l'emploi qu'il pouvait faire de cette mauvaise nature et n'a pas tardé à la mettre en œuvre. A peine Oribe était-il investi de son titre de président, que Rosas lui adressa de vives réclamations sur quelques articles publiés dans les journaux de Montevideo et sur les égards que les habitants de cette ville témoignaient aux réfugiés argentins. Oribe, qui ne demandait qu'un prétexte quelque peu plausible pour agir selon ses inimitiés, qui de plus aspirait à gagner l'appui de Rosas, supprima le journal *le Moderador*, qui certes n'avait jamais

cessé d'être modéré, et persécuta comme des sauvages
unitaires les partisans de son ancien protecteur Riveira.
Il les persécuta avec tant de rigueur et d'acharnement
que Riveira, touché de leur situation, et justement révolté
d'une telle ingratitude, prit les armes et marcha contre
Oribe.

Pour l'honneur des partis qui depuis quinze ans se disputent le pouvoir dans la Bande orientale, je voudrais
pouvoir attribuer cette levée de boucliers à de graves opinions politiques, à de loyales divergences sur le meilleur
mode de gouvernement à établir pour assurer la paix et
la prospérité de l'État. Malheureusement, à l'origine de
cette longue guerre, il n'apparaît rien de semblable. Sous
les proclamations pompeuses qui se taillent si aisément
dans la langue espagnole, sous les grands mots de patrie
et de liberté, je ne vois que deux individualités Sous les
bannières rouges et blanches qui flottent aux bords de
l'Uruguay, je ne vois que deux hommes ennemis l'un de
l'autre, luttant avec le même égoïsme pour le même
pouvoir, un petit César et un petit Pompée cherchant à
s'arracher le sceptre romain dans une petite Pharsale.

Plus tard cependant, ces deux partis ont pris un caractère plus large; celui d'Oribe, par son humble alliance
avec Rosas, représente l'abandon des bases fondamentales
de la constitution. Celui de Riveira, repoussant loin de lui
tout acte de servilisme envers une puissance étrangère,
défend le texte même du traité de 1828, la libre indépendance de la république orientale.

La guerre étant ouvertement engagée entre les deux
partis, on vit reparaître sur le territoire de l'Uruguay
Lavelleja, poussé à cette nouvelle campagne par Rosas,
se glorifiant dans sa proclamation de l'amitié de Rosas,

amenant à sa suite les soldats de Rosas avec la *cinta* rouge et la devise sanglante[1].

Qui dut se frotter joyeusement les mains à la vue de cette complication d'événements? Qui dut regarder avec une diabolique satisfaction ces bannières flottant au-dessus des canons qui allaient de part et d'autre tonner dans la Bande orientale? Ce fut Rosas, qui avait si bien préparé la mèche de ses mines souterraines qu'elles devaient toutes éclater à la fois.

De quelque côté que les déesses des batailles, les Walkyries de l'Amérique du Sud, portassent la victoire, Rosas n'avait qu'à gagner à cette lutte ardente. Car avant tout, elle affaiblissait par la division des partis la république qui le blessait par sa libre constitution et son attitude indépendante. Si Riveira l'emportait sur ses adversaires, il avait une raison toute prête pour s'élancer sur le gouvernement de Riveira : il déclarait qu'au mépris de toutes les conventions de neutralité, cet homme protégeait, excitait la rébellion des réfugiés argentins; il l'accusait d'entraîner dans ses rangs plusieurs de ces réfugiés, bien qu'en réalité on n'y vît que le général Lavalle, et il jurait de le combattre jusqu'à la dernière extrémité (*hasta exterminarlo*).

Si Oribe était le plus fort, Rosas avait déjà fait sur lui un heureux essai de sa puissance. Il l'avait obligé à violer la charte orientale par la suppression arbitraire d'un journal, par les persécutions exercées contre les pauvres fugitifs de la république Argentine, auxquels la république

---

[1] « *Orientales*, disait-il, *tenemos la valiosa amistad del ilustre restaurador de las leyes, D. J. Manuel Rosas.* » Nous avons la précieuse amitié de l'illustre restaurateur des lois, D. J. Manuel Rosas.

de Montevideo se faisait un devoir de donner asile. Il l'avait
obligé de plus à frapper d'un coup de hache les intérêts
commerciaux de la république Orientale. Sur sa demande
expresse, le 4 mars 1836, Oribe avait rendu un décret en
vertu duquel les marchandises étrangères conduites des
ports de l'État oriental dans ceux de la république Argentine devaient payer un surplus de droit de vingt pour
cent.

Cette ordonnance honteuse excita dans Montevideo une
telle indignation, que celui qui avait eu la faiblesse de la
signer sentit la faute qu'il avait commise, et n'osant
cependant la réparer par sa propre volonté, entra en négociation avec Rosas pour qu'il lui fût permis de se laver
aux yeux de ses concitoyens d'une tache dont il comprenait trop tard toute l'étendue. En même temps, le corps
législatif de Montevideo, pour venger le pays de l'acte
indigne de son président, votait une loi qui frappait les
marchandises étrangères provenant des ports argentins
des mêmes droits que ceux qui venaient d'être imposés
par Oribe aux denrées sortant des ports orientaux.

Mais Rosas, tenant sa victime sous sa main, ne lui permettait pas de telles velléités de révolte. Il rejeta fièrement toute supplique et obligea Oribe à repousser par son
veto la loi votée par l'assemblée.

Après un pareil exercice de souveraineté, Rosas devait
pouvoir compter sur l'entière soumission d'Oribe. Si
pourtant, par un de ces accidents qui souvent déjouent
les plus habiles combinaisons, il en venait à le trouver
rebelle à ses volontés, il gardait en réserve son
instrument de vengeance, il lançait contre lui Lavalleja.

Ce qu'il y avait cependant de plus désirable pour Rosas
dans ce tissu d'événements dont il avait si habilement

ourdi la trame, c'était la défaite de Riveira. Il la prépara en donnant à Oribe l'appui des provinces argentines qui touchaient à l'Uruguay, et il la détermina en détachant, on ne sait par quelles menaces ou quelles promesses, le colonel Raña du parti de Riveira.

Le 19 septembre 1836, les deux armées ennemies se rencontrèrent dans les champs de la Carpinteria. La défection de Raña, en qui l'ex-président avait mis sa confiance, entraîna la déroute des insurgés.

Pendant que le preux Oribe triomphait de son facile succès et se hâtait de l'annoncer à son patron de Buenos-Ayres, Riveira, saisi d'un de ces accès de découragement qui parfois surprennent les caractères les plus énergiques, abandonnait le pays qu'il avait voulu arracher à une domination absolue et se retirait au Brésil.

Rappelé par ses partisans, il revint l'année suivante, et se trouva dès son arrivée à la tête d'un corps de troupes considérable. A ses graves défauts, Riveira a toujours joint des qualités entraînantes. Son besoin d'action, son tempérament fougueux, ses habitudes de prodigalité s'accordent peu avec l'idée que nous nous faisons des graves et sages ménagements d'un homme d'État. Mais il a le cœur ardent et généreux, la pensée élevée, et il n'est pas un de ses ennemis qui ne soit forcé de reconnaître que s'il lui faut beaucoup d'argent, ce n'est pas pour l'encaisser comme Oribe, ni pour acheter des terres comme Rosas, mais pour le distribuer libéralement à quiconque autour de lui en a besoin.

A l'heure qu'il est, sa femme, qui l'a suivi avec un admirable dévouement dans toutes ses vicissitudes, vit à Montevideo dans une modeste retraite, n'ayant pour tout bien qu'un revenu modique. Lui-même, après avoir eu comme président, comme général, tant de moyens de s'enrichir, est au Brésil dans la même humble condition de fortune. A sa mort, il ne laissera peut-être, comme Épaminondas, pas assez de deniers pour se faire décemment enterrer.

Quand il était président de la république Orientale, il s'en allait parfois à cheval avec quelques hommes à travers la campagne, voyageant de rancho en rancho, s'arrêtant à causer avec les plus simples paysans, s'informant de leur situation, tenant sur les fonts de baptême les enfants nouveau-nés et vidant sa bourse entre les mains du pauvre ou sur la couche du malade. C'est ainsi qu'il s'est fait aimer, c'est ainsi que dans les calamités de la république de l'Uruguay, il est resté pour cette contrée :

Le seul chef dont le peuple ait gardé la mémoire.

A son courage de soldat, il joint une habileté de manœuvres dont on cite plusieurs exemples curieux. En voici un entre autres qui vaut bien la peine d'être raconté.

Au mois de novembre 1837, après la bataille où Oribe avait remporté un avantage qui lui donnait une extraordinaire présomption, Riveira, battant en retraite, se trouva serré de si près par son adversaire, qu'il ne voyait plus aucun moyen de lui échapper. Dans cette périlleuse situation, il s'en va chez un *estanciero*, partisan dévoué d'Oribe, et lui dit : « Je sais que tu ne combats pas sous les mêmes drapeaux que moi, mais je te crois honnête homme. J'ai un service à te demander, j'espère que tu peux me le rendre sans te compromettre, en déclarant au besoin que tu y as été forcé. » L'estanciero se trouvant seul dans sa demeure, avec quelques valets, à plusieurs lieues du camp d'Oribe, à la merci pour ainsi dire des cavaliers qui escortaient Riveira, s'inclina respectueusement et fit les plus belles promesses.

« Il s'agit, reprit Riveira, d'envoyer au plus vite ces deux lettres à Montevideo. Appelle un de tes péons; qu'il prenne mon meilleur cheval! Qu'il prenne pour prix de sa course ces six onces (environ cinq cents francs). C'est tout ce qui me reste; mais on doublera cette récompense à Montevideo. »

Dans ces lettres, adressées l'une à sa femme, l'autre à ses amis, Riveira écrivait que, pour se soustraire aux poursuites de son ennemi, il allait suivre la route de Paysandu.

A peine était-il sorti de la demeure de l'estanciero, que celui-ci n'eut rien de plus pressé que de mettre d'abord les six onces dans sa poche, puis d'envoyer les deux lettres à Oribe. Le naïf général, trompé par cette correspondance intime, se dirigea en toute hâte vers le chemin qu'elle lui signalait, tandis que Riveira, qui avait compté sur cette ruse de guerre, traversait paisiblement le Rio Negro, et quelques jours après se présentait aux portes de la capitale.

Là, il offrit à la commission permanente du corps législatif un traité de paix. La commission déclara qu'elle ne pouvait avoir aucun rapport avec le chef de l'anarchie. Riveira rentra en campagne, et le 15 juin remporta sur Oribe une de ces victoires décisives après lesquelles le vaincu n'a plus qu'à courber la tête et à déposer les armes.

Oribe, pourtant, conservait encore une espérance, l'espérance de pouvoir continuer la lutte avec les secours de Rosas. A la demande qui lui fut adressée par son fidèle allié, Rosas ne répondit d'abord que par de vagues promesses ; puis, comme Oribe sollicitait instamment une réponse plus nette, le noble dictateur de Buenos-Ayres, le voyant arrivé au point où il voulait le voir pour disposer de lui entièrement, lui fit dire par son agent Correo Morales qu'il était prêt à lui envoyer des troupes, des munitions, à le relever de sa défaite. Pour prix d'une telle générosité, il ne demandait qu'un petit changement au traité de 1828, peu de chose en vérité : l'incorporation de la Bande orientale aux provinces de la république Argentine.

Oribe n'eut pas même l'honneur de se révolter à cette outrageante proposition. Il demanda à en conférer avec ses amis, qui, plus dignes que lui, rejetèrent loin d'eux l'idée d'une telle trahison.

Dompté par son antagoniste, abandonné par ses amis, Oribe dut se résigner à demander la paix qu'il avait refusée à Riveira. L'assemblée des représentants chargea une commission de se mettre en rapport avec celui qu'on appelait naguère le chef de l'anarchie et que l'on désignait à présent par le titre plus honnête de chef des dissidents.

Oribe et Riveira choisirent chacun cinq délégués qui, d'un commun accord, signèrent un traité en vertu duquel Oribe abdiquait immédiatement ses fonctions de président. Lui-même adressa sa démission à l'assemblée nationale, en lui disant qu'il était convaincu « que son maintien au pouvoir était le seul obstacle qui s'opposât au rétablissement d'une paix et d'une tranquillité si nécessaires [1] ».

____

[1] Montevideo, 23 octobre 1838. « Convencido el presidente de la republica que su permanencia en el mando es el unico obstaculo que

Lavalleja, qui occupait encore Paysandu avec ses soldats argentins, n'essaya point de prolonger la lutte et replia ses drapeaux.

Oribe se retira avec environ cent cinquante hommes à Buenos-Ayres, et Riveira fut de nouveau proclamé président de la république Orientale.

A la suite de cette révolution, il y eut dans le pays un temps de repos, de bien-être, dont on parle maintenant avec un douloureux regret. Tous ceux qui avaient souffert de ces terribles années de discorde et de guerre civile oublièrent le passé pour se confier aux riantes promesses de l'avenir. C'est vers cette époque que Montevideo prenait un accroissement extraordinaire et en rêvait un bien plus grand encore[1].

Mais Rosas était là qui, trompé dans ses projets, n'en éprouvait qu'une plus ardente soif de vengeance et préparait dans l'ombre de nouveaux combats.

Oribe ne fut point accueilli par le roi de Buenos-Ayres avec une entière cordialité. S'il avait fait beaucoup pour lui, il n'avait point encore assez fait, il ne lui avait point

se presenta para volver a la quietud y tranquilidad de que tanto necesita, viene ántes Vuestra Honorabilidad a resignar la autoridad que como organos de la nacion le habiais confiado. »

[1] « En 1835, sous l'administration d'Oribe, il entrait à Montevideo dix bâtiments anglais, quarante-trois français. En 1836, il arrivait dans le port soixante et un bâtiments anglais, quarante et un français. En 1838, cent bâtiments anglais, cinquante-huit français. En 1842, sous l'administration de Riveira, il entrait dans la même ville cent quatre-vingt-neuf bâtiments anglais et quatre-vingt-huit bâtiments français, cinq mille deux cent dix-huit émigrants français, deux mille cinq cent quinze sardes, mille six cent sept espagnols. » *Apuntés historicos de la defensa de la Republica*, t. I.

livré pieds et poing liés l'État oriental. Le maître n'était pas content. Il fallait pour regagner sa confiance de nouveaux actes de dévouement. Oribe le comprit, et, dès son arrivée dans la capitale argentine, il prit la *cinta* rouge, livrée politique du dictateur, ne parla des *sauvages unitaires* qu'en proférant contre eux des cris de vengeance, et assista dévotement à toutes les cérémonies burlesques où l'on voyait le portrait de Rosas conduit sur un char de triomphe et installé dans les églises près de l'image de Dieu.

Cette estimable conduite lui valut d'abord un commandement en sous-ordre dans la province de Santa-Fé, puis, comme il se comporta encore assez bien dans ce nouveau poste, il fut promu à un grade plus élevé. Pénétré de reconnaissance pour une telle faveur, il se fit un devoir de la justifier par la promptitude avec laquelle il livrait aux balles de ses soldats ou au poignard de ses gauchos quiconque avait le malheur de se trouver classé parmi les ennemis de Rosas. A chaque exécution, il se hâtait d'envoyer à son chef supérieur un bulletin de ses œuvres, et Rosas, l'astucieux Rosas, prenant comme autant de garanties pour l'avenir chacune de ses lettres, les faisait imprimer. En voici quelques-unes publiées tout au long dans la *Gazeta mercantil* de Buenos-Ayres.

Le 8 octobre 1841, il écrivait : « Les sauvages unitaires qui m'ont été livrés par le commandant Sandoval ont été immédiatement exécutés en la forme ordinaire, à l'exception d'Avellaneda, à qui j'ai fait trancher la tête pour l'exposer sur la place de Tucuman. »

Le 12 octobre : « J'ai fait faire d'actives perquisitions à l'endroit où a été enseveli le cadavre d'un sauvage unitaire, pour qu'on lui coupât la tête et qu'on me l'apportât. »

Le 14 décembre : « Parmi les prisonniers que nous

avons faits se trouvait le traître sauvage unitaire Fa-
cundo Borda, qui a été immédiatement exécuté avec
d'autres traîtres portant le titre d'officiers de cavalerie ou
d'infanterie. »

Je m'arrête dans ces citations qu'on croirait empruntées
aux annales des anciens deys d'Alger ou à l'histoire de
Djezzar-Pacha.

Tant de belles actions ne furent point perdues. Rosas
avait assez éprouvé son serviteur et l'avait assez compromis.
Aussi sûr que possible de le voir désormais agir avec
une louable soumission, il l'appela à commander une partie de l'armée qui, au mépris de deux constitutions, devait
tomber sur deux villes, Montevideo et Corrientes.

Quelques mots sur cette dernière.

Les provinces unies du Rio de la Plata forment, comme
on le sait, une république fédérale. C'est de là que Rosas
a pris son grand mot de fédéral, par opposition au terrible
titre d'*unitaire* qu'il applique à tous ses ennemis. Ces différentes provinces confient à Buenos-Ayres la gestion des
affaires étrangères. En ce qui tient à leur administration
intérieure, elles sont indépendantes. Chacune d'elles a sa
charte particulière et son propre gouvernement. La situation de Corrientes à l'égard de Buenos-Ayres est établie
par un traité spécial qui fut conclu entre ces deux États en
l'année 1827. Dans l'article 1er de ce traité, il est dit que
les gouverneurs de Buenos-Ayres et de Corrientes, en vertu
de l'égalité des droits et des prérogatives dont ils jouissent (*en fuerza de la igualdad de derechos y prerogativas que
gozan*), s'engagent par un pacte solennel à soutenir
mutuellement les institutions des deux provinces. L'article 2
confirme encore d'une façon plus explicite l'indépendance

de Corrientes. Dans l'article 3, cet État confère à Buenos-Ayres le privilége de présider aux négociations de paix et de guerre, et d'entretenir les relations extérieures[1]. Qui dit *présider* et *entretenir* ne dit certainement pas régir. En confiant au gouvernement de Buenos-Ayres son mandat politique tel qu'il est formulé dans l'article 2 de son traité, la province de Corrientes ne pouvait songer qu'elle lui remettait un pouvoir absolu, une juridiction sans appel. En 1838, elle se crut en droit de protester contre la marche politique où Rosas se laissait emporter par sa passion. Pour la punir de cette audacieuse rébellion, Rosas la faisait envahir et ravager par ses troupes. En vertu de quelle loi? ce n'est pas Puffendorf, ni Grotius, ni Martens qui nous le diraient, mais le bon vieux la Fontaine :

> La raison du plus fort est toujours la meilleure.

Riveira, allié aux insurgés de Corrientes, eut l'imprudence d'engager le combat contre des troupes beaucoup plus considérables que les siennes. Il n'avait guère que quatorze cents hommes à opposer à une armée de plus de sept mille hommes.

De cette bataille de l'*Arroyo Grande* livrée le 6 décembre 1842, datent les dernières calamités de Montevideo. Riveira y laissa son artillerie, ses bagages et la plus grande partie de son infanterie. Le même jour il rentrait sur le territoire de l'État oriental avec une cinquantaine d'hommes. Peu de temps après, Oribe passait le Rubicon, c'est-à-dire l'Uruguay, et s'approchait de Montevideo.

---

[1] La complète indépendance de Corrientes établie dans ce traité fut confirmée par Rosas lui-même, dans un traité fait entre lui et le gouverneur de cette ville, le 23 mars 1830.

17.

En 1828, il avait, comme nous l'avons dit, abdiqué ses fonctions de président; il avait dans les termes les plus nets adressé lui-même sa démission à l'assemblée législative. En admettant qu'il dût légalement garder son mandat jusqu'au terme fixé par la constitution, pour finir ses quatre années, il n'avait à réclamer que quelques mois. Rosas ne se préoccupait point d'un si minime calcul; il décernait lui-même à son lieutenant le titre de président légal de la république Orientale, et l'envoyait en cette qualité à la poursuite de son fauteuil.

La nouvelle des désastres de l'Arroyo Grande produisit à Montevideo une profonde émotion et en même temps y excita une vive pensée de patriotisme. Chacun comprenait que l'orage allait fondre sur la capitale, et les fonctionnaires placés à la tête du gouvernement s'accordaient avec le peuple pour repousser de tout leur pouvoir le déserteur de la cause nationale, le renégat qui, après avoir été investi du plus haut rang dans son pays, rentrait dans ce même pays pour l'opprimer et l'écraser sous la direction d'un étranger.

Des mesures furent prises pour fortifier la ville, pour former des magasins de vivres et de munitions, pour augmenter le nombre des troupes. On fit un appel général aux armes, on affranchit les esclaves en les organisant en cohortes. Officiers et soldats, chacun était animé de la même pensée et courait à son poste avec le même zèle. Les ouvriers quittaient leur tâche habituelle pour s'associer au travail des arsenaux; les marchands fermaient leur boutique pour rouler les brouettes de terre ou porter la brique sur les remparts; les femmes, avec leur âme charitable, ouvraient un hôpital et s'engageaient à soigner elles-mêmes les blessés.

Un philosophe ancien a dit : Je ne connais pas un plus beau spectacle que l'aspect de l'homme luttant courageusement contre l'adversité. Dans le même ordre d'idées, il en est un plus imposant, celui d'un peuple exalté par un noble sentiment d'équité, qui dans un noble élan se lève pour résister à une injuste agression.

Oribe, effrayé de cette fière attitude, n'osa pas même tenter de s'emparer de Montevideo. Il s'arrêta à quelques lieues de distance, et dans son camp du Cerrito arbora le pavillon argentin à côté du pavillon oriental. Le 1er avril 1843, il obligea lui même, par une cruelle circulaire, la population étrangère de la ville à se jeter dans le mouvement patrotique de la population indigène.

Il déclarait dans cette circulaire qu'il n'épargnerait ni la qualité, ni les biens, ni la personne des sujets d'une autre nation qui prendraient parti pour les sauvages unitaires ou qui useraient de leur influence pour soutenir cet odieux parti.

Montevideo renfermait un grand nombre de Français, d'Anglais, d'Italiens, négociants, artisans, qui s'étaient établis dans le pays sous la protection des lois, qui y avaient apporté des capitaux, fondé des maisons de commerce, acheté des propriétés. Jusque-là nulle commotion politique ne les avait inquiétés dans l'exercice de leur industrie. Ils avaient vu, sans avoir rien à craindre pour leur sécurité, la constitution de l'État oriental remplacer le gouvernement brésilien, Oribe succéder à Riveira et Riveira à Oribe. Tout à coup voici un chef d'armée endoctriné par Rosas, qui de son camp fulmine contre eux un arrêt effrayant, qui menace de les traiter sans ménagement aucun comme des rebelles et des sauvages unitaires [1].

---

[1] « Seran considerados como rebeldes, salvajes unitarios, y trata dos sin ninguna consideracion. »

Il n'est personne dans le Rio de la Plata qui ne sache de quelle façon Rosas traite ceux qu'il lui plaît de désigner par cette épithète de sauvages unitaires. Ce qu'il peut y avoir pour eux de plus heureux, c'est qu'ils soient dépouillés de leurs biens et emprisonnés indéfiniment. En général, ils sont assassinés ou fusillés sans la plus petite procédure.

Or, pour être rangé dans cette effrayante catégorie, il suffisait, selon les dispositions d'Oribe, qu'un étranger eût employé son influence à soutenir le parti montévidéen. Peut-on concevoir en pareil cas rien de plus vague que ce mot d'influence, rien de plus aisé à dénoncer ? En d'autres termes, n'était-ce pas la loi des suspects qui a fait incarcérer tant d'innocents et fait tomber tant de nobles têtes sur les échafauds de 93 ?

M. le commodore anglais Purvis, qui se trouvait alors à Montevideo, répondit à la circulaire d'Oribe par une énergique protestation où il disait :

« La violence qui éclate dans ce document si extraordinaire, la cruauté des menaces qu'il renferme, le langage dans lequel il est conçu, sont tels que, dans mon opinion, ils déshonoreraient les petits États de la Barbarie[1].

Oribe qui, de même que Rosas, ne résiste guère à ceux qui savent lui tenir un ferme langage, répondit au commodore que la vie et les propriétés des Anglais seraient respectées.

Les autres étrangers, n'ayant point été soutenus par une semblable protestation, restèrent sous le tranchant de la circulaire du 1er avril.

Dans une telle situation, n'était-il pas naturel qu'ils

----

[1] A bord de la frégate l'*Alfred*, Montevideo, 4 avril 1843.

songeassent à se mettre en garde contre le péril qui les menaçait? N'avaient-ils pas à défendre leurs familles et leurs foyers? N'étaient-ils pas en quelque sorte citoyens de Montevideo par une égale communauté d'intérêts? N'avaient-ils pas tout autant que les citoyens de Montevideo à redouter la victoire d'un homme implacable qui, sur le plus léger soupçon, ou sur quelque infâme délation, pouvait les faire arrêter et exécuter comme coupables d'avoir employé leur influence en faveur de ses ennemis?

Les Français, les Italiens s'armèrent. Que cet armement ait eu des suites fâcheuses, assurément. Qu'il soit devenu un embarras de plus pour notre diplomatie, qu'il rende plus difficiles les conditions d'un traité de paix, nous le reconnaissons. Mais qu'on se reporte au temps, aux circonstances qui ont déterminé plusieurs milliers d'Européens établis à Montevideo à prendre cette décision, et qu'on dise si, dans leur situation entre un ennemi dont ils avaient tant à craindre et une population à laquelle ils étaient unis par des liens de cœur et de fortune, ils pouvaient vraiment rester neutres.

Tandis que dans son camp du Cerrito, Oribe, fidèle aux principes de son cher patron, composait ses cruels arrêts, confisquait les propriétés rurales de ses adversaires, et mettait en circulation autour de lui le papier-monnaie de Buenos-Ayres, Riveira, fidèle à la constitution, abdiquait une seconde fois, à l'expiration de ses quatre années de service, la présidence. Le sénat et l'assemblée des représentants répondirent par de cordiales paroles au message par lequel il leur annonçait sa démission [1], et

---

[1] Le sénat disait : « Parmi les nombreuses calamités par lesquelles

décidèrent qu'on n'élirait pas un autre président avant que les ennemis eussent évacué le territoire de la république.

Le 1ᵉʳ mars 1843, Riveira fut appelé au commandement en chef des troupes du pays. Grâce à la popularité dont il jouissait et à l'élan de la population de Montevideo, il avait fini par réparer, au moins en partie, les désastres de l'Arroyo Grande, par reconstituer une petite armée avec laquelle il harcelait Oribe et le fatiguait par de continuelles escarmouches. Dans la plupart de ses engagements, l'avantage resta aux Montévidéens. Il arriva un moment même où Oribe, affaibli par les pertes qu'il faisait chaque jour, se trouva serré de si près par ses infatigables adversaires, qu'il fut sur le point d'abandonner la partie, et qu'il y aurait sans doute été bientôt obligé, si Rosas ne lui avait envoyé Urquiza avec de nouvelles troupes.

Riveira succomba sous ce nouveau renfort. Cependant la perte de la bataille d'*India Muerta* n'ébranla point la résolution des Montévidéens. Oribe, après sa victoire, n'osa faire une attaque décisive sur la ville, il se borna à en resserrer le blocus.

Et depuis plus de sept ans, elle est là, cette pauvre ville, cernée par une armée ennemie, privée de toute communication avec la campagne, ne pouvant s'approvisionner

la Providence éprouve notre fermeté, le sénat compte la cessation constitutionnelle de la présidence de l'illustre général Riveira. »

La chambre des représentants disait : « Nous n'avons pu apprendre sans émotion que l'illustre général Riveira allait quitter la présidence. En pensant aux services qu'il a rendus à sa patrie dans une lutte incessante de trente années, aux qualités personnelles qui le distinguent, au vote qui deux fois, dans l'espace de douze ans, l'a porté à la première magistrature, nous regarderions sa retraite comme une calamité publique, s'il ne devait rester à la tête de l'armée »

des denrées les plus nécessaires que par les bâtiments qui
lui viennent de la province brésilienne de Rio Grande.
Naguère encore, chaque jour ses citoyens prenaient les
armes pour guerroyer contre les soldats de son ex-président. Le premier traité de M. Le Prédour lui a au moins
donné le repos d'un armistice.

J'ai tenté d'exposer succinctement, d'après des faits
authentiques, les principales phases des différentes révolutions de Montevideo. Si bref que soit ce récit, je crois
qu'on peut en tirer plusieurs conclusions. La première, c'est
que Rosas a ouvertement violé, sous la présidence d'Oribe,
l'indépendance de la Bande orientale, consacrée par le
traité de 1828, et qu'il a commis cette violation sans aucune cause légitime, sans autre raison que celle de ses
idées personnelles de vengeance et d'ambition. La seconde,
c'est qu'après avoir adressé dans les termes les plus for-
mels sa démission de président à l'assemblée législative,
Oribe ne pouvait pas venir, sous un patronage étranger,
réclamer, les armes à la main, l'exercice d'un pouvoir
qui, après tout, selon un des principes fondamentaux de
la constitution, eût légalement cessé quelques mois après
le jour où il se retirait devant l'armée de Riveira. La troisième, c'est que dans la situation exceptionnelle où ils se
trouvaient placés, les étrangers, qui composaient la plus
grande partie de la population de Montevideo, étaient,
par l'incroyable circulaire du 1er avril, entraînés à prendre
les armes pour se défendre contre une invasion qui menaçait hautement leur fortune et leur existence. La quatrième enfin, c'est que la France ne pouvait manquer
d'intervenir dans ces orageuses affaires de la Plata. Les
illégalités de Rosas, les manœuvres d'Oribe, les massacres
de la Mashorca, les anxiétés de plusieurs milliers de nos

compatriotes lui en faisaient un devoir. Son honneur national lui en faisait une loi.

J'aurais tort de chercher des motifs à cette intervention. L'Amérique du Nord, dont elle a lésé les intérêts, l'a parfaitement comprise; l'Angleterre s'y est associée, et Rosas lui-même n'a jamais pu en contester la raison.

La France est donc intervenue dans cette longue et désastreuse lutte de la Plata, par des missions diplomatiques et par des armements maritimes. Je n'essayerai pas d'entrer dans le détail de ces négociations qui ont été l'objet de tant de débats dans nos assemblées parlementaires, de tant d'articles de journaux; je dirai seulement l'opinion que j'en ai conçue. A la prendre dès son début, la question de la Plata était, si je ne me trompe, très-aisée à résoudre. Il ne s'agissait que de remontrer d'un ton ferme à Rosas l'iniquité flagrante dont il se rendait coupable en violant une constitution dont l'Angleterre avait posé les bases, dont le Brésil et la république Argentine avaient d'un commun accord garanti le maintien. Plus tard encore, on pouvait en finir en profitant de la victoire de l'Obligado.

La France ayant failli à son but de pacification dans ces deux occasions, nos stériles tentatives n'ont fait que donner plus d'assurance à Rosas. Peu à peu, il s'est fortifié par cette négligence, il a grandi par nos concessions. Comme l'a très-bien dit un des membres les plus distingués de la Chambre des pairs, M. le comte A. de Saint-Priest, nous l'avons pris *gaucho*, et par la pompe de nos ambassades, nous l'avons fait souverain. D'année en année, dans le cours de nos longs et cérémonieux plaidoyers, la question si simple à son origine s'est compliquée d'une foule d'incidents dont Rosas faisait autant de questions nouvelles, autant de points d'arrêt sur la pente d'une solution définitive. Le nœud gordien que nous devions délier ou trancher a été entouré par l'astucieuse tactique de cet homme d'une sorte d'écheveau confus dont on ne sait comment saisir le premier fil.

En exposant cette situation des affaires de la Plata, je n'en rejetterai pas le blâme sur nos agents. Non, sans doute, la faute n'en est pas à eux, mais aux instructions qui guidaient leur conduite. Je ne puis admettre qu'un envoyé diplomatique, et moins encore un officier de marine, n'agisse pas conformément à son mandat, et l'on en citera plus d'un à qui il n'a manqué que d'être soutenu dans ses dispositions énergiques par l'autorité supérieure, pour agir efficacement dans cet interminable procès de la Plata.

Maintenant, au point où en sont venues les choses, après tant d'habiles manœuvres du côté de Rosas, tant d'hésitations, d'actes incomplets et de dépenses énormes du côté de la France, ce qu'il y a encore de plus désirable pour nous, c'est d'obtenir ce que nous aurions pu avoir il y a longtemps en nous montrant plus résolus, c'est-à-dire la paix. Seulement Rosas nous aura démontré la nécessité de prendre avec lui les plus strictes précautions. Il nous faut un traité parfaitement net, dont pas un article, pas un mot ne puisse donner lieu à une double interprétation; un traité qui assure la réelle indépendance de la république Orientale, qui fasse rendre à nos compatriotes les biens dont ils ont été dépouillés par les confiscations d'Oribe, qui préserve de toute poursuite ceux qui ont combattu contre lui, qui enfin donne une pleine liberté de commerce à Montevideo et une entière sécurité à ses habitants.

XIV

On ne va pas quand on veut de Buenos-Ayres à Montevideo. Par terre, après avoir traversé le Rio de la Plata,
en face de Colonia, on se trouverait aussitôt sur un sol
sans chemin, presque désert, ou occupé par les soldats
d'Oribe qui ne plaisantent guère. C'est un voyage que
personne ne s'avise d'entreprendre. Par le fleuve, on ne
peut avoir recours qu'à trois bâtiments. Le meilleur est
le paquebot anglais qui, chaque mois, part de Buenos-
Ayres pour Falmouth, et s'arrête un jour à Montevideo.
Il est commandé par des officiers de la marine royale, et
le voyageur y trouve une bonne cabine avec de magnifiques roast-beefs. Mais comme navire de guerre, il est à
la disposition du chargé d'affaires d'Angleterre qui, selon
le cours des événements, l'humeur de Rosas, les appa-

rences de calme ou d'orage dans le royal salon de Palermo, le retient à son gré dans la rade. Le second de ces bâtiments qui, par chaque journal du pays, fait proclamer à vingt centimes par ligne la célérité de sa marche et la régularité de son service, ne part, en réalité, comme nos anciens coucous, que lorsqu'il a rassemblé un assez grand nombre de passagers. Le troisième, la *Carmen*, qui appartient à la république Argentine, ne peut prendre à Buenos-Ayres aucun passager pour Montevideo; en revanche, plus elle en ramène de Montevideo, plus elle flatte le dictateur. Rosas ne comprend pas qu'on aille dans ce lieu de perdition, mais il veut bien qu'on en revienne comme un pécheur repentant, comme une brebis égarée qui aspire à rentrer au bercail. Sa police ne délivre point de passeport pour se rendre directement dans cette nouvelle Gomorrhe, sur laquelle, à la place de Dieu qui semble s'endormir, l'équitable Rosas voudrait bien faire tomber une pluie de soufre et de feu.

Quand la paix sera faite entre les deux rives ennemies du Rio de la Plata, quand par une heureuse conversion de l'âge, ou par l'effet de la gravelle, qui doit, dit-il, l'emporter comme Cromwell, Rosas ne pourra plus empêcher le libre développement des richesses agricoles, des intérêts commerciaux de la Bande orientale et de la confédération argentine, quand les magnifiques fleuves de l'Uruguay, du Parana, se couvriront de bateaux à vapeur, comme l'Hudson et le Mississipi, on ne comprendra pas qu'en 1850 on en était à calculer qu'en écrivant par un navire en partance de Buenos-Ayres à Montevideo, qui n'est qu'à quarante-cinq lieues de distance, il fallait compter au moins trois semaines pour recevoir une réponse.

Pour peu que le vent le seconde, le paquebot anglais, avec son nombreux équipage, descend rapidement le Rio de la Plata. Le soir, je montais à son bord dans la rade de Buenos-Ayres ; le lendemain, nous voyions devant nous briller aux rayons du soleil les dômes en porcelaine de la cathédrale de Montevideo.

La ville de Montevideo est bâtie en amphithéâtre sur une sorte de péninsule, au penchant d'une colline qui s'avance au milieu du fleuve dont les flots l'enlacent de deux côtés.

A voir de la rade, dans leur situation pittoresque, ces blanches maisons que l'on dirait taillées comme des gradins dans une carrière de marbre, ces toits à terrasse comme ceux de l'Orient, ces légers belvédères qui s'élèvent sur plusieurs *azoteas ;* à voir tout ce riant tableau du mouvement des chaloupes dans le port, des contours du fleuve et des verts enclos de l'*Aguada* qui, des remparts de la cité, s'étendent jusqu'à la montagne du Cerro, on ne s'imaginerait pas que c'est là cette ville agitée dès son origine par tant de luttes successives, cette nouvelle Troie, assiégée depuis plus de sept ans par une armée implacable qui peut avoir la ruse et la ténacité d'Ulysse, mais qui ne sera point illustrée par le courage d'un Achille, par la sagesse d'un Nestor, et n'aura point d'Homère pour la chanter.

A la voir au premier abord dans son intérieur, on ne devinerait pas les profondes douleurs qu'elle a ressenties en diverses occasions, et le déplorable état où l'a jetée la colère de son ennemi.

Je vous écris d'une jolie chambre en face de la colline du Cerro, dorée par les rayons du soleil, en face du port où flottent les pavillons de plusieurs navires étrangers, et d'une rade où j'ai déjà fait plusieurs excursions et que je regarde avec un vif intérêt.

Il y a là douze bâtiments de guerre français destinés à appuyer les négociations que M. l'amiral Le Prédour poursuit à Buenos-Ayres[1]. Ces bâtiments portent quinze cents hommes d'artillerie et d'infanterie de marine, et près de deux mille hommes d'équipage, dont neuf cents débarqueraient au besoin sur la plage avec de solides batteries.

Depuis leur arrivée, les soldats n'ont point eu la permission de descendre à terre. Ils restent casernés dans leurs navires, et y font l'exercice comme dans une citadelle. Les fatigues d'une longue traversée, les fascinations de la terre, l'aspect continu de cette ville à laquelle on peut aborder si vite, et les souffrances qu'ils éprouvent dans l'étroit espace où ils sont entassés, doivent leur rendre très-sensible la privation qui, par une mesure de prudence, leur a été imposée. Cependant ils s'y sont très-philosophiquement résignés, et, il faut le dire, leur souffrance n'est pas sans quelque compensation. Ceux d'entre eux qui ont été en station dans nos colonies d'Afrique et des Antilles doivent trouver une grande différence entre l'ardente, dangereuse température du Sénégal ou de la Martinique, et celle du Rio de la Plata. Grâce au doux et salubre climat de Montevideo, ils sont ici préservés des maladies contagieuses qui si souvent ailleurs éclatent au

[1] Trois frégates : la *Constitution*, la *Pomone*, la *Zénobie*; quatre corvettes : la *Triomphante*, la *Meurthe*, l'*Aube*, l'*Egérie* ; deux bricks : l'*Alcibiade* et le *Hussard*, le bateau à vapeur *le Prony*, deux canonnières : l'*Alouette* et la *Panthère*. Nous avons de plus en rade de Buenos-Ayres la corvette l'*Astrolabe*, et le bateau à vapeur l'*Archimède*.

sein des équipages. Chaque chef veille, du reste, à ce que ses hommes soient bien nourris, et se plaît à les voir rompre innocemment la monotonie de la vie de bord.

Plusieurs bâtiments ont organisé des représentations théâtrales qui occupent agréablement toute une cohorte de novices acteurs et réjouissent un nombreux public. Rien ne doit manquer à la gloire de M. Scribe. Des froides régions du Nord jusqu'au delà de l'équateur, ses pièces ont animé tous les théâtres. Comme la cocarde tricolore, elles ont fait le tour du monde. Si l'une de ces bonnes fées qui n'attendent qu'une évocation de son spirituel grimoire pour comparaître dans ses opéras ou ses vaudevilles, l'emportait un soir d'un coup de baguette sur le pont de la *Meurthe* ou de la *Zénobie,* à trois mille lieues de la France, il aurait le plaisir d'y voir ses colonels de l'Empire, ses filles de banquiers, ses vieux grognards et ses fines villageoises jouant à qui mieux mieux de la raquette du sentiment.

Le théâtre est construit à bâbord avec cette habileté des marins qui, sans avoir lu Vitruve ou appris à tracer des courbes dans les ateliers de M. Fontaine, n'en sont pas moins de fameux architectes. Il a son régisseur et son machiniste, son souffleur et son orchestre. Nul Ciceri n'a peint ses décorations; mais quel peintre pourrait lui donner une perspective pareille à celle de ce fleuve sur lequel il repose, de ce ciel qui l'entoure de son dôme étoilé? Ses parois ne sont point comme celles de nos pauvres théâtres terrestres, revêtues de tentures éraillées ou décolorées par le temps. Ce sont des étendards de guerre, des bannières illustres qui les tapissent, et d'autres bannières éclatantes qui remplacent la toile de notre misérable rideau. En face de la scène, du côté de tribord, sont les stalles de parquet, occupées par l'aristocratie des épaulettes. Les bastingages servent de parterre aux spectateurs de second ordre; la dunette figure le balcon, et ceux qui n'ont pu s'installer à ces postes commodes montent aux galeries des enfléchures et jusqu'au paradis des hunes.

Il n'y a là malheureusement pas de Rose Chéri, mais des caporaux qui ont la figure si fraîche, et portent avec tant de grâce la robe à volants, des fourriers qui baissent les yeux d'un air si ingénu, et des sergents-majors qui ont une mine de duègne si austère, qu'à moins d'y mettre une bien mauvaise volonté, on peut parfaitement se croire en plein Gymnase.

Ajoutons que cette candide troupe d'acteurs n'a pas besoin, pour assurer le succès de son talent, de soudoyer un chef de claque, et que, comme les poires et les pommes sont à Montevideo des fruits assez rares, elle n'a point à redouter ces affreux projectiles. Sans intrigue et sans peur, elle poursuit gaiement sa carrière. Elle est applaudie à son entrée, applaudie à sa sortie. Plusieurs fois elle a l'honneur d'être rappelée sur la scène pour y recevoir un nouveau tribut de bravos. Quand elle a terminé sa tâche, elle recueille, en reprenant le sabre et le képi, les compliments de ses chefs, et sa soirée se termine par un souper fraternel enrichi d'une ration extraordinaire. C'est le beau idéal d'une destinée d'acteur, c'est l'âge d'or de la vie de théâtre.

Les troupes de terre embarquées sur ces bâtiments sont commandées par M. le lieutenant-colonel Duchâteau, qui a déjà noblement rempli plusieurs missions difficiles. En l'absence de M. Le Prédour, l'escadre est sous les ordres de M. de Tinan, qui joint à son expérience d'officier de marine, à son esprit d'homme du monde, un caractère d'une trempe énergique.

J'ai entendu raconter avec émotion un trait de sa vie qui mérite d'être gardé dans les chroniques de notre marine. Permettez-moi de l'intercaler comme un épisode dans mon récit de voyage.

En 1839, la corvette *l'Isère*, commandée par M. de Tinan, le brick *le Lancier*, commandé par M. de Chanfray, se trouvaient dans le port de notre belle et chère île de France, qui de la couronne de l'Empire est tombée comme une perle dans l'écrin de la Grande-Bretagne et a repris son nom hollandais d'île Maurice.

Un beau jour, le capitaine du *Greenlaw*, navire de commerce anglais, qui se trouvait dans le même port, un nommé Driver, ayant prolongé, avec quelques John Bull de son espèce, ses libations de grog un peu plus que de coutume, n'imagina rien de mieux, pour égayer ses hôtes, que d'insulter nos deux bâtiments de guerre en hissant notre pavillon à sa *poulaine*, ce qui dans toutes les marines du monde est considéré comme une injure éclatante.

Au moment même où il venait d'accomplir ce beau fait d'armes, un canot venant de la ville rejoignit *l'Isère*. Le patron vit notre drapeau flottant à l'ignoble place que lui avait assignée M. Driver, et ne manqua pas de le dire aux officiers de la corvette.

M. de Tinan faisait alors une excursion dans l'île. En son absence, le lieutenant, M. Jean Bart, un descendant de l'héroïque enfant de Dunkerque, se jette dans une chaloupe, monte à bord du *Greenlaw*, va droit au capitaine, et le somme d'avoir à retirer immédiatement notre pavillon du lieu où il l'a hissé, puis à demander pardon par écrit de son insolence.

Obéir à la première partie de cette requête fut pour Driver l'affaire d'une minute. Quant à la seconde, elle embarrassait tellement sa forfanterie, qu'il ne pouvait se résoudre à l'accepter. M. Jean Bart lui déclare alors que, s'il n'emporte pas du *Greenlaw* une lettre d'excuse telle qu'il la désire, il exige une réparation les armes à la main. Le vaillant Driver balbutie, hésite, puis enfin convient de se battre le lendemain. Sur cette assurance, le lieutenant de l'*Isère* rejoint son bord. A peine y était-il arrivé qu'il y reçoit une lettre de Driver qui, rétractant sa parole, déclarait qu'il ne se battrait pas. Pour plus de sûreté, il quitta son navire et se retira dans l'intérieur de la ville.

Deux jours après arrive M. de Tinan. On lui rend compte de ce qui s'était passé, et il n'était pas homme à abandonner la poursuite de cette affaire. Driver lui échappant par sa lâcheté, il s'adressa à M. Nicolay, gouverneur de l'île.

Sur sa demande, formulée dans le langage imposant d'un homme de cœur qui soutient une juste cause, le gouverneur força Driver à comparaître chez lui devant les officiers de nos deux bâtiments, à leur lire à haute voix une lettre d'excuse et à tenir pendant un jour notre pavillon hissé au haut de son grand mât.

Tout allait bien jusque-là, et l'on pouvait croire l'affaire terminée, quand soudain ne voilà-t-il pas que le gouverneur se figure que, pour rendre hommage à son pays, nous devions déployer sur l'*Isère* et sur le *Lancier* le pavillon de la Grande-Bretagne à l'heure où Driver déployait le nôtre sur le *Greenlaw!*

A cette singulière prétention, le commandant de la corvette et celui du brick répondent que M. Driver n'avait fait que son devoir en leur donnant une légitime réparation, et qu'ils ne voient aucune raison de lui rendre pour un salut obligé un salut de complaisance. Le gouverneur veut les faire céder. L'un et l'autre restent inflexibles. Alors le bon M. Nicolay, excité sans doute par les plaintes de Driver et par les susceptibilités de quelques autres Anglais, annonce aux deux commandants que si tel jour, à midi sonnant, ils n'ont pas arboré le pavillon britannique, les canons de la ville et du port seront braqués sur eux et les couleront.

La situation devenait grave. Se soumettre à une telle injonction, ni M. de Tinan ni son collègue n'y songeaient. Mettre à la voile pour fuir le péril, c'était une autre idée qui n'entrait pas davantage dans leur esprit. D'ailleurs, à supposer qu'ils eussent voulu partir, ils ne l'auraient pas pu, car ils étaient en réparation. L'*Isère* avait son gouvernail à terre, et le *Lancier* son mât de beaupré.

Il fut donc convenu qu'on attendrait de pied ferme l'artillerie du gouverneur, et qu'après lui avoir lâché toutes ses bordées, on périrait à son poste pour l'honneur du pavillon national. Pendant qu'officiers et matelots, animés d'une même pensée, se ralliaient tous à cette superbe résolution, M. Nicolay faisait ses préparatifs, armait ses batteries, et équipait un bateau à vapeur qui devait lancer sur la corvette deux cents hommes à l'abordage. Il n'y avait sur cette corvette que dix canons, et vingt sur le *Lancier*. Il y en avait sur les contours de la rade plus de cent prêts à faire feu à l'heure dite.

Toute la ville de Maurice était en rumeur. La France y a laissé de profonds souvenirs d'affection. Un grand nombre de ses habitants condamnaient hautement la conduite du gouverneur et applaudissaient à celle de M. de Tinan, qui, dès le commencement de cette lutte, s'était fait remarquer par sa digne et ferme attitude. Beaucoup d'entre eux vinrent avec un sentiment de douleur et d'admiration à bord de l'*Isère* et du *Lancier,* tendant la main aux officiers et les embrassant en leur disant adieu comme s'ils ne devaient jamais les revoir. Et, en effet, il était probable que de ces deux beaux bâtiments, bientôt il ne resterait plus rien, pas une pièce de charpente, pas un être vivant.

Cependant le jour fatal arrive. Dès le matin, M. de Tinan et M. de Chanfray se disposent à faire couvrir leurs mâts de pavillons français, comme pour protester encore une fois au nom de la France contre une injuste agression, comme pour trouver au moment suprême dans ce drapeau de la patrie un noble linceul. La sainte-barbe est ouverte, les canonniers sont à leurs pièces, et les tambours s'apprêtent à battre le branle-bas.

La matinée se passe, et le bateau à vapeur est encore à l'ancre, et la rade est immobile. Midi sonne. Même silence. C'est pourtant l'heure fatale marquée par le gouverneur comme par les trois Parques. Pas une pièce d'artillerie ne se meut, pas un pauvre mortier ne s'allume dans ces larges batteries que M. Nicolay préparait avec tant d'ostentation. M. Nicolay avait fait le Croquemitaine, et il était vaincu.

Le lendemain, les gamins de Maurice, qui mériteraient de porter la blouse et la casquette parmi ceux de Paris, couraient dans les rues en frappant des mains, et en criant de leur voix glapissante : Les Anglais *qu'a quilé !* les Anglais *qu'a quilé !* (Les Anglais qui ont reculé!)

La population française de Maurice célébra dans de pompeux banquets le triomphe de son ancien pavillon. La musique et la poésie s'unirent pour populariser l'héroïsme de M. Driver et l'inébranlable bravoure de M. Nicolay. On

vit paraître une de ces merveilleuses chansons qui valent
tant de longs poëmes, un chef-d'œuvre de complainte
comme celle du *Juif errant*. Les plus douces voix de
Maurice l'ont chantée; les meilleurs pianos en ont répété
la naïve mélodie. A présent, il est encore là-bas plus d'une
famille d'origine française qui, le soir, se surprend à re-
dire quelques-unes de ces strophes pindariques :

> Voici l'histoire éclatante
> De la réparation
> Faite à notre pavillon,
> Après l'outrage sanglante
> D'un Anglais nommé Driver
> Qui avait bu du porter.
>
> . . . .
>
> Quand l'affaire fut vidée,
> Power dit d'un air collé :
> N'auriez-vous pas, Nicolay,
> Par grand hasard une idée
> Pour vexer tous ces Français
> Qui ont gagné leur procès?
>
> Qu'une cour martial' s'assemble,
> Dit alors le gouverneur.
> Une idée, monsieur Power,
> Quand nous serons tous ensemble,
> Nous verrons alors, ma foi!
> Si l'on n'en a pas pour moi.
>
> . . . .
>
> Power ferme la séance,
> Disant d'un ton important :
> Puisqu'ils n'ont pas tort vraiment,
> C'est qu'ils ont raison, je pense;

Faut leur demander raison
De ce qu'ils ont eu raison.

.   .   .   .

Après toutes ces sottises,
Chacun répétait tout bas :
Notre gouverneur, hélas!
Fait bêtises sur bêtises;
De plus en plus fort; c'est
Tout comme chez Nicolet.

Le gabier de la corvette,
Qui a fait cette chanson,
Vous demande bien pardon
D'un dénoûment si bête :
Mais en chantant Nicolay,
Il était plein d' son sujet.

Des mers de l'Inde, où M. de Tinan maintenait ainsi sur
l'*Isère* l'honneur de notre pavillon jusqu'au Rio de la Plata,
ou il aborde sur la *Pomone* avec la même fierté, il y a un
assez bon nombre de degrés de latitude et de longitude.
Mais il ne faut qu'un coup d'aile de la pensée pour nous
ramener en un clin d'œil dans les murs de Montevideo.

Nous sommes au mois de juin, c'est-à-dire, comme vous
le savez, en plein hiver des régions qui s'étendent au delà
de l'équateur. Mais dans cette douce contrée du Rio de la
Plata, l'hiver est un tiède printemps. Malgré le pampero,
ou vent du sud-ouest, qui parfois refroidit tout à coup la
température, comme dans nos pays le vent du nord, il
n'y a ici qu'un très-petit nombre de salons où l'on trouve
une cheminée. Ordinairement un brasero suffit aux habitants les plus frileux de la ville.

Il y a huit jours que le pampero a fait une de ses fâcheuses visites sur la côte. Nous en voilà probablement quittes pour plusieurs semaines. Le fleuve est calme, l'horizon bleu, et tout autour de moi a cette apparence de gaieté qui, au souffle d'un air frais, à l'aspect d'un ciel pur, ravive les regards du vieillard et scintille dans les yeux de l'enfant. Car à moins que le vice ou l'infortune n'ait éteint en lui le foyer des douces émotions, quelles que soient ses sollicitudes, le cœur de l'homme s'épanouit au sourire de la nature comme au sourire d'une mère.

Dans la chambre qui n'est séparée de la mienne que par une légère cloison, une petite fille a réuni autour d'elle par les chaînes d'or de l'éloquence un cercle d'auditeurs attentifs dont le plus âgé a au moins six ans. Je la vois assise sur un tabouret, comme un orateur sur son fauteuil. Je l'entends babiller comme un oiseau, raconter une longue histoire sur son chat et sur sa poupée, le tout en pur français entremêlé seulement, par un surcroît de savoir philologique, de quelques mots espagnols, et assaisonné d'un vif accent provençal qui reporte ma pensée au midi de la France.

Dans la rue, deux gauchos s'exercent, pour le plaisir d'un spectateur qui leur paye un verre de cana, à lancer à une longue distance les lourdes *bolas*[1]. Près de là, une demi-douzaine d'Indiens à la chevelure plate se partagent joyeusement le quartier d'agneau rôti qu'ils viennent d'a-

---

[1] L'emploi des bolas est plus curieux encore que celui du laço. Trois lourdes boules de pierre, serrées dans une enveloppe de cuir, sont attachées à trois longues lanières. Le gaucho prend une de ces boules dans la main, fait tournoyer les deux autres au-dessus de sa tête comme la corde d'une fronde, puis les lance toutes trois entre les jambes de l'animal qu'il veut arrêter. Il est rare qu'il manque son coup.

cheter avec le produit des herbes médicinales qu'ils apportent de leurs lointaines forêts. Sous mes fenêtres retentit le mouvement du *Café Labastie*, la petite Bourse, le Tortoni de Montevideo.

Vers midi, du bord des frégates et des corvettes, des bricks et des canonnières réunis dans la rade, se détachent une quantité de chaloupes qui amènent pour quelques heures à terre les officiers de marine, les officiers d'artillerie et d'infanterie de notre escadre. Bientôt l'épaulette et le képi brillent le long de chaque embarcadère. On se croirait dans le port de Toulon.

Ces images, ces souvenirs de la France, je les retrouve ici à chaque pas, sur les enseignes des boutiques, dans l'étalage des diverses industries parisiennes, dans les restaurants et les cafés, et jusque dans l'intérieur des vieilles familles indigènes qui, presque toutes, ont voulu apprendre le français, et s'honorent de le parler, ou au moins de le comprendre.

Ce n'est pas sans cause que les Anglais ont fait leur paix avec Rosas, en se retirant de l'intervention dans laquelle ils avaient joint leurs armes aux nôtres, en abandonnant subitement les intérêts de Montevideo.

Malgré leur habileté à s'emparer de chaque comptoir nouveau qui surgit à la surface du globe, les Anglais avaient peu réussi dans cette ville. Ils y expédiaient, il est vrai, comme presque partout, un plus grand nombre de bâtiments que nous, mais ils ne s'y fixaient pas. Montevideo avait une prédilection marquée pour la France, et sans cesse devenait de plus en plus française.

Sous la dernière administration de Riveira, chaque mois il arrivait ici des milliers de Français de diverses provinces, principalement des Basques et des Béarnais. Les uns se dispersaient dans la campagne, et trouvaient aussitôt un emploi lucratif dans les *saladeros* ou dans les maisons de commerce de la province. Les autres restaient à Montevideo.

Cette ville était le point central d'un commerce d'importation et d'exportation qui, des frontières du Paraguay, s'étendait jusqu'aux limites septentrionales de l'Europe. Sa prospérité grandissait à vue d'œil, l'or affluait entre les mains des négociants. Aisément gagné, il se dépensait libéralement. La fortune, qui souvent enorgueillit et endurcit le nouveau riche, ouvrait ici le cœur à un généreux sentiment d'humanité et de confraternité. Le Français qui débarquait à Montevideo n'avait pas à s'inquiéter de sa position sur ce sol étranger. On allait à lui, non point comme dans l'opulente cité de New-York, les aubergistes et les prétendues sociétés de patronage vont au-devant de l'émigrant pour l'exploiter et le tondre jusqu'à la chair vive, mais pour lui tendre une main secourable. Le manœuvre trouvait aussitôt un emploi journalier ; le comptable, une place dans un magasin ; l'artisan, un moyen sûr d'exercer son industrie. Grâce au prix élevé de la main-d'œuvre, quiconque apportait là des habitudes d'ordre et de travail pouvait en très-peu de temps amasser un honnête pécule qu'il faisait heureusement fructifier.

C'est d'une pauvre maison de Bayonne qu'est sorti M. Laffitte, et de cette même ville de Bayonne, on a vu venir, dans la Bande orientale, une quantité d'enfants d'ouvriers, probes et laborieux comme leur illustre concitoyen, enrichis, comme lui, par d'honorables entreprises, faisant, comme lui, un noble usage de leur fortune, et aujourd'hui ruinés, comme lui, par l'effet des révolutions.

A ce mot de ruine, je m'arrête pour constater un fait que je n'ai pas la prétention de vous présenter comme une découverte, mais qui ne m'a pas semblé moins intéressant à observer. Entre tous les peuples, celui de France se distingue, comme vous le savez, par la facilité avec laquelle il se ploie aux diverses circonstances, par l'impérissable fonds de bonne humeur qu'une catastrophe imprévue peut ébranler, qui bientôt reparaît comme un rayon de soleil après le choc de la tempête. Ce peuple, « joyeulx, candide, gratieux et bien esmé » (c'est Rabelais qui l'a dit, et je ne veux pas démentir Rabelais), formait, en 1843, près d'un tiers de la population de Montevideo. N'est-ce pas à son influence qu'il faut attribuer la gaieté qui subsiste encore dans cette ville au milieu de ses désastres?

Il y a sept ans que son magnanime président Oribe la tient étroitement bloquée; sept ans qu'elle ne peut plus tirer aucune denrée de la campagne, ni faire aucun commerce; sept ans où elle a vu sa fortune s'écouler comme l'eau du torrent, et le pâle, hideux fantôme de la misère s'élever devant elle, chaque jour plus menaçant. Les Hébreux ont une tradition qui représente le démon de l'indigence entrant frêle et timide dans une habitation humaine, se cachant comme un être honteux dans un angle obscur, puis grandissant d'heure en heure, de telle sorte qu'il finit par envahir la maison tout entière. Ce démon terrible est entré à Montevideo. Il s'est assis au foyer de l'estanciero dont Oribe a confisqué la propriété, du petit marchand qui en des temps meilleurs avait amassé un petit capital, de l'ouvrier et de l'artisan qui, en recevant le soir le prix de leur journée, oubliaient de penser au lendemain. Que deviendra-t-il? et comment et quand en sortira-t-il? Dieu seul le sait, car les plus fins politiques l'ont en vain exorcisé avec le goupillon de leur plume et l'eau bénite de leur encrier.

Si, comme le dit le grand poëte espagnol Calderon, la vie est un songe (*vida es un sueno*); si le pauvre rêve qu'il souffre de sa pauvreté[1], il faut reconnaître au moins que pour la capitale de la république Orientale ce songe est bien long et bien cruel.

Cependant, qu'un étranger vienne à poser le pied sur le sol de cette ville livrée à tant d'anxiétés, aussitôt, pour le recevoir, on aura l'œil éveillé et le visage riant. On n'attendra pas qu'il s'en aille d'ici, de là, frapper à la porte d'une demeure avec une lettre de recommandation. Ceux qui par leur profession se trouvent appelés à entrer en rapport avec lui, négociants, s'il est négociant, soldats, s'il est soldat, écrivains, s'il est écrivain, iront eux-mêmes le chercher et le conduiront affectueusement dans leur famille. *La casa es á la disposicion de usted*[2]. Cette phrase, qui ailleurs n'est qu'une gracieuse politesse, qui, répétée à tout instant, devient aussi banale que *bonjour* et *bonsoir*, cette phrase se prononce ici d'un ton si cordial qu'il est impossible de ne pas lui donner un sens sérieux.

Pour mon compte, j'espère bien, tant que je vivrai, ne point oublier les touchantes coutumes hospitalières de l'Allemagne, de la Suède, de la Finlande, ni celles des magnifiques maisons de Pétersbourg, ni celles des chers Canadiens. Mais à ces souvenirs, je joindrai ceux de Montevideo où j'arrivais sans titre aucun, et où je me voyais

[1]
    « Suena el pobre que padece,
    Su miseria y pobreza. »

[2] La maison est à votre disposition.

à toute heure entouré d'offres de service et de généreux témoignages d'affection par des hommes pour qui je ne pourrai jamais rien faire et que probablement je ne reverrai jamais.

Voici, me disait-on, un livre qu'il n'est plus aisé de trouver et qui peut-être vous intéressera ; soyez assez bon pour le garder en mémoire de nous.

Voici un manuscrit qui renferme quelques bons enseignements ; nous n'en avons nul besoin, mais il peut vous être utile ; vous nous feriez grand plaisir si vous vouliez l'emporter.

Pardonnez-nous l'exiguïté de notre dîner, me disait un aimable Montévidéen en tirant de son armoire une dernière bouteille de vin de Madère ; et si vraiment vous ne vous trouvez pas trop mal au milieu de nous, donnez-nous-en une preuve, en revenant bientôt. Votre couvert sera chaque jour mis sur notre table.

Ces dîners, auxquels l'étranger est sans cesse convié, sont souvent suivis d'un concert, d'une *tertulia* (une soirée dansante). Car, malgré les rigueurs du siége, les joyeux Montévidéens ne peuvent renoncer au plaisir de chanter et de danser, ce dont Rosas et Oribe enragent comme d'un insolent défi.

Une société s'est formée pour organiser chaque mois un grand bal par souscription, et chaque mois la salle est pleine de fleurs et d'élégantes toilettes qui y brillent comme au temps prospère de Montevideo. L'amour du luxe a été tellement enraciné dans les riantes habitudes de cette ville, qu'il continue à s'épanouir parmi les débris de tant de fortunes renversées par la guerre, comme ces plantes délicates qui gardent leurs fleurs et leur verdure sous l'orage qui autour d'elles abat les grands chênes. Il

y a ici telle famille qui, pour paraître convenablement à
une de ces réunions, se réduira dans son intérieur pour
plusieurs semaines au plus sévère régime, et tel tendre
novio (fiancé) qui, sans s'inquiéter de l'épuisement de sa
bourse, payera, s'il le faut, une once d'or pour orner d'un
frais camélia la chevelure de sa bien-aimée.

Comme pour augmenter ces dépenses de luxe, chaque
personne compte dans son année deux anniversaires :
celui de son jour de naissance et celui du saint dont elle
porte le nom; un Montévidéen qui désire passer pour un
homme bien élevé doit tenir note de tous les anniversaires féminins de la maison qu'il fréquente habituellement et les célébrer par l'offrande d'un bouquet de fleurs
choisies qui, en hiver et par suite du siége, sont parfois
si rares qu'on les paye à peu près au poids de l'or. S'il
veut se montrer fidèle aux galants usages du pays, au
lieu d'envelopper son bouquet d'une feuille de papier, il
en réunira les tiges dans un étui d'argent ciselé. Le
comble de la perfection est d'enrichir cet étui d'un cercle
de rubis ou d'émeraudes. Il n'est pas défendu d'aller jusqu'aux brillants.

Une femme qui avait occupé un rang éminent dans le
monde est morte, il y a quelques années, à Paris dans
une déplorable situation de fortune. Peut-être en est-elle
venue en certains moments à manquer de ce qu'on appelle
vulgairement le nécessaire, et dans sa plus grande détresse, elle n'a pas manqué d'avoir des vases de fleurs
fraîches dans sa triste retraite.

On pourrait en dire autant de plus d'un Montévidéen.
Mais ici les fleurs ne sont pas seulement une riante et
odorante décoration. Elles forment, comme dans le Levant,
un dictionnaire symbolique; elles servent d'organe à la

pensée. Tantôt elles se joignent comme un témoignage palpable à un regard bienveillant, tantôt elles suppléent à la parole craintive ou embarrassée, tantôt elles révèlent par leurs nuances délicates le secret qu'on ne peut proférer de vive voix et qu'on n'ose écrire.

Une maîtresse de maison donnera souvent des fleurs aux personnes qui vont la voir; mais pour faire cette gracieuseté, elle ne puisera point au hasard dans sa corbeille. Elle ne donnera point à tous la même plante, c'est-à-dire le même emblème. Pour un personnage important, elle réservera le chèvrefeuille, qui dans cette langue idéale signifie respect; pour un autre, la rose de l'Inde, qui signifie estime; pour un ami, l'œillet, qui se traduit par attraction. Chacun en s'en allant se trouvera ainsi placé à son échelon, et s'il a quelque ambition, tâchera d'en conquérir un plus élevé.

Que si l'on entre dans les régions de l'amour, ce dialecte des fleurs devient si explicite, si éloquent, que ceux qui ont eu la gloire de l'étudier ne peuvent plus éprouver qu'une profonde pitié pour les lourdes combinaisons du grec et du latin et les autres langues qu'on apprend dans les écoles. Loin de vous alors ces feuilles de papier composées d'horribles haillons, cette plume de fer qui crie sous vos doigts, cette encre noire comme la perfidie qui ne demande qu'à vous trahir. Pour raconter vos tendres émotions, vous prenez ce qu'il y a de plus pur, de plus charmant parmi les œuvres de la nature. Dans ces heureuses négociations, on est aidé par un autre dialecte télégraphique, qui à lui seul est bien supérieur à celui de Chappe, par les signaux de l'éventail qui tournoie entre les mains des belles Montévidéennes. Car elles sont belles, ces filles de la république Orientale, non moins belles que celles de la république Argentine, et plus instruites en général et plus légères dans leurs mouvements, comme si elles respiraient un air plus libre.

Il y a sur leur physionomie l'expression d'un esprit prompt à s'instruire, plus prompt à deviner ce qui n'entre pas dans le programme ordinaire des pensionnats, et dans leur démarche cette sorte de frétillement coquet et gracieux que les Espagnols expriment par le mot intraduisible de *meneo*.

« Admirable ville de Montevideo, s'écrie le poëte Dominguez, blanche sirène de la Plata, ton sein est une ruche dont l'amour est le miel. Heureux celui dont les lèvres goûtent à ce miel, cité des amours, car tes filles sont les fleurs qui donnent ce doux breuvage. »

XV

LES JOURNAUX ET LA LITTÉRATURE.

Littérature politique et poétique. — Journaux espagnols et français. — Balcarce. — Jean Varela. — Fondation du *Comercio de
la Plata*. — Assassinat de Fl. Varela. — Alsina. — L'héroïsme
d'une femme. — Poëtes argentins. — Dominguez. — Marmol. —
Echeverria. — Poëtes montévidéens. — Ascasubi. — Figueroa.

Il n'y a point de littérature à Buenos-Ayres[1]. Il y en a
une très-active et très-intéressante à Montevideo, littérature de journaux et de dissertations politiques, qui
seconde par les armes de la pensée les armes en fer des
assiégés; littérature poétique qui, par ses mélodies, les

[1] Il existe à Buenos-Ayres un homme doué d'une rare instruction,
qui a au plus haut degré le noble amour des livres, et qui a fait une
importante publication (*Coleccion de documentos y memorias sobre il Rio
de la Plata*, 6 vol. in-folio) : c'est M. d'Angelis, Italien de naissance, ancien
gouverneur des enfants de Murat. Mais cet homme est seul dans sa
passion scientifique, comme ces arbres des régions extrêmes du Nord
qui, par un accident inexplicable, s'élèvent seuls au milieu d'une terre
aride. Depuis quelques années, M. d'Angelis n'appartient même plus
à l'étude qui a fait sa joie. Il consacre sa plume, son érudition, au
recueil en trois langues publié aux frais de Rosas, sous le titre d'*Ar—*

console dans leur souffrance, qui tantôt gémit avec eux comme la harpe des proscrits suspendue aux saules du rivage, tantôt leur murmure un chant d'amour et d'espoir, et tantôt vibre à leur oreille comme la lyre martiale de Koerner :

« Du schwerdt an meiner Seite. »

La publication d'un manuscrit est cependant soumise ici à des conditions qui épouvanteraient l'éditeur parisien le plus intrépide. En premier lieu, le cercle des lecteurs est à peu près renfermé tout entier dans l'enceinte de Montevideo. La campagne, qui est sous le joug d'Oribe, ne peut recevoir un livre imprimé dans cette ville marquée à l'encre rouge, et Rosas ne permet pas qu'il s'introduise dans la république Argentine. Par compensation, il reste, il est vrai, aux écrivains de Montevideo une certaine quantité de lecteurs à peu près assurés dans le Chili, au Pérou, et dans les autres États de l'Amérique du Sud. Mais quel voyage le pauvre livre doit faire pour les rejoindre! toutes les provinces du Rio de la Plata à traverser en contrebande, ou l'orageux cap Horn à doubler! Plusieurs mois pour parvenir au delà des Cordillères, plusieurs mois encore pour qu'on en ait quelque nouvelle à Montevideo.

En second lieu, à mesure que la ville s'appauvrissait par la durée de l'état du siége, une partie des ouvriers imprimeurs l'abandonnaient pour s'en aller ailleurs chercher un travail plus lucratif. D'autres étaient embauchés par Rosas et Oribe, qui, ne pouvant vaincre les écrivains,

----

chivo, americano. Je puis donc sincèrement dire qu'il n'y a pas de littérature à Buenos-Ayres.

s'efforçaient au moins de leur enlever un de leurs moyens d'existence.

Enfin, par suite du blocus, les imprimeries ont manqué plusieurs fois des premiers éléments de fabrication, de caractères pour remplir les vides de leurs casses, et de papier.

« Vous avez bien vite agrandi votre format, disais-je un jour au fondateur d'un nouveau journal ; sans doute le nombre de vos lecteurs s'est augmenté ! — Hélas ! non, me répondit-il ; nous avons épuisé le papier de nos premières dimensions, et nous n'avons pas pu nous en procurer un pareil. »

Dans un tel état de choses, on comprend que ni la presse périodique, ni les livres, ne puissent être ici un objet de spéculation pécuniaire. C'est un acte de dévouement à une pensée de patriotisme, à une foi poétique. Le principal journal de Montevideo n'a pas plus de quatre cents abonnés, et ne peut pas compter sur le bénéfice de ses annonces. L'écrivain qui a déjà un nom dans le pays s'estime heureux de trouver un éditeur qui consente à lui imprimer un nouveau volume sans lui faire payer les frais d'impression.

Malgré ces entraves et ces causes de découragement, il se publie chaque année à Montevideo plusieurs volumes d'histoire et de polémique, plusieurs recueils de poésies et diverses brochures de circonstance. Il existe en outre dans cette ville deux journaux quotidiens espagnols, et deux journaux français qui paraissent chacun trois fois par semaine. Différant l'un de l'autre sur quelques questions secondaires, ces quatre journaux se rallient à la même bannière, et soutiennent avec la même ardeur l'indépendance de la république Orientale contre l'envahissement de Rosas et d'Oribe.

Le premier d'entre eux, le *Comercio de la Plata*, créé par le noble et malheureux Florencio Varela, continué par son beau-frère, M. Madeiro, se distingue par le ton grave et ferme de sa rédaction. Il a de plus de très-bons correspondants en France, au Brésil. Il en a un à Buenos-Ayres dont personne ne sait le nom et auquel il doit une grande partie de son succès. Ce correspondant lui donne sur les affaires les plus secrètes de l'administration argentine, sur l'intérieur même de Rosas, des renseignements si exacts et si surprenants, qu'on serait parfois tenté de croire que c'est Rosas lui-même qui les dicte pour se jouer de ses ministres et de ses fonctionnaires, voire même des chargés d'affaires étrangers, avec lesquels il est engagé dans une de ses perpétuelles négociations.

Le *Correo de la Tarde* (journal du soir) est rédigé par M. Bustamente, écrivain habile, ancien secrétaire du général Lavalle.

Le *Messager* n'emploie qu'une partie de ses colonnes à la discussion politique, et consacre le reste à la reproduction des œuvres de nos meilleurs romanciers.

Le *Patriote français* a pour rédacteur en chef M. Isabelle, du Havre. Un de ses collaborateurs, M. Vaillant, écrit sous le pseudonyme de *Jean Louis* des articles de philologie et de littérature qui feraient fortune à Paris.

La plupart des journalistes, des poëtes qui dans la presse de Montevideo luttent avec tant d'opiniâtreté contre la dictature de la république Argentine, sont des Argentins.

De même que Louis XIV, par la révocation de l'édit de Nantes, enrichit l'Allemagne, la Hollande, l'Angleterre de l'industrie des protestants condamnés à l'exil, de même Rosas a par ses proscriptions enrichi plusieurs États de toute la séve d'un grand nombre de jeunes et vigoureux talents.

Au lieu de ménager cette jeunesse ardente mais généreuse, au lieu de chercher à se la rallier, il la signalait aux poursuites de ses archers, il la condamnait à la prison. Dès qu'elle a pu fuir, elle s'est enfuie comme une nichée d'oiseaux poursuivie dans ses bois harmonieux par un chasseur impitoyable. Les uns se sont retirés au Chili, d'autres à Montevideo, quelques-uns en France et aux États-Unis.

Que cette résolution n'ait pas été prise sans de graves raisons, et qu'elle n'ait pas été exécutée sans une amère douleur, ceux-là peuvent le comprendre qui pour un temps même limité ont dû vivre loin de leur sol natal. La terre argentine est une douce et belle terre, et quelque part qu'on aille, on n'emporte pas, a dit Danton, la patrie à la semelle de ses souliers.

En 1837, un jeune Argentin, Florencio Balcarce, partait pour la France avec un de ces sinistres pressentiments qui sont comme un des signes du don prophétique des *vates.*

« Adieu, Buenos-Ayres, disait-il dans une de ses dernières élégies; adieu, mes amis, adieu.

« Je m'en vais vivre seul, pauvre étranger, sous un ciel de bronze, dans un pays lointain où, au lieu des tendres caresses de ma mère, je ne trouverai qu'une froide indifférence.

« Mille fois alors je me dirai : Ah! que ne puis-je revoir la lumière du soleil sous lequel j'ai grandi, tremper mes lèvres au ruisseau qui arrose le domaine paternel!

« Mais quand je songe à ma patrie, son opprobre m'humilie. Ses enfants assoupis ne voient pas sa honte.

Sur leur tête reluit le poignard sanglant, et leurs pieds sont enchaînés.

« Adieu, doux ombrages du toit paternel, et vous tous, compagnons de mon heureuse enfance ; adieu, mes amis ; adieu, Buenos-Ayres. C'est l'adieu éternel. »

Celui-là est mort. Rosas n'a plus à s'inquiéter des hardiesses de sa pensée.

En 1839, un autre poëte de Buenos-Ayres, Jean Varela, poursuivi par la haine du dictateur, outragé par ses gazettes, mourait à Montevideo en chantant ainsi son chant de cygne :

« Soit que le ciel propice me prolonge la durée de ce temps que nous appelons la vie, ou soit qu'il lui plaise que ce jour soit pour moi le dernier ;

« Affranchi d'un doute cruel, je descendrai sans crainte dans la nuit éternelle, je franchirai sans trouble les rives de l'Achéron.

« Je paraîtrai devant mon juge sévère sans l'effroi qui agite l'impie, car je n'ai point fait verser de larmes.

« Qu'il tremble, l'homme maudit, l'homme au cœur de pierre, qui, pouvant épargner la douleur, reste inflexible aux plaintes qui s'exhalent devant lui.

« L'indigne calomnie qui m'a rendu la vie amère, m'a peint sous de noires couleurs.

« Mais comme dans les régions où l'on ne ment plus, le Dieu en qui j'ai mis mon espérance ne pourra faire peser sur moi le fardeau des malheurs d'un autre, mon âme n'a pas peur. »

Quand cet homme, qui avait rempli dignement de hautes fonctions dans son pays[1], mourut sur la terre d'exil, il y

---

[1] En 1816, il faisait partie du congrès général qui se réunissait à

avait environ dix ans qu'il avait dû quitter Buenos-Ayres avec ses deux frères.

Le plus distingué des membres de cette famille, Florencio Varela, fut celui qui créa le *Comercio de la Plata*. Avec un remarquable talent de style, ses connaissances littéraires, ses fortes études d'historien et de légiste, il fit de ce journal une publication imposante; il obtint en peu de temps un très-grand succès. C'était une de ces natures d'élite qui de loin en loin apparaissent comme l'idéal d'un être complet. Aux dons d'un esprit sagace et pénétrant, aux bienfaits d'une éducation sérieuse, il alliait dans une noble harmonie un caractère fortement trempé et un cœur ouvert à toutes les tendres émotions.

Un tel écrivain était pour Oribe et Rosas un ennemi dangereux, d'autant plus qu'il apportait dans sa polémique cette qualité que Quintilien signale comme un des principaux moyens de puissance de l'orateur, la qualité d'honnête homme. Le *Comercio de la Plata* acquérait de jour en jour plus d'importance. Non-seulement les Montévidéens le lisaient avec ardeur, mais il était recherché par les étrangers et, malgré les précautions de la police, se répandait dans l'enceinte de Buenos-Ayres. Chercher à le supprimer était chose impossible; essayer de vaincre son rédacteur par des menaces, ou de le réduire par des promesses, il ne fallait pas non plus y songer. Oribe et Rosas, pour en finir avec le redoutable écrivain, ont pris un autre parti : ils l'ont fait assassiner.

Le 20 mars 1848, vers les neuf heures du soir, Flo-

Buenos-Ayres. Plus tard, il fut nommé secrétaire de l'Assemblée nationale et occupa pendant plusieurs années cet emploi.

rencio Varela, venant de voir un de ses amis, se dirigeait tranquillement vers la rue des Missions où il demeurait, lorsqu'à quelques centaines de pas de sa maison, il reçut trois coups de poignard dans le dos. Le meurtrier, qui dans l'obscurité l'avait ainsi surpris par derrière, s'enfuit. Varela eut encore la force de se traîner jusque sur le seuil de son habitation, d'appeler au secours, de frapper à la porte. A sa voix lamentable, sa femme, son frère accoururent et le trouvèrent étendu sur le trottoir, baigné dans son sang. Quelques instants après, il avait rendu le dernier soupir.

On ne peut se faire une idée de l'impression que ce crime horrible produisit à Montevideo. En un instant, la nouvelle s'en répandit dans tous les quartiers, et à voir les habitants sortir effarés de leur demeure et se précipiter vers celle de Varela, on eût dit que la ville avait été frappée d'un désastre général.

Varela laissait une veuve et onze enfants qu'il alimentait par son travail journalier. Lui mort, cette famille restait sans ressource. Dès le lendemain, une souscription fut ouverte pour lui venir en aide. En quelques jours, malgré la misère à laquelle un blocus de cinq années avait réduit un grand nombre de personnes, cette souscription produisit une somme de quatre-vingt mille francs. La population française donna pour sa part près de onze mille francs.

A qui de Rosas ou d'Oribe faut-il attribuer la première idée de ce crime, qui des bords de la Plata retentit jusqu'aux extrémités de l'Europe? il serait difficile de le dire. Ce qu'il y a de sûr, c'est que Rosas a été dans cet horrible guet-apens le complice de son satellite. Ce que l'on sait positivement, c'est que l'assassin, nommé Cabrera, après avoir frappé sa victime, se retira au camp d'Oribe et y reçut le prix du sang : une récompense en argent, et le grade de capitaine [1].

Le *Commercio de la Plata* a survécu à son malheureux fondateur. Continué, comme nous l'avons dit, par le beau-frère de Varela, il a pour principal collaborateur un Argentin, M. Alsina, qui fut pris aussi dans les griffes de Rosas, et qu'un acte d'héroïsme sublime sauva d'une mort certaine.

M. Alsina, inscrit parmi les sauvages unitaires, selon l'atroce et élastique expression des agents du dictateur, était en rade de Buenos-Ayres enfermé dans un ponton d'où il ne devait sortir que pour passer sous le fer des égorgeurs. Sa femme, non moins tendre que madame de Lavalette et plus audacieuse, revêt un soir un uniforme d'officier argentin, attache à sa boutonnière le ruban rouge, suspend un sabre à sa ceinture, et suivie de deux hommes portant l'habit de soldat, s'en va hardiment trouver le commandant du ponton : « Voici, lui dit-elle en lui exhibant un ordre qu'elle avait elle-même façonné, voici un ordre qui m'enjoint de prendre à votre bord le prisonnier Alsina. » Puis, se penchant à son oreille : « Je crois, ajouta-t-elle, que c'est son dernier quart d'heure. — Bien ! bien ! répond le crédule commandant ; un peu plus tôt ou plus tard, il devait en passer par là. » Alsina descend avec sa nouvelle escorte dans une chaloupe qui, après s'être dirigée un instant vers la ville, vire de bord tout à coup et rejoint un bateau préparé d'avance, qui transporte à Colonia, sur le territoire de la Bande orientale, l'heureux prisonnier et son ange gardien.

[1] *Assasinato del signor D. Florencio Varela,* por J. MARMOL. Montevideo, 1849.

La république Argentine a donné encore à Montevideo quelques écrivains d'un remarquable talent : Vicente Lopez, Domingo, Marmol, Echeverria.

Fils du président de la haute cour de justice de Buenos-Ayres, Vicente Lopez aurait aisément pu, par l'entremise de son père, obtenir de Rosas le pardon de ses premières manifestations politiques. Il a mieux aimé se condamner à vivre hors de son pays, loin de sa famille, que de transiger avec sa conscience. Avocat, il s'est fait par son propre travail une position indépendante. Avide d'instruction, il a trouvé dans l'étude des langues et des littératures étrangères une consolation à son exil. Tout jeune encore, il a publié au Chili un livre qui annonce un esprit sérieux et une large érudition. Il prépare en ce moment une histoire de la confédération Argentine qui doit être imprimée à Paris.

Dominguez a, dans des vers d'une suave harmonie, chanté avec une heureuse inspiration les beautés du Rio de la Plata, l'aspect solennel des plaines désertes ombragées par l'*ombu,* les charmes de Montevideo et les douces émotions de l'amour.

Marmol, né à Buenos-Ayres en 1818, joint à sa verve de poëte un mâle talent de prosateur. Il a pris part à la rédaction de divers journaux espagnols qui depuis quelques années ont paru à Montevideo, et dans plusieurs brochures, il a rudement flagellé Rosas et son lieutenant Oribe. En 1844, il s'était embarqué à Rio-Janeiro pour Valparaiso. Son navire, avarié par une tempête du cap Horn, dut revenir au Brésil. Ce voyage donna à Marmol l'idée d'un poëme, *le Pèlerin* (*el Peregrino*), dans lequel il a dépeint avec une riche variété de tons et d'images les phénomènes de l'Océan, le ciel de feu de l'équateur, les riantes scènes des tropiques.

Il a publié en outre un drame : *le Poëte*, qui a eu peu de succès, et plusieurs poésies lyriques, entre autres une ode intitulée : *le 25 Mai*, très-populaire dans la Bande orientale. C'est à la fois la commémoration enthousiaste de l'acte d'indépendance des provinces argentines, dont on célèbre l'anniversaire le 25 mai, et un ardent anathème contre Rosas.

« Ah! s'écrie le poëte en s'adressant au dictateur, les Argentins ne te doivent rien, non, rien, si ce n'est la misère, le sang et la désolation. Jamais ton épée ne se brisa dans les combats, mais tu nous as promptement fait voir le glaive de Caïn.

« Et ta première pensée et ta première prouesse furent de fouler aux pieds de ton cheval, à la tête de tes troupes, les lois de ton pays, et ses lauriers, et son noble pavillon.

« Qui nous dira quel être mystérieux protége tes pas, afin que nous allions le frapper de notre poignard entre les épaules; quelle étoile t'éclaire par hasard, afin que nous appelions sur elle la malédiction de Dieu?

« Donnez-moi, ô tempêtes, votre mugissement, lorsque le fracas de la foudre se mêle à celui de l'aquilon; cascades et torrents, donnez-moi votre grande voix pour jeter sur cet homme la terrible, l'éternelle malédiction.

« Du haut de son trône sacré, la Bonté suprême maudit Lucifer. Quand l'humanité souffre de monstrueuses persécutions, elle a le droit aussi de maudire.

« Oui, Rosas, je te maudis. Jamais le fiel de la vengeance n'entra dans mes veines, ne troubla mes jours. Comme homme, je te pardonne ma prison et mes chaînes; mais comme Argentin, celles de ma patrie, non.

« Par toi, Buenos-Ayres a vu plus de crimes qu'il n'y a de souffles de vent dans les pampas, et de sables sur la

grève, puisque, las d'outrager l'homme, tu as outragé le
Christ en plaçant ton image sur les saints autels.

« Par toi, les vertueux enfants de cette ville, le cœur
oppressé, le front courbé sous la douleur, ont été poursuivis par la haine jusque sur le sol étranger qui leur
offrait un refuge. »

Cette ode, dont je ne cite que quelques strophes, est la
plus saillante expression que je connaisse de la fougue
juvénile et du talent de Marmol. Elle a été plusieurs fois
réimprimée à Montevideo. De là, elle s'est répandue dans
toute l'Amérique espagnole, et n'a pas peu contribué à la
réputation du poëte.

Plus heureux qu'un grand nombre de ses frères en littérature, M. Echeverria a possédé une fortune patrimo-
niale dont il a dignement employé les revenus à voyager
et à s'instruire.

En 1827, à l'âge de dix-huit ans, après avoir fait à Buenos-Ayres ses études classiques, il s'embarqua pour le
Brésil, où il s'arrêta quelques mois, puis pour l'Europe.
A Paris, des maîtres particuliers lui donnèrent des leçons
de littérature, de mathématiques et de physique. En même
temps, il suivait les cours du Collège de France et des
Facultés. Il passa là près de cinq années, suivant avec un
avide intérêt le mouvement littéraire de notre pays, admis
dans plusieurs grandes maisons, accueilli avec bienveillance par quelques-unes de nos premières illustrations.

Au commencement de 1830, il se rendit en Angleterre,
et de là revint dans la Plata.

Ce studieux pèlerinage, ce séjour en France, sont restés
profondément gravés dans sa mémoire. Il en parle avec
une douce mélancolie, comme on parle à l'âge mûr des
premières joies de la vie, du bonheur passé. Pour celui

qui, se trouvant à Paris vers le même temps, a dû éprouver quelques-unes des mêmes émotions, c'est une agréable surprise que d'entendre à trois mille lieues de distance, dans une modeste maison de Montevideo, rappeler par un étranger ces leçons de la Sorbonne qui étaient des événements, et ces drames et ces poésies de l'école romantique qu'une jeunesse enthousiaste saluait comme des découvertes dans de nouvelles régions. Que ce temps est loin! Le pauvre poëte argentin s'en souvient dans sa retraite. Vous en souvient-il, vous qui leviez alors le drapeau de la réforme? Hélas! tant de choses ont depuis cette époque étonné nos regards, agité notre pensée! Tant de luttes orageuses ont succédé aux joutes pacifiques de nos olympiades! Pour les uns, le meilleur souvenir s'évapore comme un arome précieux au souffle des tempêtes; pour d'autres, il s'aigrit comme les fruits savoureux des Antilles au soleil des révolutions.

En 1834, M. Echeverria, qui était rentré dans son pays, disciple fervent du dogme romantique, publia sous le titre de : *Consuelos* (Consolations), un volume de poésies lyriques. A nos yeux, ce petit volume ne peut apparaître que comme un reflet de notre littérature élégiaque passant par plusieurs nuances, depuis la molle stance de Millevoye jusqu'à l'accent plus grave des *Méditations* de M. de Lamartine. Il n'y a là ni traits caractéristiques, ni images distinctes de la contrée lointaine où ce livre a été composé. Chacune des pièces qu'il renferme, traduite fidèlement en français, ressemblerait à tous ces flots de strophes éplorées qui, depuis vingt ans, passent sans bruit au milieu de notre monde distrait. Mais pour le pays auquel il s'adressait, ce livre d'Echeverria était une tentative hardie, un acte de rupture avec les formes de convention et le style mythologique de la littérature espagnole, une nouveauté non moins surprenante pour les Américains que les mélodies de M. de Lamartine pour la France, après les fades chansons de l'Empire. Bientôt Echeverria dut faire une nouvelle édition de ses élégies, en même temps qu'un libraire espagnol les réimprimait à Cadix.

Ce succès n'aveugla point le jeune écrivain. Dominé d'abord par les impressions qu'il avait rapportées de la France, ou, comme il le dit lui-même, par une éducation essentiellement française, il ne tarda pas à comprendre qu'il manquerait à sa mission en se laissant aller plus long-temps à ses réminiscences. Sa contrée natale était là avec ses grands fleuves déserts, ses plaines inexplorées, ses tribus sauvages. Elle était là comme une terre virginale, oubliée dans sa muette majesté, n'attendant qu'une main intelligente pour la peindre, un poëte pour la chanter.

Echeverria conçut cette idée et écrivit *la Cautiva* (la Captive).

Ce poëme est tout simplement l'histoire d'une jeune femme intrépide et tendre qui est enlevée avec son mari par une horde d'Indiens. La nuit, pendant que ses ravisseurs sont, à la suite de leur brutal festin, plongés dans un profond sommeil, elle se lève, s'approche de l'endroit où son mari gît sur le sol, enchaîné et couvert de blessures. Elle coupe ses liens avec un poignard, puis le prend par la main pour l'aider à marcher, le soutient le long du chemin et parvient à le conduire dans un *pajoral*, autrement dit, sur une de ces lagunes argentines où pousse une paille haute et épaisse qui dérobe les fugitifs à tous les regards. Là l'héroïque Marie fait une couche à son époux, panse ses plaies, veille sur son repos et déjà croit le voir reprendre ses forces, et rend grâce au ciel de ce bonheur miraculeux. Soudain un incendie éclate dans le pajoral. Favorisé par le vent, alimenté par l'herbe sèche, il s'avance avec la rapidité de l'éclair, il dévore l'espace. Byran ne peut fuir et conjure sa femme de l'abandonner. Mais elle l'emmène jusqu'au bord de l'eau qui entoure la lagune, se jette à la nage en soutenant d'une main le faible blessé et gagne l'autre rive. Bientôt elle le sauve encore par son courage de la voracité d'un tigre. Puis, malgré l'adorable tendresse qui devait le rendre à la vie, il languit de plus en plus, il succombe aux coups de lance qu'il a reçus dans sa lutte contre les Indiens. Quand il a rendu le dernier soupir, Marie se dirige vers sa demeure. Il lui reste un fils, qui est sa dernière consolation. « Où est mon fils? où est mon fils? s'écrie-t-elle en rentrant dans son village. — Mort », lui répond-on. Et à ce mot elle tombe inanimée. Tous les liens qui l'attachent à la terre sont rompus. Elle exhale son âme dans un dernier accent d'amour.

La première partie de cette fable rappelle une des belles scènes d'*Atala*. La seconde est exagérée. Nous nous figurons difficilement, dans l'état actuel de nos mœurs, une jeune femme, qui n'appartient point à la race amphibie des îles de l'Océanie, emportant son mari à la nage, plus difficilement encore cette même femme effrayant un tigre en s'avançant contre lui le poignard à la main.

Si intéressants pourtant que soient les deux acteurs de ce drame, malgré leur situation un peu forcée, ils me font, dans l'ensemble du poëme, l'effet des personnages de Claude Lorrain, qui disparaissent dans l'éclat de ses paysages.

Echeverria a passé la plus grande partie de sa vie dans les campagnes de la république Argentine. Il y a fait de côté et d'autre de longues excursions, et lorsqu'il les décrit, on voit qu'il ne cherche point à combiner par un effort d'esprit des images étrangères, mais qu'il retrace ce que ses yeux ont vu, ce qui a ému sa pensée.

C'est ainsi qu'il nous représente, à l'heure du soir, le désert qui se déroule au pied des Andes, le désert morne et taciturne comme la mer que nul vent n'agite. Là, de quelque côté que les regards se tournent, ils ne découvrent que l'immensité des champs solitaires que Dieu seul connaît, et dont il peut seul mesurer les profondeurs. Là, on n'entend que le beuglement des taureaux sauvages errant à l'aventure, le rugissement des tigres ou le cri uniforme et mélancolique du yaya.

Tout à coup résonnent de sourdes clameurs. Le sol tremble sous les pieds des chevaux impétueux, et dans l'ombre on distingue des pointes de lances, des cheveux flottants, des formes confuses.

C'est la horde d'Indiens qui vient de dévaster un village. Ils s'avancent comme un tourbillon dans des flots de poussière, portant sur leurs piques des têtes humaines, criant, hurlant, galopant avec une ardeur frénétique. Ils s'arrêtent au sein de la pampa silencieuse, et contemplent avec un orgueil farouche leur butin le plus précieux, une troupe de belles jeunes filles enlevées aux foyers paternels. Après avoir détaché les harnais de leurs chevaux, qui paissent à l'abandon, ils allument un large bûcher. Les uns attisent ou alimentent la flamme; d'autres préparent les quartiers de chair qui seront rôtis sur des pierres. D'autres plus impatients plongent leur couteau dans le poitrail d'une jument, boivent avec avidité le sang qui jaillit en bouillonnant de la blessure et se disputent à qui prendra la plus grosse part de ce breuvage. Leur soif et leur faim étant apaisées, il s'asseoient en cercle autour du feu, où ruisselle la graisse des animaux qu'ils ont égorgés, et écoutent avec des tressaillements de joie les chants guerriers, les chants de victoire que l'un d'eux entonne d'une voix triomphante.

Ce sont là des tableaux qui n'appartiennent plus au cercle ordinaire de la poésie, des peintures neuves que l'auteur de la *Cautiva,* comme Cooper dans les États-Unis, a eu le premier l'honneur de saisir sur les lieux.

Echeverria s'était acquis par ses deux publications un assez grand renom. Il avait indiqué une nouvelle voie aux écrivains de son pays. Il était dans l'Amérique du Sud l'apôtre d'une nouvelle école. Par malheur, cette gloire ne lui suffit pas. Il déserta les plaines silencieuses des Pampas pour se lancer dans le tumultueux domaine de la politique. Son ambition était de former une société de jeunes Argentins qui, en prenant pour base de leur réunion un principe démocratique, s'appliquerait à le développer et à le propager.

En ceci le poëte cessait d'être original. Il imitait l'organisation de la jeune Italie et de la jeune Allemagne.

Chef d'une république, Rosas n'avait pas plus de goût pour ces sociétés républicaines que les gouvernements absolus de Prusse et d'Autriche,

Un beau jour Echeverria se vit, sous peine d'incarcération et autres châtiments, forcé d'émigrer. Ses biens furent confisqués et sa maison dévalisée. « On ne m'a pas même laissé un livre, me disait-il un jour avec douleur, un de ces beaux livres de choix que j'avais rapportés de France. C'est ce que je regrette le plus. »

Depuis l'année 1840, Echeverria est resté à Montevideo,

riche seulement du trésor d'intelligence que la rapacité de
Rosas n'a pu lui enlever, dévoué comme au printemps de
sa vie à l'étude et à la poésie. Grâce au caractère hospitalier de cette ville, il n'a pas trop éprouvé combien
l'escalier d'autrui est dur à monter, et combien est amer
le pain de l'étranger.

Si dans les vers qu'il a composés après la *Cautiva*, dans
ceux qu'il écrit encore, éclate l'accent d'une âme souf-
frante, ce n'est pas la vague souffrance de René, ni celle
de Werther, ni celle d'Obermann ; c'est la grave et profonde douleur de Jacopo Ortis, qui ne peut oublier les
rêves d'or et de liberté qu'il avait faits pour son pays, qui
de loin le suit par la pensée dans ses agitations, et triste-
ment s'écrie :

« Il sacrificio della nostra patria è consumato. »

Le sillon tracé par la *Cautiva* a été continué par plusieurs poëtes, notamment par M. Ascasubi, de Montevideo.
De nombreuses excursions dans les diverses provinces de
Rio de la Plata ont familiarisé M. Ascasubi avec les mœurs
de la campagne. Dans une série de dialogues et de scènes
agrestes, il s'est attaché à reproduire le caractère, les
habitudes et jusqu'aux idiotismes des *gauchos*. Chacune de
ses compositions est une image exacte de la physionomie
de cette race de pâtres et de cavaliers nomades, mais une
image matérielle où l'on cherche en vain l'expression
idéale sans laquelle il n'y a point de véritable poésie. Avec
leur minutieuse exactitude de détails, les écrits d'Ascasubi
sont à la *Cautiva* ce qu'est la rustique *Louise de Woss*
à la délicieuse idylle d'*Hermann et Dorothée*

A côté de ces novateurs, il existe dans cette même ville
de Montevideo un aimable poëte du bon vieux temps,

M. de Figueroa. Celui-ci n'a point voulu déserter les régions mythologiques qu'il apprit à vénérer sur les bancs
du collége. Il chante Phébus et l'Aurore aux doigts de
rose, comme ses maîtres du dix-huitième siècle. Il s'élance
sur son Pégase et monte gaiement au Parnasse, en se rafraîchissant le long du chemin à la fontaine de Castalie.
Toutes les règles des anciennes écoles lui sont chères, et
tous leurs caprices lui sourient. Un Dieu lui a fait de doux
loisirs, et il les emploie aux jeux de l'énigme, de la cha-
rade, du madrigal. Il accomplit les tours de force de l'ana-
gramme et de l'acrostiche comme ces habiles versificateurs
dont l'érudit Peignot a recueilli les productions les plus
excentriques, et façonne comme Panard la chanson à
boire, en forme de bouteille.

Avec sa rare facilité, il passe tour à tour

... du grave au doux, du plaisant au sévère.

Il aiguise en riant l'épigramme caustique comme Marot
dans sa galante jeunesse, et comme Marot plus tard, traduit avec piété les Psaumes. Non-seulement il traduit les
hymnes bibliques, il en compose lui-même avec une religieuse pensée. Car, si son imagination se plaît à errer au
milieu des traditions païennes, son cœur appartient à la
pure doctrine de l'Évangile. Comme le chantre des *Lu-
siades*, il allie dans l'odyssée de sa vie la fable de l'O-
lympe aux austères croyances du christianisme. Quand il
a d'un ton anacréontique célébré l'Amour et les Grâces, il
rejette ces stances profanes pour écrire avec un sincère
recueillement une paraphrase du *Pater*, une épître à son
curé ou des litanies à la Vierge.

Tel il apparaît dans ses œuvres, tel on le retrouve dans
les diverses nuances de son caractère, affable et jovial,

spirituel et tendre, plein d'indulgence envers les autres et de défiance envers lui-même, simple et timide comme une jeune fille. C'est un plaisir de lire ses vers. C'est un bonheur de le connaître.

Chers poëtes de Montevideo, pardonnez au voyageur que vous avez reçu avec tant de bonté, s'il ne rend pas compte de vos œuvres comme vous étiez en droit de l'attendre. Il s'en va du moins emportant un cordial souvenir des jours qu'il a passés parmi vous, et souvent il songera à la triste position que de funestes événements vous ont faite.

Bien triste vraiment est la situation de ces écrivains dans l'enceinte d'une ville bloquée, qui ne peut donner qu'un faible encouragement à leur talent, et elle serait effrayante, si Oribe venait à s'emparer de Montevideo, sans avoir les mains liées par un solide traité d'amnistie.

Comme les scaldes des vieilles sagas d'Islande, ces poëtes ont encouragé au combat les légions de leur cité et flétri dans leurs vers le nom de leur ennemi. Il n'en est pas un qui n'ait chanté la fière indépendance de Montevideo et jeté quelque injure à la face d'Oribe et de Rosas. Jadis, quand un des vaillants *jarls* du Nord subjuguait un de ses adversaires, il respectait les scaldes qui en avaient suivi la bonne et la mauvaise fortune, et quelquefois rendait hommage à leur fidélité en leur offrant une chaîne d'or.

Si on laisse faire Oribe et Rosas, ils pourront bien donner aussi des chaînes aux poëtes de Montevideo; mais ce seront les chaînes de fer du Cerrito ou de Santos Lugares.

XVI

LA VILLE ASSIÉGÉE.

Si, comme je l'ai dit, Montevideo présente à celui qui l'observe de la rade un tableau pittoresque et attrayant, si lorsque l'on commence à se mettre en rapport avec les habitants de la ville, leur caractère hospitalier les porte à cacher leurs pénibles préoccupations pour ne montrer à l'étranger qu'une riante et affectueuse physionomie, il suffit de parcourir quelques quartiers, d'entrer en relation plus intime avec quelques familles pour reconnaître tout ce que cette malheureuse cité a souffert, et s'inquiéter de tout ce qui lui reste peut-être à souffrir encore.

Le plan de construction de Montevideo ressemble à celui de Buenos-Ayres. C'est le même alignement régulier, la même division par *quadres* symétriques; au centre, une grande place carrée bordée d'un côté par les façades de la cathédrale ; de l'autre, par le Cabildo ou hôtel de ville. Les maisons, comme à Buenos-Ayres, ont un toit plat servant de terrasse. On en voit un plus grand nombre plus élevées que celles de la république Argentine, ornées d'un balcon à leur premier étage et surmontées d'un pavillon en bois d'où les regards planent au loin sur les champs et sur le fleuve.

Dans le temps de la rapide prospérité de cette ville, notamment sous l'administration de Riveira, on avait entrepris plusieurs ouvrages d'utilité publique et d'embellissement. Il résulte de ces travaux interrompus de singuliers contrastes : ici, une masse d'habitations imposantes, égayées par de riants pâtis, près d'une autre qui est restée à l'état d'ébauche ; là, des rues garnies de trottoirs en dalles et dont le pavé est inachevé ; d'autres où il n'y a pas même une trace de pavé et que la pluie convertit en étangs fangeux. Il y en a une au milieu de laquelle s'élève un banc de roc comme en pleine campagne.

A chaque pas, on remarque les funestes effets de la guerre. La décadence du commerce, la faillite qui en est la conséquence éclatent d'ici, de là, sur le portail des magasins naguère florissants et maintenant fermés, sur le seuil des ateliers silencieux, sur les ailes incomplètes d'un édifice qu'un négociant commençait avec un heureux espoir et qu'il n'a pu finir. On dirait d'une de ces villes surprises par un tremblement de terre ou par l'éruption d'un volcan. Dans l'ébranlement du sol, dans l'immersion de la lave, quelques fortunes sont restées debout ; les autres ont été anéanties.

Si l'on sort de la ville par la porte du marché, la pensée est émue d'un spectacle encore plus pénible.

En 1840, la population toujours croissante de Montevideo

étouffait dans la cotte de mailles de l'ancienne enceinte espagnole. Il fallut fendre les remparts pour ouvrir un passage à ces flots d'émigrants qui sans cesse arrivaient d'Europe. Du canal trop plein où ils avaient été quelque temps contenus, ils se répandirent hors des murs par cette tranchée comme par une écluse. Bientôt on vit s'élever dans la campagne une quantité de fabriques et de magasins. Une longue et large rue se rejoignit à celle qui touchait à la brèche du rempart. C'était une ville nouvelle, une ville active et industrieuse qui se reliait à la ville primitive, comme les faubourgs de Paris à l'étroite cité du moyen âge.

De ce quartier tracé en droite ligne, et méthodiquement construit, la population se dispersa de côté et d'autre sur les flancs de la colline dont Montevideo couvre l'extrémité, sur les rives orientale et occidentale du fleuve et dans les plaines de l'Aguada. Là des haies d'aloès entouraient de leurs piques dentelées des enclos d'arbres à fruits ; là chaque rustique habitation avait, comme un cottage anglais, son verger et son jardin ; chaque riche *quinta* était comme une maison de Damas, voilée par de verts rameaux, parfumée par l'odeur des fleurs et des orangers. Alors, la capitale de la Bande orientale n'avait-elle pas le magique aspect décrit en vers mélodieux par Dominguez ? « Elle s'avance, dit-il, vers le fleuve, comme une belle jeune fille qui, en été, va se baigner dans l'onde pure. La cathédrale est sa tête ; l'*aguada,* sa guirlande ; ses toits blancs sont ses épaules, et sa ceinture, la mer. »

En peu de temps, le mouvement vital de la nouvelle cité a été paralysé, la prospérité de la colonie agricole brisée jusque dans ses racines, et la splendeur même de la nature qui l'entourait revêtue d'un voile de deuil. La grande rue du 18 Juillet, qui fut si gaie et si animée, est à présent déserte. En la parcourant dans sa vaste étendue, on n'y voit plus que des appartements vides, des fenêtres brisées, des portes closes. Çà et là seulement apparaît encore une boutique tenace, un atelier où quelques artisans se réjouissent de trouver de loin en loin une minime partie du travail qui naguère était pour eux si lucratif. Je suis entré dans une ces habitations, où une malheureuse femme au teint hâve, aux membres décharnés, faisait rôtir quelques grains de maïs pour ses enfants à moitié nus et accroupis sur le sol autour d'elle, comme s'ils n'avaient plus la force de se lever.

Dans l'angle obscur de ce réduit, dont les vitres avaient été remplacées par des haillons, gisait sur une couche de paille un homme à l'œil hagard. Les enfants m'ont tendu la main, leur mère a détourné la tête, ne pouvant les voir mendier et n'ayant pas la force de les réprimander. Le malade, quand je l'ai interrogé sur sa situation, m'a dit : « Hélas ! monsieur, j'ai été fort et habile dans mon métier, mais ce siége ! ce terrible siége ! je n'ai plus la tête à moi. Dans ces années de calamités, les riches sont devenus pauvres et les pauvres sont devenus fous. » En sortant, j'ai laissé tomber quelques pièces de monnaie dans la main d'un des enfants, qui les contemplait d'un air stupéfait d'étonnement, comme s'il n'avait jamais rien vu de semblable, et sa mère, en me remerciant, s'est mise à pleurer.

Dans le vallon de l'Aguada, les jardins ont été dévastés par les soldats d'Oribe, les orangers abattus pour faire rôtir l'*azado*, les maisons criblées de balles. Il n'y a guère plus d'un an que ces charmantes quintas étaient encore livrées aux ravages de ces soldats et à leur cruauté. A l'extrémité de la rue du 18 Juillet, il est un crucifix en pierre qui a été souvent ensanglanté. C'était là que, par une horrible pensée de sacrilége, les officiers d'Oribe se plaisaient à livrer leurs victimes au glaive du bourreau. C'est sous la voûte qui recouvre cette image du Dieu de paix et de miséricorde, qu'en une même matinée, douze soldats des légions montévidéennes furent égorgés.

La ville de Montevideo n'avait pour se défendre contre le président qu'une ligne de terrassements si mal construits et quelques pièces de canon en si mauvais état, qu'on ne comprend pas comment ce faible rempart n'a pas été dès le premier assaut emporté par les régiments ennemis. Mais chaque jour, en dehors de ce retranchement, jusqu'à une lieue de distance, les deux partis étaient engagés dans de perpétuelles escarmouches. C'étaient des feux de peloton, ou pour mieux dire, une sorte de chasse à l'homme, chasse au tir et chasse à l'affût qui, en éparpillant les légions, éloignaient les chances d'une bataille rangée.

Chaque matin, les soldats de la ville, armés de leur carabine, allaient s'embusquer de côté et d'autre, tiraient sur ceux d'Oribe, puis rentraient le soir pour recommencer la même opération le lendemain. A défaut de leurs combats de guérillas, ils avaient recours à des stratagèmes plus meurtriers que les coups de fusil. A la vue d'une cohorte ennemie, ils feignaient d'avoir peur et quittaient en toute hâte leur bivouac. L'un d'eux laissait sa ceinture par terre, et cette ceinture tenait à une détente cachée dans l'herbe avec une mèche qui faisait éclater un obus. D'autres fois, sous la cheminée d'une maison en ruine, ils plaçaient un baril de poudre; les soldats d'Oribe venaient en triomphe s'emparer de ce poste abandonné, y allumaient leur feu, et un instant après sautaient en l'air avec les pierres du foyer.

L'intervention de M. Le Prédour dans les affaires de la Plata a eu pour premier résultat de suspendre par un traité d'amnistie cette lutte atroce et incessante. Entre les champs du Cerrito, occupés par Oribe, et les retranchements de Montevideo, il a été tracé une ligne de terrain neutre. De chaque côté de cette ligne, les deux partis sont en faction, s'observant sans se joindre. Les postes avancés de Montevideo sont gardés à tour de rôle par les légions basque, française, italienne, qui campent entre les murs des quintas saccagées par la guerre.

Ces hommes, qui ont pris courageusement les armes dans un cas de légitime défense et qui depuis sept ans n'ont pu les quitter, reçoivent pour prix de leurs services un vêtement et une ration de viande, que le gouvernement a quelquefois bien de la peine à leur fournir. J'ai assisté dernièrement à une revue générale des troupes de la ville, à laquelle la légion française n'avait pu se joindre faute d'un équipement convenable. Le costume des soldats ne se compose cependant que d'une blouse en drap et d'un pantalon. Mais on avait dû faire une dépense extraordinaire pour habiller ainsi de pied en cap un bataillon de nègres, et la caisse municipale était épuisée.

L'armistice, en mettant fin, au moins temporairement, aux combats quotidiens des assiégeants et des assiégés, n'a point amélioré la situation matérielle de Montevideo. Du côté de la campagne, à une demi-lieue environ du rempart, la capitale de la Bande orientale est restée strictement bloquée. Elle n'a gardé sa liberté que du côté du fleuve, qui doit pourvoir à tous ses besoins, et déjà plus d'une fois ce noble et gracieux fleuve a sauvé de la famine la cité qu'il embrasse avec amour. M. Figueroa a célébré dans un poëme patriotique la pêche du *Bagre*, une pêche miraculeuse à pleins filets, comme celle que le Christ donnait à Simon sur le lac de Génésareth.

C'est de la campagne, c'est des provinces de l'intérieur que Montevideo tirait ses denrées alimentaires et ses cargaisons commerciales. Cuirs, laines, suifs, tout ce qui dans le Rio de la Plata est livré à l'exportation affluait des divers districts du pays dans les magasins de Montevideo, comme dans un réservoir général, et de là partait pour l'Amérique du Nord ou pour l'Europe. C'en est fait de cette ressource à peu près unique. Les terrains cultivés et les pâturages sont maintenant sous la domination d'Oribe, qui en exploite une bonne part pour son propre compte, et qui, ayant aussi un port sur le fleuve, le port de Buceo, en a fait le seul débouché des produits territoriaux.

Ne pouvant plus rien exporter, Montevideo ne peut guère songer à importer. A supposer que la pauvre ville eût encore assez d'argent et de crédit pour acheter des marchandises étrangères, qu'en ferait-elle, réduite comme elle l'est à une population de vingt mille âmes, isolée du monde entier? Elle se borne donc au strict nécessaire, heureuse encore quand elle peut l'obtenir sans trop de peine à un prix raisonnable. L'étroite terre qui contourne ses murs lui fournit encore des légumes. De la province brésilienne de Rio-Grande, elle reçoit par des bâtiments de cabotage de la viande de boucherie; des États-Unis, il lui vient de la farine; de la France, des spiritueux et des étoffes. A se procurer ces quelques rares denrées, chacun épuise peu à peu ou son capital, ou le fruit de plusieurs paisibles années de labeur et d'économie. Ceux qui n'ont plus ni capital ni économies tâchent de se faire inscrire au consulat de leur nation pour en obtenir un secours mensuel, ou d'être enrôlés dans une légion étrangère pour recevoir au moins une ration quotidienne, ou enfin supplient le gouvernement de leur venir en aide.

Ce malheureux gouvernement! il faut avoir du courage pour aspirer à l'honneur de porter son fardeau, car il est dans un état de crise perpétuelle. M. Sonarez, président du sénat, exerce encore les fonctions de président de la république, en vertu de la décision prise par l'assemblée nationale après la seconde abdication de Riveira. Le ministre des affaires étrangères est M. Herrera, homme instruit, dit-on, et habile. Le ministère de la guerre et celui des finances sont entre les mains de M. Battle, esprit éclairé, cœur droit. Élevé en France, à l'école de Sorrèze, il a conservé pour notre pays une affection sincère. Jeune encore, il a été porté au pouvoir sans le chercher et sans l'ambitionner. Il a été investi de ses deux ministères par la confiance qu'il inspirait, et, dans ce double emploi, l'estime du public ne l'a pas abandonné. Il n'est personne à Montevideo qui ne rende justice à ses généreuses qualités, à ses loyales intentions.

Toute la gestion des affaires repose ainsi sur trois hommes. Si jamais triumvirat eut le droit de se dire fatigué de sa tâche et effrayé de sa mission, c'est celui-ci. Un blocus de sept années, une armée aux portes de la ville, un ennemi acharné à quarante lieues de distance, l'anxiété à l'intérieur et nul secours au dehors, nul autre moyen de salut que celui qu'on attend des promesses de la France et de ses longues négociations; pour comble de malheur, une misère grandissant de jour en jour, et le ruisseau pécuniaire épuisé jusqu'à la dernière goutte : telle est la situation du gouvernement de Montevideo, attaché à une roue d'Ixion qui tourne continuellement sans avancer d'un pas, penché sur un tonneau des Danaïdes que la source du budget ne peut remplir.

Pour subvenir aux besoins de chaque semaine, de chaque instant, il a été obligé d'hypothéquer l'une après l'autre les propriétés de l'État, d'abandonner sa moisson sur pied, c'est-à-dire les impôts qui doivent être perçus à la douane, de frapper d'un nouveau droit plusieurs denrées de première nécessité, enfin de vendre jusqu'à la peau de l'ours avant qu'il fût tué, en affermant à M. Lafone, moyennant argent comptant, la pêche des loups marins dans l'île de Lobos. Jusqu'à l'année 1852, tous les revenus de l'État sont engagés, tout a été d'avance négocié, escompté.

Lorsqu'il survient au ministère une dépense imprévue, il émet, pour l'acquitter, des obligations qui ressemblent aux assignats de notre première Révolution, qui tombent dans le commerce à 80 ou 90 pour 100 de perte. Ce qu'il y a de plus net dans ses ressources, c'est le subside que lui donne la France. C'est sa consolante perspective à la fin de chaque mois. C'est sa manne providentielle dans son aride désert. Et comme ce secours vital doit être chaque année discuté et voté par nos députés, il donne encore de temps à autre de graves inquiétudes à ceux qui en ont si grand besoin. Après la révolution de Février, le ministère des affaires étrangères, le ministère de la Montagne, qui avait tant de frais de voyage à payer à ses nouveaux diplomates, laissa tranquillement protester les traites de cette allocation qui aidait à subsister nos frères de Montevideo. M. Devoize, notre consul général dans la république Orientale, s'engagea lui-même personnellement trois fois de suite à les acquitter. La ville entière doit lui savoir gré d'une résolution qui, à cette époque, était en vérité très-hasardeuse.

Dans ce douloureux état de choses, le gouvernement a du moins le bonheur d'être soutenu par l'opinion publique. Il existe à Montevideo plusieurs divisions de partis, qui pour des concessions à faire à Rosas et à Oribe, qui pour une résistance inflexible. Cependant, sauf quelques spéculateurs qui pêchent dans les embarras du pays comme dans une eau trouble, tous les citoyens, quelle que soit leur idée particulière sur certaines transactions, se rallient au ferme projet de maintenir, tant qu'ils le pourront, l'indépendance de la Bande orientale. Ils comprennent les difficultés de l'administration; ils apprécient ses efforts; ils espèrent des jours meilleurs, et ils ont raison d'espérer.

Quelle que soit la force de volonté, la puissance d'action de Rosas, l'o niâtre dictateur ne parviendra pas à vaincre ce qu'il n'est a pouvoir d'aucun souverain de surmonter. Les lois de la nature sont un peu plus durables que celles d'un simple mortel, et par ces lois de la nature, Montevideo est, en dépit de ses ennemis, destiné à devenir probablement l'un des ports les plus importants de l'Amérique, et bien certainement le premier port de la Plata.

Il n'est pas possible d'en douter en voyant la position de cette péninsule, au bord du fleuve qui l'enlace de deux côtés, cette large rade qui, du pied de la ville, s'étend à plus d'une lieue de distance, protégée par la colline du Cerro. De l'Europe, du Brésil, de l'Amérique du Nord, de la côte d'Afrique, on arrive dans cette rade sans peine, et les bâtiments de six à huit cents tonneaux peuvent y jeter l'ancre à quelques encablures du quai. Que de difficultés, au contraire, pour remonter le Rio de la Plata par des bancs de sable mobiles, par des courants variables, par des écueils que les *pamperos* peuvent rendre très-dangereux! Et lorsqu'enfin on parvient en face de Buenos-Ayres, qu'y trouve-t-on? une rade ouverte à tous les vents, et où les navires d'une dimension ordinaire sont obligés de se tenir à deux ou trois lieues au large, plus exposés qu'en pleine mer au souffle de la tempête. De là on ne se rend à terre qu'en prenant, pour une partie de ce surcroît de traversée, des chaloupes, pour une autre des charrettes. On ne charge et on ne décharge les navires qu'au moyen de balans qui coûtent fort cher et emploient à leur opération un temps considérable. Chaque capitaine, en arrivant là, quitte son bâtiment pour faire son négoce, et va s'installer en ville durant des mois entiers. Quelquefois, pendant plusieurs jours de suite, il ne peut pas avoir la moindre communication avec son équipage. Un coup de pampero interrompt subitement toutes les relations de la ville avec la grande rade. Du haut d'une *azotea*, un capitaine verra, à quelques milles de distance, son navire chasser sur ses ancres, et se jeter à la côte sans pouvoir, à quelque prix que ce soit, courir au secours de ses matelots.

Les défenseurs de Buenos-Ayres, à qui l'on représente ce contraste éclatant des deux ports, veulent bien reconnaître les avantages de celui de Montevideo. Puis ils se hâtent de répondre que celui de Buenos-Ayres, placé près du confluent du Parana et de l'Uruguay à l'entrée d'une immense région, doit être le débouché naturel d'une immense quantité de denrées que Montevideo ne recevra jamais de l'étroit territoire de la Bande orientale; que, par cette raison, la capitale de la confédération Argentine doit nécessairement toujours avoir un commerce d'importation beaucoup plus considérable que celui de sa rivale. Ils ajoutent qu'avec le temps on construira des bateaux à vapeur qui abrégeront la navigation du fleuve et faciliteront le service du port.

Soi ! tant que Rosas sera le maître, il centralisera le mouvement des affaires à Buenos-Ayres et travaillera à annihiler Montevideo. Mais un temps viendra où le commerce, affranchi des entraves que lui impose le dictateur, prendra librement la marche la plus favorable à ses intérêts. Qu'on suppose un instant qu'il a cette liberté, et tôt ou tard il doit l'avoir, voici quelle en sera la conséquence. Les bateaux de transport de l'Uruguay et du Parana trouveront plus d'intérêt à descendre jusqu'à Montevideo qu'à s'arrêter à Buenos-Ayres. Au lieu de petits navires, qui maintenant remontent si péniblement le Rio de la Plata, les négociants étrangers auront un grand avantage à équiper des bâtiments d'une plus large dimension qui s'arrêteront dans la vaste rade du Cerro. A ce changement, ils économiseront les frais d'un trajet difficile, les dépenses que leur occasionnent le séjour des capitaines à Buenos-Ayres, le chargement et le déchargement si long et si dispendieux des marchandises dans ce port. Les produits de la confédération Argentine qui passeront par Buenos-Ayres, au lieu d'être placés sur les balans pour être conduits, quand le temps le permet, sur les navires, dans la grande rade, seront immédiatement embarqués sur des bâtiments de cabotage et s'en iront, sans tant de dépenses de transbordement, en droite ligne à Montevideo. Dans ce nouvel état de choses, Buenos-Ayres restera une ville importante, l'entrepôt de la plupart des exportations des provinces de l'intérieur et de leurs importations. Montevideo sera le grand point de jonction de l'Europe, de l'Amérique du

Nord avec les régions de la Plata. Qu'on brise seulement les menottes de fer de cette languissante captive, qu'on lui laisse reprendre le rapide élan qu'elle avait pris sous l'administration de Riveira, et quelque jour on aura peine à croire qu'elle soit restée longtemps si faible, pouvant devenir si forte! Comme la Nouvelle-Orléans, elle touche à l'embouchure d'un des plus magnifiques fleuves du globe, qui, par ses affluents, embrasse une des plus fertiles et des plus vastes contrées. Elle sera la Nouvelle-Orléans de cette partie du continent américain.

Pour nous, il y a là une grande question qui, de prime abord, frappe nos compatriotes dès leur arrivée sur cette plage, et qui m'a saisi plus particulièrement en raison du voyage que je venais de faire.

De l'embouchure du fleuve Saint-Laurent jusqu'à celle du Mississipi, des forêts du Canada jusqu'aux plaines de la Louisiane, je venais de parcourir l'immense région qui nous appartenait encore au siècle dernier, champs de bataille héroïques, nouvelle France éclairée par la science, illustrée par les armes, sanctifiée par la religion; admirable colonie qui nous serait aujourd'hui si précieuse et que nous avons à jamais perdue. Après avoir passé par les Antilles où nous avons possédé aussi de riches domaines, et où nous n'avons plus à présent que deux îles à demi ruinées par l'émancipation des nègres, je trouve à l'extrémité du continent une jeune colonie qui s'est formée d'elle-même peu à peu et a grandi à vue d'œil; qui, pendant plusieurs années, bien loin de demander aucun secours à la France, lui venait au contraire en aide, en ouvrant à son commerce une voie inespérée.

Plus nous allons en avant, plus il nous importe d'avoir quelque part un nouveau domaine à féconder, une sorte de réservoir où nous puissions épancher le produit de nos fabriques et l'excédant de notre population.

Avec les idées pacifiques qui, depuis un quart de siècle, ont, comme les rameaux du lierre, enfoncé leurs racines sous le toit de la bourgeoisie, nous ne pouvons plus, ainsi qu'aux éclatantes journées de l'Empire, nous délecter dans des rêves de conquêtes à main armée. Les conquêtes de l'intelligence et du travail, voilà celles que nous devons ambitionnner, celles que nul peuple ne peut nous empêcher de poursuivre.

Sur les rives de la Plata, une légion de marchands et d'artisans du midi de la France avaient obtenu ce succès. Sans effort et sans lutte, ils l'élargissaient chaque jour. Des villes où ils avaient planté leurs premiers jalons, ils se répandaient dans les campagnes, défrichaient des terrains, construisaient des maisons. Encore quelque temps, et des plages de l'Orient ils portaient la charrue et la faucille jusqu'au pied des Andes. L'insatiable ambition d'un homme a jeté le trouble au milieu de ces paisibles cohortes de pionniers. Ses fureurs les ont épouvantés. Alors seulement, dans leurs justes alarmes, ils ont tendu les mains vers nous, ils nous ont appelés à leur secours. Que réclamaient-ils? Rien de plus qu'une efficace protection. Nous la leur devions, nous l'avons promise, et, il faut le dire, nous avons employé beaucoup d'hommes et dépensé beaucoup d'argent pour la leur donner.

Un caractère qui a la ténacité d'un crampon de fer, une rouerie enhardie par notre attitude indécise ont trompé nos désirs. Montevideo, que nous avons voulu arracher à l'oppression de Rosas, a cruellement souffert, et, comme cette ville comptait sur nous, elle peut nous accuser de n'avoir pas plus promptement mis fin à ses souffrances. Le mal est grand, cependant il n'est pas irréparable, car il y a là, comme je l'ai dit, une loi de nature que nul événement humain ne peut anéantir.

Deux mille ans après sa fondation, n'avons-nous pas vu la cité d'Alexandre, la cité de Cléopâtre sortir de son néant, se relever des ruines de la barbarie, et reprendre sa place parmi les beaux ports de la Méditerranée?

La régénération de Montevideo ne tient qu'à une solution que nous ne pouvons manquer d'obtenir, à un traité qui garantisse la sécurité de ses citoyens, la liberté de son commerce. Une fois ces garanties nettement établies, la capitale de la Bande orientale reprendra son mouvement prospère, le courant d'immigration s'y portera comme par le passé, et nous aurons là un riche comptoir, une colonie industrielle et agricole que nous n'aurons pas besoin de faire garder par des canons.

FIN DU TOME SECOND

TABLE DES MATIÈRES

DU TOME SECOND

I

II

III

IV

V

VI

VII

VIII

FIN DE LA TABLE DU TOME SECOND.

Paris. — Typographie de E. Plon et Cⁱᵉ, rue Garancière, 8.